Apokalypse & Karneval

Kapital & Krise 8

Markus Metz, geboren 1958, Studium der Publizistik, Politik und Theaterwissenschaft an der FU Berlin, arbeitet als freier Journalist und Autor vorwiegend für den Hörfunk. Lebt in München.

Georg Seeßlen, geboren 1948, Publizist. Texte über Film, Kultur und Politik für *Die Zeit, der Freitag, Der Spiegel, taz, konkret, Jungle World, epd Film* u.v.a. Zahlreiche Bücher zu Film, populärer Kultur und Politik, u.a.: »Martin Scorsese« (Reihe film: 6); »Quentin Tarantino gegen die Nazis. Alles über INGLOURIOUS BASTERDS«; »Tintin, und wie er die Welt sah. Fast alles über Tim, Struppi, Mühlenhof & den Rest des Universums«; »Das zweite Leben des ›Dritten Reichs‹. (Post)nazismus und populäre Kultur« (2 Bände); »Trump! *Pop*ulismus als Politik«. »Liebe und Sex im 21. Jahrhundert. Streifzüge durch die populäre Kultur«.

Gemeinsame Buchveröffentlichungen (Auswahl): »Blödmaschinen. Die Fabrikation der Stupidität«; »Freiheit und Kontrolle. Die Geschichte des nicht zu Ende befreiten Sklaven«; »Hass und Hoffnung. Deutschland, Europa und die Flüchtlinge«; »Der Rechtsruck. Skizzen zu einer Theorie des politischen Kulturwandels«; »Kapitalistischer (Sur)realismus. Neoliberalismus als Ästhetik«.

Markus Metz / Georg Seeßlen

Apokalypse & Karneval

Neoliberalismus: Next Level

BERTZ + FISCHER

Bibliografische Information der Deutschen Nationalbibliothek
Die Deutsche Nationalbibliothek verzeichnet diese Publikation in der Deutschen Nationalbibliografie; detaillierte bibliografische Daten sind im Internet über <http://dnb.dnb.de> abrufbar.

Umschlaggestaltung: D.B. Berlin

Fotonachweis:
Umschlag: www.horror-shop.com
Innenteil: 21: Full Moon Features | 35: http://idol-store.ru | 47: wikipedia | 53: Soylent / wikipedia | 66: Diesel | 71: Beckman | 84: Internet | 91: Sky Sport | 94: BMW | 104: Internet | 113: Cross Creek Pictures | 115: China Press | 137: Melanie Duchene – Keystone – dpa | 143: Premiere Picture / Echo Lake Productions | 155: YouTube | 167: Wikipedia | 179: Daimler / Viola Schuldner, ESL

Franz-Mehring-Platz 1, DE-10243 Berlin
Standart Impressa, www.standart.lt, Vilnius, Litauen
ISBN 978-3-86505-769-3

Inhalt

Vorneweg: Was nutzt Kritik?

»Die fast unlösbare Aufgabe besteht darin, weder von der Macht der anderen, noch von der eigenen Ohnmacht sich dumm machen zu lassen.«

Theodor W. Adorno

Dies ist ein Essay über die dunklen Zonen jener Lebenswelten im Neoliberalismus, deren praktischere Seiten wir in *Beute & Gespenst* beschrieben haben und deren Grundlagen in *Kapitalistischer (Sur)realismus* dargelegt sind. Es ist also der dritte, wenn auch keineswegs irgendetwas *abschließende* Band einer Trilogie über die Lebenswelt des Neoliberalismus. Er steht aber auch für sich selbst, wie es Essays eben gerne tun. Der neue Versuch steht im Schatten der Pandemie und beginnt folgerichtig mit einer kleinen Übersicht über die »Rückkehr zur Normalität« nach der Coronakrise. Von da an nähern wir uns weiter der Frage, die sich wie ein roter Faden durch einen Großteil unserer Arbeit zieht: Wie ist es möglich, dass Gesellschaften, Kulturen, Sprachgemeinschaften, Regimes und Ökonomien ihre Mitglieder dazu bringen, sehenden Auges in die ökologische, soziale, politische und kulturelle Katastrophe zu marschieren?

Zunächst freilich fragen wir uns, nicht ohne arbeits- und lebensgeschichtlichen Hintergrund: Was eigentlich vermag »Gesellschaftskritik« (noch), und warum zum Teufel tut man sich das als schreibender wie als lesender Mensch denn an, angesichts einer offensichtlich erdrückenden Übermacht miteinander verknüpfter Tendenzen von ökonomisch-politischer Niedertracht, Faschisierungen und crossmedialen Verblödungen, im Treibsand eines postdemokratischen und antisozialen Populismus, dem Kritik, wenn schon nicht als Verrat und Schmutz, so doch per se als »elitär«, arrogant und besserwisserisch erscheint? Kritik scheint einem vergangenen Zeitalter, vergangenen Sprachen und vergangenen Kulturen zugehörig.

Wer Kritik formuliert, nähert sich dem Kritisierten an und distanziert sich zugleich davon. In einer Kultur der Diskurse wäre eine solche Ambiguität durchaus praktikabel, in einer Kultur der Dispositionen – der Meinungen, Überzeugungen und Identifikationen – dagegen ist Kritik der traditionellen Art wie der sprichwörtliche Versuch, den Pudding an die Wand zu nageln. Wir versuchen diese Konsistenz der neuen Variationen von Macht und Ausbeutung dadurch auszutricksen, dass wir nicht so sehr den Pudding als vielmehr seine Zutaten, seine Rezepturen und seine Bilder bearbeiten.

Kritik – wie die Kunst, wie die Wissenschaft – hat zunächst eine Art von Eigenleben. In komplexeren Gesellschaften entsteht sie als Subsystem, das eine eigene politische Ökonomie, eine eigene (soziale) Psychologie und eine eigene Semantik entwickelt. Wie Kunst und Wissenschaft können politische Herrschaft und ökonomisches Interesse auf die unterschiedlichsten Arten Einfluss auf die Kritik nehmen, sie als Propaganda oder Reklame sogar ins eigene Gegenteil verkehren; vollkommen »abschaffen« können die Kritik auch Terror und Gier nicht. Kritik ist, wenn keine ethnologische, so doch eine soziale Konstante, die sich durch verschiedene politische Systeme und durch verschiedene wirtschaftliche Ordnungen hindurch entwickelt. Die praktischere Frage ist also weniger: Was bringen Kunst, Wissenschaft und Kritik hervor?, als vielmehr: Wie gestaltet sich die Beziehung von Kunst, Wissenschaft und Kritik zur Gesellschaft? Und dieser Frage gilt es immer und immer wieder auf der Basis dreier offener kritischer Denksysteme nachzugehen, der politischen Ökonomie, der kulturellen Semiotik und der sozialen Psychoanalyse. Jedenfalls hätten wir damit angedeutet, wie unser kritisches Rüstzeug aussieht, das wir uns in gebotener Piraterie angeeignet haben.

Kritik ist nicht nur Bewertung, die Einteilung in das, was man ablehnt, und das, was man annimmt (sozusagen eine Carl-Schmitt-Variante der Kritik), und sie erschöpft sich vermutlich auch nicht darin, eine diskursive Ordnung in ein Chaos der Suggestionen zu bringen. Kritik ist gewiss Bewertung, Erklärung, Kontextualisierung und Vermittlung (einschließlich der unangenehmen, aber unvermeidbaren Nebenwirkungen von Ideologie, Moralismus, Pädagogik und Eitelkeit), aber wenn sie nur das wäre, dann wäre sie der Mühe nicht wert und könnte von Behörden und Maschinen geleistet werden. Doch Kritik stellt in dem, was es zu kritisieren gilt, nicht nur die Vergangenheit dar (die natürlich notwendig zum Verständnis ist) und untersucht nicht nur die Gegenwart (das, was das Kritisierte, ob es nun ein neues Gesetz oder ein Kunstwerk ist, mit seinen Adressaten anstellt), sie versucht auch ein Zukünftiges aufzuspüren. Und genau hierin hat Kritik ihre stärksten und ihre schwächsten Momente. Nicht nur, weil man sich immer irrt, wenn man Zukünftiges beschreibt, ob »futurologisch«, solutionistisch, utopisch oder dystopisch, sondern auch, weil in eben diesem Aufspüren von Zukünftigem der Boden dessen verlassen wird, was man gemeinhin von Journalismus, von »wissenschaftlicher« Beschreibung oder einfach von vernünftiger Rede erwartet, das Objektive, Nachprüfbare und Evidente. Kritik, die diesen Namen verdient, muss den Bezugsrahmen dessen überschreiten, was sie kritisiert. In einem ideologischen wie in einem hierarchischen System scheint das sehr einfach: Die Dinge werden daraufhin untersucht, ob sie das der Weltanschauung gemäß »Richtige« aussagen oder nicht. Und die Dinge werden von einem jeweils höherwertigen Prinzip aus beschrieben, die Blickrichtung geht von »Hochkultur« zu Pop, von Wissen zu Meinung, von Bewusstsein zu Unter- bzw. Unbewusstem, von Fachleuten zu Laien und so fort. In diesem Fall ist es folgerichtig, dass sich die Kritik eine von beiden Mechaniken der Erhöhung, im Zweifelsfall auch gleich beide aneignen will: erstens auf der richtigen (moralischen, religiösen, politischen, ideologischen oder sozialen) Seite zu stehen und zweitens einer höherwertigen semantischen Ordnung anzugehören (so als wäre zum Beispiel Kunst ein Unterbewusstes, dem erst Kritik zum Bewusstsein verhilft, oder als wäre Politik eine soziale Praxis, der erst durch die Kritik eine theoretische Kontrolle verpasst würde). Genau die Elemente, die die Kritik als das Höherwertige, Übergeordnete oder Türwächterische etabliert haben, sind aber auch die fundamentalsten Konfliktpunkte: Künstler*innen, die Kritiker*innen als »kreativ impotente«, vital neidische oder gouvernantenhaft kontrollsüchtige Freaks beschreiben, begleiten die Doppelgeschichte von Kunst und Kunstkritik wie die Politiker*innen, die Kritik an ihnen zur Kritik an »ihrem« Volk umdeuten. Dass das immer wieder funktioniert, hat unter anderem damit zu tun, dass Kritik hauptsächlich auf das Instrument der gesprochenen und vor allem der geschriebenen Sprache festgelegt ist. Der Versuch der Kritik, alles, was es zu kritisieren gilt, vorneweg in Wörter zu verwandeln, trägt den Keim der Absurdität in sich. Aber wie kann Kritik sich von einer solchen Restriktion befreien, ohne einfach ins Lager der kritisierten Objekte zu wechseln? Müssen nicht Kritiker und Kritikerinnen, die, sagen wir, ein politisches System kritisieren, selbst in die Politik wechseln, um zu beweisen, dass es ihnen ernst ist und ihre theoretische Überlegung auch eine praktische Veränderungsmöglichkeit beinhaltet? Muss nicht ein Kunstkritiker oder eine Kunstkritikerin zumindest den Nachweis erbringen, in ästhetischer Praxis Erfahrung gesammelt zu haben? Ist nicht, um ein Wort von Jean-Luc Godard zu zitieren, die einzig wirklich akzeptable Kritik eines Films ein anderer Film? Kann jemand Rockkritiken schreiben, der nie eine Gitarre in der Hand und eine Verstärkeranlage hinter sich gehabt hat?

Kritik ist eine Haltung, die sich immer wieder gegenüber dem Kritisierten bewähren muss. Das tut sie, wiederum sehr praktisch, indem sie unter Beweis stellt, dass nicht nur in der Annäherung die Distanzierung liegt, sondern in der Distanzierung auch eine Annäherung. Gewiss tritt, das verlangt schon die notwendige Klärung der Positionen, in der Kritik auch immer wieder der Fall ein, in dem nichts als Ablehnung und Distanzierung formuliert wird. Aber dies ist tatsächlich nur ein notwendiger Grenzfall, ebenso wie es ein anderer Grenzfall ist, gegenüber dem Kritisierten nichts als Bewunderung und Demut zu formulieren. Im »normalen« Fall ist Kritik ein – übrigens einigermaßen komplexer – dialektischer Prozess zwischen Verschmelzen und Abstandnehmen (man macht das ja auch gern beim Betrachten eines »Gegenübers«, in das man in seinen Bewegungen abwechselnd hineinkriechen und sich panoramatisch von ihm entfernen will).

Was Kritik definitiv und absolut nicht ist: eine Meinung haben und diese Meinung mit ein paar Beobachtungen und Wissensbrocken verstärkt kundtun. Die Unterscheidung von Kritik und Meinung fällt umso schwerer in einer Kultur, in der Eine-Meinung-Haben zum Schlüssel für nahezu alle sozialen Komponenten geworden scheint. Freiheit, Kommunikation, Ästhetik, öffentliche Räume, Medien, politische Macht, Sexualität, all das steht im Banne der Meinung. Es ist schon schwierig, etwas zu bestimmen, was nicht dem Diktat der Meinung unterworfen wird. Hat nicht vielleicht ein Serienmörder eine andere Meinung vom Wert des menschlichen Lebens? Soll etwa dem Faschisten das Recht auf seine Meinung genommen werden? Und wozu braucht man noch Kritik, wenn jeder und jede eine Meinung veröffentlichen kann?

Wogegen Kritik noch abzugrenzen wäre: gegen die »Expertise« (in einem anderen Zusammenhang wird man es sehr freundlich eine »Fachkritik« nennen), die diejenigen Kritiker*innen zu Expert*innen erklärt, die zu einem bestimmten Medium, einem bestimmten Diskursfeld, einem bestimmten Entscheidungsrahmen mehr oder weniger alles wissen. Die Expertise (zum Beispiel auf dem Kunstsektor) bescheinigt Authentizität, Provenienz, Wertrelationen, Solutionismus (Wie ist ein formales, materielles, politisches… Problem am besten zu lösen?), Materialbeschaffenheit, historische Bedingungen, Zensur, Skandalgeschichte und vieles mehr. In jedem Kritiker steckt ein Experte, und natürlich steckt auch in jeder Expertin eine Kritikerin. Trotzdem haben wohl Kritiker*innen, die sich ausschließlich oder vor allem als Expert*innen verstehen, gleich zwei Agenten ihrer Aufgabe sträflich übersehen, nämlich den Adressaten und die Bedeutung.

Zu behaupten, Kritik sei keine Wissenschaft, grenzt an Berufsschädigung (denn »Wissenschaft« ist nicht nur ein Sprachspiel, sondern auch ein Legitimations- und daher Geldapparat), ist aber die volle Wahrheit. Denn gleich ob Kritik an Geschmack, Gewissen, Historie oder Analyse orientiert ist, sie führt über das Faktische und Katalogisierbare hinaus (also auch über das, was Psychoanalyse, Semiotik und politische Ökonomie hergeben) in einen Raum, in dem die Fantasien der sozialen Praxis und der »Kunsterlebnisse« nachhallen, in einen Raum überdies der transparenten Subjektivitäten. (Das heißt: Nicht die Subjektivität des Kritikers und der Kritikerin ist das Maß, vielmehr geht es darum, den Subjektivitäten ein Forum zu geben: Die essayistische Kritik verweist stets auf Mehrstimmigkeit.)

Kritik ist also keine Bewertungs- (und klammheimliche Zensur-)Maschine, sie ist kein Element hierarchisch-ideologischer Wertordnungen, sie ist weder mit einer subjektiven Meinung zu verwechseln noch mit einer objektiven Expertise, und sie ist kein wissenschaftliches Instrument (wie ja auch »Kritische Theorie« glücklich der akademischen Befangenheit immer wieder entkommt). Gestehen wir es der Kritik zu, dass freilich von alledem zur Genüge durch ihre Textarbeit spukt, so bleibt dennoch die bange Frage: Was zum Teufel ist Kritik denn dann?

Die erste Antwort: Kritik ist ein autonomes kulturelles und gesellschaftliches System, das unentwegt um sein höchstes Legitimationsgut kämpfen muss, nämlich eben die Unabhängigkeit. Der utopische Gehalt der Kritik in sich selbst ist die Unabhängigkeit, und das Versagen von Kritik ist weder an Irrtum noch an Wirkungslosigkeit festzumachen, sondern am Verlust der Unabhängigkeit. In ihrem Kampf um die Unabhängigkeit kommt der Kritik sowohl symptomatische als auch avantgardistische Funktion zu. Die Selbstreflexion gehört daher zu den wichtigsten Aufgaben der Kritik – und auch das macht sie den benachbarten Subsystemen Kunst und Wissenschaft verwandt und unterscheidet sie von Subsystemen wie Politik und Marketing. Was auf dem Prüfstand steht, ist – augenblicklich vielleicht wirklich in ungewohnt dramatischer Weise – das Selbst-Bewusstsein der Kritik.

Wir können uns also mit einer dreifachen Krise der Kritik auseinandersetzen. Zuerst ist es eine technologisch-medial-kulturelle Krise: Die traditionellen Medien der Kritik, die Zeitschriften, Radiosendungen, Buchreihen, öffentlichen Veranstaltungen, Feuilletons, Debatten brechen weg oder verändern (teils schleichend) ihren Charakter. Zweitens ist es eine politisch-semantische Krise: Die Objekte der Kritik, da unterscheiden sich Politik, Kunstmarkt oder Popgeschehen kaum voneinander, entziehen sich ihr immer mehr, indem sie sich statt ihrer einen »Markt der Meinungen« als Referenz und Echoraum suchen. Da dies als eine direkte Folge das Berufsbild des Kritikers und der Kritikerin erodieren lässt, steht bis in die einzelne Biografie hinein die Unabhängigkeit der Kritik drastisch auf dem Spiel. Das wiederum bewirkt eine Veränderung des Selbstbildes und der Beziehungen untereinander. Und eine dritte Krise der Kritik lässt sich auf das Gebiet der Semantik projizieren: Die Sprache der Kritik ist definitiv veraltet. Damit sind nicht nur ihre Texte gemeint, sondern ihre gesamte kulturelle Repräsentation, also nicht nur, was und wie gesprochen (geschrieben) wird, sondern auch in welchen Formen der Riten und unter welchen mythischen Erscheinungsweisen. Was geschah bei der Transformation eines Großkritikers, einer Großkritikerin in eine*n Super-Influencer*in? Gewiss nicht nur die Verwandlung von Print- und Realraum-Performance zu digitaler Netzpräsenz, gewiss nicht nur die von Kultur in »Kreativwirtschaft«. Und warum geben statt kritischer Köpfe nun »meinungsstarke« Medienerscheinungen den Ton an? Gewiss nicht nur, weil Personalisierung und Verspektakelung im »Infotainment« weiter fortschreiten.

Die dreifache Krise der Kritik, die politisch-ökonomische, die psycho-soziale und die semantisch-mediale, ist ein ernsthaftes Problem für alle Betroffenen – das heißt also nicht nur für die berufsmäßigen Kritikerinnen und Kritiker, sondern auch für die Repräsentanten des Kritisierten – denn Politik ohne Kritik kann nicht mehr demokratisch sein, Kunst ohne Kritik nicht mehr gesellschaftlich – und natürlich für die gemeinsamen Adressaten, also jene Bürgerinnen und Bürger, die in den kulturellen und politischen Objekten der Kritik die Dialektik von Gemeinsamkeit und Differenz erkennen.

Kritik ist das Aufspüren von Möglichkeiten in einem System, das gern als geschlossenes angesehen werden will. Was wir durch das Wort »systemrelevant« in der Krise als System zu akzeptieren lernen mussten, will »alternativlos« und übermächtig erscheinen. Es erscheint so alternativlos und übermächtig, dass in jeder Krise, die schließlich ihre Chancen zu Veränderung und Erkenntnis bergen muss, genau das verpasst wird. So stehen wir mit einer zornigen Melancholie vor den Folgen der Coronapandemie: Wirklich nichts gelernt? Alles nur noch schlimmer geworden? Die Gewinner noch stärker, die Verlierer noch schwächer? Und: Die Kritik noch wirkungsloser als zuvor?

Kritik ist das Medium, das die Dialektik von Identifikation und Differenz kultiviert, also von einer bloßen Konkurrenz (das Wertvolle und der Müll) oder vom bloßen Konflikt (wir und die anderen) zu einem Dialog führt. Indes nennen wir »radikale Kritik« jene, die sich nicht mit der Behandlung eines Objektes oder einer Klasse von Objekten (wie den Kunstwerken, den Filmen, den Entscheidungen einer Regierung) zufriedengibt, sondern auf das Wurzelwerk zugreift, mit dem die unterschiedlichsten Objekte der Kritik, die

Kunst und die Politik, das Bild und die Sexualität, die Regierung und die Fleischproduktion usw. verbunden sind. Sie sind verbunden in einem Geflecht, das zugleich strukturierte und chaotische Aspekte aufweist, sodass radikale Kritik zu nichts so wenig führt wie zu »Verschwörungstheorien«. Unserer bescheidenen Auffassung nach ist nur eine radikale Kritik auf der Höhe ihrer Zeit.

Teil I

Die Hölle der Normalitäten

Das Virus kultivieren – Kleiner Versuch über Kultur, Pop und negative Dialektik

Eine große Negativität kam über uns Subjekte und über unsere Systeme. Ein Virus. Das soll jetzt vorbei sein, irgendwie. Weil aber nichts vorbei sein kann, und schon gar nicht irgendwie, ruft man jetzt die Kultur zu Hilfe. Oder das, was von ihr übrig geblieben scheint.

Einerseits glaubt man es kaum, wie schnell man vergessen kann. Nur noch verstreute Nachrichten über »Impfmüdigkeit«, gegen die es einfach kein demokratisches Mittel gibt, über die zugleich schrumpfenden und sich radikalisierenden Gruppen von »Querdenkern« und Corona-Leugnern, dann wieder die Frage: dritte Impfung hier oder doch lieber Lieferung des Stoffes in Länder, die es nötiger haben?, und schließlich die Feier von »Liberation Days«. Die »Rückkehr zur Normalität« scheint mit solch zäher Beharrlichkeit voranzugehen, dass von der Krise, die einen gerade noch so in Panik versetzt hat, nur noch ein paar lästige »Regelungen«, irgendwas mit 2 oder 3 G, übrig geblieben scheinen. Es geht halt jetzt alles ein bissel langsamer, abständiger, vorsichtiger zu. Aber sonst? Neustart Kultur, juhu!

Andererseits ist es doch beinahe genauso erstaunlich, dass eigentlich so gut wie nichts vollkommen vergessen werden kann. Eine Krise, hat Max Frisch gesagt, ist durchaus heilsam, vorausgesetzt, man verwechselt sie nicht mit einer Katastrophe. Nur dass die Krise ja auch eine Katastrophe ankündigen und dass sich etwas auch gerade dann von einer medizinischen Krise zu einer sozialen Katastrophe auswachsen kann, wenn eine Gesellschaft partout nichts lernen will und das Normale, dem man sich, wie die Bundestagswahl 2021 gerade zeigt, mit solch fundamentaler Blödheit wieder andient, gar nicht mehr anders kann, als sich als katastrophischer Dauerzustand zu erkennen zu geben. Die Rückkehr zur Normalität verdrängt die Krise. Und sie ist der Beginn der Katastrophe.

Eine Krise der Körper führt zu einer Krise der sozialen und politischen Institutionen und die wiederum zu einer Krise der kulturellen Reflexionen und Repräsentationen. Doch das, was man in Deutschland Kultur und Pop nennen mag, hat sich in seinen Impulsen dreigespalten: Eine kleine, aber lautstarke Minderheit hat sich ganz oder so halb auf die Seite der Leugner und »Querdenker« gestellt und in einer Kampagne wie *#allesdichtmachen* eine solch toxische Mischung aus Narzissmus, schlechtem Geschmack, Ignoranz und Entsolidarisierung an den Tag gelegt, dass man weiß: Von denen kommt weder Heilsames noch Innovatives. Dabei mussten sich einige von uns wohl von dem einen oder anderen Kulturhelden verabschieden wie, sagen wir, von Van Morrison, der sein unbestrittenes Talent, schlechte Laune in Musik zu verwandeln, am entschieden falschen Objekt auslebte. In Deutschland wurde ein Til Schweiger zur Ikone der postpandemischen Peinlichkeit, einschließlich kinderimpfskeptischer Videobotschaft. Eine Zwickauer Kunstprofessorin vergleicht die 2G-Regeln mit einer Nazi-Maßnahme (und postete dazu ein Bild aus dem Jahr 1941 von einer Frau, die auf die Straße getrieben wird mit einem Schild um den Hals »Ich bin aus der Volksgemeinschaft ausgestoßen«): Nach den Grenzen des guten Geschmacks fallen auch in der »Kulturszene« die des historischen Anstands. Die Liste der größeren und kleineren Unterhaltungs- und anderen Künstler, die sich coronal danebenbenehmen, wächst noch. Aber eine Mehrheit hat sich doch, im Einzelfall mehr als verständlich, in der Summe furchtbar, für das Konzept der kontrollierten »Rückkehr zur Normalität« entschieden. Endlich wieder Kinos, Galerien, Theater, Kneipen und Debattenräume mit einer echten Öffentlichkeit. Endlich keine Verzoomung, Verstreamung, Verchattung mehr, endlich wieder richtige Räume, richtige Objekte, richtige Menschen. Wenn auch mit gewissen Einschränkungen, an die man sich gewöhnen muss. Wenn auch, wie man so sagt, mit gemischten Gefühlen, hier und dort. Wenn auch vielleicht nur bis zur nächsten Welle. Dafür muss man schon bereit sein, eine gewisse Kuscheligkeit und Konfliktlosigkeit in Kauf zu nehmen, ein wohliges und kontrafaktisches Wir-Gefühl: Wir machen wieder Kultur miteinander, und das beweist zur Genüge, dass wir der großen Negativierung standgehalten und sie überlebt haben. Feelgood-

Kultur eben. Nur einer Minderheit indes fällt es ein, dass Kultur nach der Krise nicht dasselbe sein kann wie Kultur vor der Krise. Dass der »Neustart Kultur« ein politisch-ökonomisches Täuschungsmanöver ist und dass man der generellen Verdrängungsstrategie eine kritische Haltung entgegenzusetzen hätte.

Die Krise zeigt: Die Kultur (Pop, Moderne oder Klassik) gibt es genauso wenig, wie es die Wissenschaft gibt. Die Hoffnungen, die man ins eine wie ins andere setzt, sind illusionär: Weder eine Rückkehr zur Kultur noch eine Rückkehr zur Wissenschaft geben tragfähige Narrative gegen die postcoronale Leere her. Beide haben ihre relative Autonomie und Geschlossenheit als Subsysteme der liberal-demokratisch-kapitalistischen Gesellschaftsordnung längst verloren – oder haben sie (da wir uns von der negativen Dialektik zur Dialektik der Negativitäten bewegen) nie anders denn in Mythos und Ideologie besessen. Da kommt nicht, was man in Krisen so dringend begehrt: Vertrauen, Autorität und Kampfgeist. Die Erkenntnis, dass uns weder die Kultur noch die Wissenschaft gegen die Macht von Reaktion, Dummheit und Soziophobie schützen kann, wo wir doch eben unsere Hoffnungen auf den Neustart Kultur, auf den March for Science, auf kultivierte Dialoge und wissenschaftliches Weltbild setzten, diese Erkenntnis erzeugt in der verbliebenen demokratischen Zivilgesellschaft ein Empfinden von Leere und Ohnmacht.

Das heißt wohl, und das ist katastrophal genug: Weder kann es einen wirklichen Neustart der Kultur nach der Krise geben – stattdessen werden anhand der nachhallenden Leitmelodie »Systemrelevanz« Gewinner und Verlierer erzeugt und wird nach dem neoliberalen Prinzip die »kreative Zerstörung« mit allerbilligstem Glamour gefüllt –, noch kann es ein gesamtgesellschaftliches Projekt der »Heilung durch Kultur« geben. Dass »nicht alle überleben werden«, also nicht alle kulturellen Institutionen und nicht alle Berufsgeschichten in Kunst und Pop, das wird uns jeden Tag und von verschiedenen Seiten eingeflüstert. Wer aber gerettet wird in der Sphäre der Kultur, und wer sterben muss, das entscheidet … der Markt? Die nächste Regierung? Der Kunde und die Kundin? Der Immobilienkonzern? Die verbliebene Widerstandskraft am Rande des Zusammenbruchs? Nicht alle werden sie schaffen, die Rückkehr zur Normalität. Aber ist nicht allein das ein Beleg dafür, dass es diese Normalität gar nicht gibt? – Dass Kultur und

Pop genauso gespalten sind wie die Gesellschaft, die sie ernährt, wundert einen natürlich nicht, und auch nicht, dass es sich dabei weniger um eine Entsprechung als vielmehr um eine Karikatur handelt. Was einen höchstens wundern kann, ist, dass die Mehrheit darin so tut, als bemerkte sie den strukturellen Umbau gar nicht, der im Windschatten der Krise geschieht.

Kultur, die nach der Krise genauso sein will wie vorher, darf man getrost reaktionär nennen. Oder, freundlicher, »nostalgisch«. In den USA, wo man mit so etwas noch schneller bei der Hand ist als bei uns, haben inmitten der Pandemie psychologische Untersuchungen über den Medienkonsum unter verschieden strengen Lockdown-Bedingungen eingesetzt. Man sollt' es natürlich nicht glauben: Bei Fernsehserien und Popsongs trat der Effekt umfassender Nostalgie ein. Der (wohl nicht nur) amerikanische Mensch in der Pandemie gab bei seinem zwangsweise erhöhten heimischen Medienkonsum zu Umfrage-Protokoll, eine signifikante Vorliebe für jene Produktlinien bei Büchern, Musik und Filmen entwickelt zu haben, die in seiner Jugend erschienen waren. Nicht Zukunft und nicht Gegenwart, sondern Vergangenheit, Rückkehr in eine Welt, die es nie gab, Retromanie war das mediale Erfolgsmodell in der Pandemie.

Nostalgie wird, wieder einmal, in der Krise zur »psychischen Ressource« (so Professor Clay Routledge von der North Dakota State University). Der Überfluss an nostalgischem Verlangen aber setzt, so der Schweizer Johannes Hofer, der im 17. Jahrhundert vielleicht den Begriff »Heimweh« erfunden hat und ihn mit einer Mischung aus Wohligkeit und Grauen belegte, »das Animalische im Menschen« frei. So wären wir bei Friedrich Schiller und seinem Gedicht *Die Pest*, das im Nachklang zu seiner Dissertation mit dem Titel *Versuch über den Zusammenhang der thierischen Natur des Menschen mit seiner geistigen* erschien und nun ein im Frühjahr 2021 erschienenes *Corona-Weltuntergangs-Lesebuch* eröffnet.[1] Oder bei den denkwürdigen Verbindungen von Leugnung und Gewalt derzeit, je nachdem. Der erzwungene architektonische und soziale Rückzug führte also, wenn wir den amerikanischen Untersuchungen und den Vätern des Idealismus glauben wollen, schnurstracks zu einem kulturellen Rückzug, zur nostalgischen Regression und damit, genau, zu einem Seitenstück der Dramaturgie der verpassten Chancen, an der wir gerade arbeiten. Der »ewige Lockdown«, wie ihn der US-Schriftsteller Richard Kadrey in seiner Short Story *Jenseits des dunklen Gewässers* beschreibt,[2] ist so ein paradoxer Albtraum. Schließlich war »Cocooning« lange vor der Pandemie ein Phänomen des radikalen Rückzugs und waren das Verschwinden des öffentlichen Raums, die Gefangenschaft in einem Smart Home oder die ausschließliche Handy-Kommunikation bereits Karikaturen von Trends, die sich schon lange vor dem Corona-»Ausbruch« abzeichneten. Der Aspekt der »Rückkehr« zur Normalität, gegen eine Idee von irgendetwas Neuem, beherrscht schließlich den Alltag. Aber der Rückkehr zu den alten Plätzen, den Clubs, den Kinos, den Campingplätzen, den Traumschiffen, den Volksfesten, den Vergnügungsparks, haftet das Reaktionäre ebenso an wie der Keim der Enttäuschungen. Das alte Wohlgefühl will sich ja gar nicht mehr einstellen, die alte Begeisterung fehlt, der alte Schwung ist hin. Heimweh ist ein per se unerfüllbares Verlangen, also auch das Heimweh nach Kultur. An Orte, die in der Zeit zurückgeblieben sind, wird man mit viel zu viel Erwartung und viel zu viel Entfremdung zurückkehren. Heimweh und Nostalgie sind Empfindungen, die der Verzweiflung mindestens so nahe sind wie dem Glück. Die Enttäuschung bei der Rückkehr zur Normalität wird also ein weiteres schwarzes Loch von Identifikation und Kommunikation erzeugen, einen Keim der Negativität, den wir aber nicht benennen können, ohne als undankbar und spielverderberisch ausgeschlossen zu werden.

Wohin wir am Leitfaden der Nostalgie zurückkehren, das hat schon eine Form des Gespenstischen angenommen. Ja, unser Geflecht aus Alltag und Vergnügen, zu dem wir zurückkehren wollen, hält den Erinnerungen nicht stand, schon gar nicht in den immer noch notwendig eingeschränkten Formen. Und unsere Kultur, auf die wir so große Stücke halten, verwandelt sich in einen Geisterraum, dem das Zeitgenössische und Kritische, der Aufbruch und der Widerspruch ausgetrieben wurden.

Möglicherweise genauso reaktionär, oder eben: »nostalgisch«, ist ein Einschreiben von Pandemie und Lockdown in gewohnte Bild- und Erzählformen, als Aktualisierung der ewigen Schleifen und Genres. Der 2020 entstandene kanadische Film CORONA – FEAR IS A VIRUS greift das Motiv von der in einem Fahrstuhl eingeschlossenen Gruppe wieder auf und pappt dem alten Klaus-

Die Krise als Wiederkehr des Immergleichen: CORONA ZOMBIES

trophobie-Modell dreist das Virus-Motiv an. In SKYLINES aus demselben Jahr befällt das Virus eine Schar ursprünglich durchaus wohlgesinnter Alien-Hybride und verwandelt sie in, na was wohl: die »Menschheitsbedrohung«. Noch dreister treibt es der Altmeister der Billig-Exploitation, Charles Band, der zwei ältere Filme, ZOMBIES VS. STRIPPERS (2012) aus seiner eigenen Produktionsfirma und den italienisch-spanischen Euro-Trash HELL OF THE LIVING DEAD von 1980 (!), neu zusammenklebt, neu synchronisiert und mit Fernsehnachrichten-Bildern zur Pandemie verbindet zu CORONA ZOMBIES, in dem eine gewisse Barbie von

Covid-19-infizierten Untoten gejagt wird. Die Krise, sagt all das, ist nichts anderes als eine aktuelle Wiederkehr des Immergleichen, und damit haben wir in dieser semantischen Einschreibung in die wellenförmige Katastrophenfantasie das exakte Pendant zur »Rückkehr zur Normalität«. Wir kehren zur Normalität zurück, weil die Krise nur das war, was schon immer kam.

Es ist ein Fluss der Karnevalisierung und Trash-Kultivierung, der die Gefahren der Pandemie bannen soll. Ein beliebtes Spiel war die textliche Coronafizierung von gängigen Schlagern; so wurde aus *Verdammt, ich lieb' Dich* von Matthias Reim in einem Tweet unter dem Hashtag #CoronaSchlager »Verdammt, ich will mich nicht / Mit Viren infizier'n«. Im selben Spiel wird aus dem *Anton aus Tirol* der Mitstampftext: »Ich bin so schön, ich bin so toll, ich bin Corona aus Tirol«. Und auch die Prinzen werden beklaut: »Das ist alles infiziert (eh oh) / Das ist alles voller Viren (eh oh) / Das ist alles infiziert (eh oh) / Da hilft nur desinfizieren (eh oh) / Das ist alles infiziert, kontaminiert / Nur mit Viren vollgeschmiert / 'Tschuldigung, das is' halt so passiert.«[3] Das alles mag mäßig komisch sein, gehört aber zu den gewohnten Kulturtechniken der Verarbeitung. Den Erfolg mehrerer im Frühjahr 2020 entstandener Corona-Popsongs von den Ärzten (die zum Daheimbleiben aufforderten) bis zur neurechten Band Frei.Wild (die sich über die Weltuntergangs-Panik lustig machte) erklärt uns Michael Fischer, geschäftsführender Direktor des Zentrums für Populäre Kultur und Musik in Freiburg, so:

> »Das Ziel der Songs ist Angstbewältigung in einem sehr weit gefassten Sinn. Popsongs versuchen, mit künstlerischen Mitteln die Bedrohung durch das Virus und die damit verbundene Angst kulturell einzuhegen. Von Krankheit und Sterben wird in den Songs allerdings kaum gesprochen. Das wäre auch kontraproduktiv, denn Popmusik ist soziologisch und ökonomisch ein Teil der Unterhaltungskultur. Die Rezipientinnen und Rezipienten suchen in diesen Songs keine Angstverstärker, sondern Angebote, um ihre Angst bewältigen zu können. Inhaltlich könnte man von einer Spiegelung der sozialen Situation der Hörerinnen und Hörer sprechen. Es geht um das, was sie und wir alle in der ersten Welle, beim ersten Lockdown, erlebt haben: Verunsicherung, Einsamkeit, Langeweile, keine Partys, keine Besuche bei Freunden und so weiter.«[4]

Sowohl in der Katastrophenfantasie wie in der Karnevalisierung ist die Negation aufgehoben: Das Virus mitsamt seinen Folgen soll nicht sein, aber es ist. Es ist der klassische Fall eines Ereignisses, das sein kann, obwohl es nicht sein darf. So tritt neben die fundamentale Leugnung und die Relativierung ein anderes, ein konfrontatives Modell: Das Virus ist, aber wir stellen uns ihm rotzfrech entgegen. Wenn das nicht hilft, drehen wir die Erzählung noch einmal um: Das Virus existiert, aber es generiert eine Dramaturgie, an deren Ende ein verborgener Sinn aus dem Chaotischen tritt, wie in der klassischen Horror- und Katastrophenerzählung, in der das *final girl* überlebt oder das heroische Opfer Erlösung bringt. Die nächste Möglichkeit ist die Kriegsmetapher: Das Virus wird besiegt, man kann es eindämmen, man wird triumphieren. Fiktionen helfen bei der Konstruktion von Schuldzuschreibungen, und hier ist es zum Beispiel ein Leichtes, im Hyperangebot der Science-Fiction schon die entsprechenden Voraussagen zu finden: In Edward Lerners Kurzgeschichte *Time Out* aus dem Jahr 2013 zum Beispiel ist es ein rachsüchtiger Zeitreisender, der eine Virus-Pandemie als terroristischen Akt in der Gegenwart verbreitet, die ziemlich verwandt der Corona-Krise verläuft. Im noch früheren *A Murmuration of Starlings* (2012) von Joe Pitkin geht die Pandemie von Asien aus und führt zur Schließung der Schulen, Läden und Theater, zu Isolation und Gesichtsmasken (die sich freilich als nutzlos erweisen). Kleine Beispiele dafür, dass die Pandemie bis in die Einzelheiten schon immer da war, und selbst in amerikanischen Blockbusterfilmen wie OUTBREAK (1995) oder deutschen Autorenfilmen wie DIE HAMBURGER KRANKHEIT (1979), von George A. Romeros CRAZIES (1973) zu schweigen, werden Pandemien in eben den Dramaturgien beschrieben, die wir nun real erlebten. Das Prinzip der Wiederkehr ist die dritte Form der Negation der Negativierung.

Eine Rationalisierung schließlich besagt, dass sich die Gesellschaft im Kampf gegen das Virus bewährt habe und daher stolz auf sich sein könne. Hier hilft zur Not die »Zukunftsforschung«: »Formen der Höflichkeit und des Respekts haben in der Corona-Krise eine fast rauschhafte Renaissance erlebt – es ist eine Common Decency entstanden, eine Art gemeinschaftlicher Anstand.«[5] (Wie unser alter Nachbar zu sagen pflegte: »Dat wüsst isch aber«.) Nichtsdestotrotz bleibt, neben vielen Bilder der Fürsorge, Solidarität und allgemeiner Nettigkeit zueinander, die vierte Form der Negation. Okay, die Krise hat ein paar hässliche Seiten an unserer Kultur gezeigt, aber die guten überwogen. Und dafür dürfen wir uns jetzt belohnen.

Und wenn alles so gut wieder läuft, geht es auch wieder ans Geldverdienen: »Wie könnte eine wünschenswerte Welt nach der Covid-19-Pandemie aussehen? Welche Geschäftsmodelle werden relevant sein, welche Werte? Bei zwei Workshops des Creative Labs COVID-19 wurden mit Methoden der Zukunftsforschung Visionen für eine Welt nach der Krise entwickelt.«[6] So wird es versprochen in einer Einladung des – aufgemerkt! – »Kompetenzzentrums Kultur- und Kreativwirtschaft des Bundes«. Grafisch verwandelt sich hier übrigens das Coronavirus in ein »Futures Wheel«. Die Auflösung der Kultur in der Kreativwirtschaft nach der großen Negativierung ist, wie es scheint, auch semantisch beschlossene Sache. Auf der »Biennale des bewegten Bildes« wird im Oktober 2021 eine Masterclass mit der Regisseurin und Produzentin Doris Dörrie angeboten: »Auf der diesjährigen B3 wird sie über ihre Arbeit und ihre Sicht auf die Kreativwirtschaft sprechen. Sie wird auch darüber sprechen, wie man Kreativität so lenken kann, dass das Ergebnis andere anspricht und im besten Fall auch berührt.«[7] Die Sprache der Kultur geht rasant in der Sprache des Neoliberalismus auf.

Wenn das Coronavirus eine radikale Negation unserer Welt und ihrer Subjekte ist (der Teufel möglicherweise), dann erzeugen die fundamentale Leugnung wie die Relativierung auf der einen, die »Eindämmungen« und »Überwindungen« auf der anderen Seite jeweils einen blinden Fleck der Erzählung, einen Verlust, der nicht erwähnt und nicht »behandelt«, der, ganz im Schumpeter'schen Sinne, der »kreativen Zerstörung« überantwortet wird. Die Negativität wird gleichsam umhüllt, das, was nicht sein soll und dennoch ist, wird bedeckt und gerade dadurch in seiner Negativität bewahrt. Kreativwirtschaft ist das, was von Kultur übrig bleibt, nach der großen Negation. Sie schleppt das Wort Kultur allerdings als lästige Erinnerung, als Geist des in ihr Getöteten und Gestorbenen mit. Jene Kultur- und Kreativwirtschaft, die aus der Asche der Krise erstehen und ohne diese lästigen Keime von Kritik, Autonomie und Dissidenz ihre Arbeit des Neustarts verrichten soll, verwandelt das Virus in ein Gespenst. Wir berühren uns in der Negation der Negativität, semantisch und körperlich.

Von einer Krise sagt man gemeinhin, dass sie Spuren hinterlässt, von persönlichen Verlusten und Traumata bis zum Versagen der Medien und Codes von Kommunikation und zum Zerfall der guten Sitten und zivilisatorischen Inszenierungen. Die Pest produziert die Barbarei, das kann man in allfälligen Sammlungen von Pandemie-Erzählungen zwischen Edgar Allan Poe und Albert Camus nachlesen. In einer Krise, deren anhaltende Wirkung die Ersetzung direkter Kontakte und Sinneserfahrungen, des Sprechens, Sehens, Hörens und Berührens, durch mediale Simulationen und neue Inszenierungen von »privat« und »öffentlich« bedeutet, muss schließlich der Körper zum Fetisch werden. Es geht nun um eine Rückkehr zum Körper und vielleicht sogar um eine Rückkehr in den Körper, auf jeden Fall um eine Rückkehr zur Körperlichkeit, wofür übrigens die inflationären Meta-Inszenierungen des Sports die symbolische Überhöhung lieferten. Allerdings, und hier könnte eine weitere Long-Covid-Wirkung der Gesellschaft lauern: Auch die Rückkehr zu Körper und Körperlichkeit trägt einen Entfremdungskeim in sich. Ist das überhaupt noch *mein* Körper, ist es noch *unsere* Körperlichkeit, wohin wir da zurückkehren? In den Sportübertragungen können wir immerhin beobachten, welchen Grad von Hysterie diese Rückkehr zur Körperlichkeit generiert.

Die Rückkehr zur Normalität als Kulturregression (das Mittelmäßig-normal-und-immer-weiter-so-Pendant zur Kulturrevolution) bietet auch ein hervorragendes Experimentier- und Modellierfeld für das, was postcoronal »Öffentlichkeit« (jenseits von Gruppenselfies) sein kann. So macht man sogar Experimente im Schnittfeld von Pop und Pandemie: Mit dem Sänger Tim Bendzko (bekannt geworden 2011 mit dem Lied *Nur noch kurz die Welt retten*) wurde im August 2020 in der Arena Leipzig ein Konzert veranstaltet, bei dem sich die Besucher*innen freiwillig zu Versuchspersonen in einem Experiment unter dem Titel »Restart-19« machten. Untersucht werden sollte das Verhalten der Menschen in Konzerthallen, um die Risiken bei künftigen Großveranstaltungen quantifizieren zu können.

Jeder Teilnehmer musste 48 Stunden vor dem Konzert einen Coronatest machen, nach dem Fiebermessen erhielt man eine »Hochfiltermaske« und einen Sender, der alle Bewegungen aufzeichnet, dazu ein Desinfektionsmittel mit einem Markierungsstoff, der sichtbar macht, wen oder was jeder Mensch in diesem Raum berührt hatte. Die Studie, die wir getrost auch als inszenierte dystopische Science-Fiction ansehen können, kostete übrigens an die Million Euro und brachte hauptsächlich die Erkenntnis zutage, dass Menschen sich wohl anders bewegen, wenn sie sich beobachtet fühlen. Ob sich so die Welt retten lässt? Man weiß es nicht. Bloß dass die einen sich durch die Impfspritze von Bill Gates innerlich aufgeweicht fühlen und die anderen sich jeden Kontrollwahn antun, wenn es um die Rückkehr zur Normalität geht, das kann man wissen.

Was durch die Krise bis in den Wirtschafts- und Politiksprech hinein vorgenommen wurde, ist also die Verschmelzung von Kultur und »Kreativwirtschaft« und die Verschmelzung von Pop und Social Engineering. Die Krise hat diese Verschmelzung – die nichts anderes besagt, als dass auch Kultur nichts mehr sein kann als ein Asset-Produkt, mit dem man Profit erwirtschaftet oder es sein lässt, oder nichts als ein Momentum von Soft Power in neuen Regierungstechniken – nicht nur unsichtbar gemacht, sondern extrem beschleunigt. Kultur, die sich »zurück« in eine Normalität flüchten will, kann dies nur noch, indem sie sich als Teil der Kreativwirtschaft versteht und zugleich als »systemrelevant«, das heißt wichtig dafür, dass alles so weitergeht wie bisher, und das heißt: Kultur wird Teil der Katastrophe.

Die große innere Negativität in der Kultur nach der Krise ist die Erkenntnis, dass sie allein nicht überlebensfähig ist. Sie muss sich, in all ihren endlosen Ausdifferenzierungen ist das gleich, entweder an die Ökonomie oder an den Staat wenden, denn eine Gesellschaft, die »ihre« Kultur entwickeln und erhalten wollte und könnte, die gibt es nicht mehr, oder es hat sie nie gegeben. Nun haben sich aber beide, der Staat und die Ökonomie – der digitalisierte, globalisierte und privatisierte Kapitalismus – erheblich geändert, sowohl durch die Krise hindurch als auch jenseits von ihr, und verändert haben sich auch die Beziehungen zwischen beiden. Normalerweise wäre es Aufgabe der Kultur, diese Veränderungen kritisch zu reflektieren, ihnen vielleicht sogar zu widersprechen oder einen Raum der Fantasien und Ideen in ihrem Jenseits zu eröffnen. Als Teil der Kreativwirtschaft und als systemrelevanter Subventionsfall aber hat sich die Aufgabe der

Kultur ins genaue Gegenteil verkehrt. Sie soll, wie man so sagt, das Beste draus machen. Sie soll eine paradoxe Aufgabe erfüllen, nämlich an der Oberfläche eine nostalgische Bewahrung, eine Rückkehr zu Goethe, Rock 'n' Roll und Kindergeburtstag simulieren und in ihrem inneren Kern die nächste Transformation von Neoliberalismus und Postdemokratie befördern. Kultur, die das mitmacht, Kultur, die auch nur so tut, als wäre sie davon nicht betroffen, ist verloren für die Gesellschaft, verloren für die Zukunft, verloren für sich selbst.

Natürlich lässt sich all das auch auf ganz pragmatischen Feldern zeigen. Die Digitalisierung hat noch einmal zur Stärkung der Digitalkonzerne geführt, während die Globalisierung in den Status der »Globalisierung« überführt wurde: Extreme Abhängigkeit von den Lieferketten wurde als Problem erkannt, was zu neuen Formen der Flexibilisierung und der Teilautarkie führen sollte; man wird gegenüber globalen Monopolstellungen misstrauisch und baut an Dezentralisierungen. Auf legalem Terrain führen die juristischen Gefechte um Verwertungsrechte de facto zur Entmachtung und Entwertung der primären Produzenten von Kultur und stärken die Macht der Verwerter, Gatekeeper und Konzerne. Selbst auf dem Gebiet der eigenen Arbeits- und Lebensbedingungen müsste es also jedem Künstler, jeder Kritikerin, jedem Rädchen in einer kulturellen Verwertungs- und Vermittlungskette klar sein: Kultur und Kreativwirtschaft sind keine Einheit, sondern erbitterte Widerparts. Ihre zwangsweise Vereinigung durch die Schwächung in der Krise bedeutet eine Negation, die sie nie wieder werden verlieren können. Aber was nutzt uns eine Kultur, die für lange Zeit mit der Bearbeitung ihres eigenen Verrats beschäftigt sein wird?

Die Krise ist dazu benutzt worden, der Kultur die Kapitalisierung zu verpassen. Sie ist nicht mehr Aufgabe der Gesellschaft, sondern Anhängsel des Marktes, und das aus eben dem Grunde, dass das System sie ja schließlich durch die Krise gerettet (oder wenigstens subjektiv am Leben erhalten hat).

Aber weder die Leugner noch die Erklärer, weder die Karnevalisierer noch die Apokalyptiker, weder die Normalisierer noch die Kapitalisierer können die wahre Negation auslöschen. Sie alle bewahren diese Negation, sogar über die medizinische Beendigung der Pandemie hinaus. Im notwendigen Versagen der Kultur im Neoliberalismus, die Krise als Chance zur Veränderung kenntlich zu machen, erzeugt man das Untote. Die Negativität, die sich in ihrer Negation aufhebt. Für immer, oder wenigstens auf dem Weg von der Krise zur Katastrophe.

Anmerkungen

1 Joachim Körber (Hg.): Die schwarze Grippe. Das kleine Corona-Weltuntergangs-Lesebuch. Kehrig 2021.
2 Ebenda., S. 183–222.
3 Das Video der Band Beat Cuisine wurde am 6.4.2020 hochgeladen, vgl. www.youtube.com/watch?v=mICphVRrmhk [19.10.2021].
4 Hans-Dieter Fronz: Popsongs über die Pandemie. Gespräch mit Dr. Dr. Michael Fischer. Freiburg, 8.1.2021, www.pr.uni-freiburg.de/pm/online-magazin/forschen-und-entdecken/popsongs-ueber-die-pandemie [19.10.2021].
5 Matthias Horx: 10 Zukunftsthesen für eine Post-Corona-Welt, www.zukunftsinstitut.de/artikel/10-zukunftsthesen-fuer-die-post-corona-welt/ [19.10.2021].
6 Deana Mrkaja: Wie die Kreativwirtschaft eine Post-Corona-Welt entwirft, https://kreativ-bund.de/werteorientierte-oekonomie/post-corona-welt [19.10.2021].
7 https://b3biennale.de/de/events/opening-master-class-with-doris-doerrie [19.10.2021].

Das lachende Grauen: Karnevalismus und Horror

Ausweitung der Karnevalszonen

Was in repressiven wie permissiven Gesellschaften stets frei bleibt, ist eine gewisse Zone des Lachens. Vieles von dem, was man im Ernst nicht behaupten oder gar fordern darf, lässt sich mit einem Lachen dennoch ausdrücken. So entstehen jene Lachkulturen, von denen Michail Bachtin sprach. Ihre Entstehung im Mittelalter beschreibt er so:

> »Die Freiheit des Lachens war, wie jede Freiheit, natürlich relativ. Ihr Bereich konnte breiter oder enger sein; sie wurde aber niemals aufgehoben. Diese Freiheit hing mit den Feiertagen zusammen und beschränkte sich meistens auf sie. Sie verschmolz mit der festlichen Atmosphäre, sie ging mit der Genehmigung des Fleisches, des Specks und des geschlechtlichen Lebens einher. Diese feiertägliche Befreiung des Lachens und des Leibes kontrastierte schroff mit der vergangenen oder bevorstehenden Fastenperiode.«[1]

Diese relative Freiheit bezog (und bezieht) sich auf drei Felder: Die Sexualität. Die Politik. Und die Semantik. Während das erste und das zweite einigermaßen evident erscheinen, wird das dritte oft vernachlässigt oder nur in Beziehung zu den beiden anderen »Freiheiten« verstanden. Tatsächlich geht es dabei um eine Freisetzung der Sprache, der Bedeutungen und der Zeichen. Als Bedeutung wird gemeinhin verstanden »eine Beziehung zwischen den Menschen, die sich mit Hilfe von Zeichen verständigen«[2]. Im Karneval – und in jeder Form von Karnevalisierung – wird diese Beziehung von gewissen Regeln und Dogmen losgelöst. Die offensichtlichsten Abweichungen von Alltags- und Berufssprache sind: der »Rückfall« in Kindersprache und Echolalie; der noch weiter gehende »Rückfall« in vorsprachliche Lautäußerungen wie

Grunzen, Knurren oder Grölen; der Nonsens; die Verballhornungen; die semiotischen Entwendungen (»Hochsprache«-Elemente im »falschen« Zusammenhang); die Verdopplung der Bedeutungen; die Sprechparodie (ironische oder abwertende Nachahmung von Sprechweisen).

Kurzum: So wie man sich gegenüber der Politik und gegenüber der so oder so geregelten und daher »unterdrückten« Sexualität ein Ventil verschafft, so verschafft man sich eines gegenüber der ordnenden und vereinenden Sprache. Es ist der bewusste Verstoß gegen Regeln der Kommunikation, der, wie die anderen Formen der karnevalistischen Befreiung auch, einen imaginären, einen abwesenden oder einen getäuschten Partner im Kommunikationsprozess benötigt. Karnevalisierung der Kommunikation dreht den Bezug von Bedeutung und Zeichen um: Die Zeichen bedeuten die Störung der Kommunikation zwischen Menschen, wobei einer dieser Menschen oder eine Gruppe möglicherweise real gar nicht anwesend oder rituell aus dem Bedeutungsprozess ausgeschlossen ist. Das ist schon im »erlaubten« Karneval nicht immer nur lustig, wenngleich hier das enorme Aggressionspotenzial am Ende noch stets abgeleitet werden kann: die Aggression zwischen Männern und Frauen (das sexuelle Rollenspiel als Denunziation), die Aggression zwischen »Volk« und »Elite« (als Demaskierung von Autorität in der Maske, was eben die Autorität der Macht nicht minder betrifft als die Autorität der Moral), die Aggression zwischen Lust und Verbot, am Ende immer aber auch schon die Aggression von »uns« gegen die »anderen«.

Die Begrenzung des Karnevals und der karnevalisierten Kultur blieb weitgehend intakt bis in den Wohlfühl- und Fürsorgekapitalismus der sechziger Jahre hinein. Hart arbeiten, auch Verzicht leisten, sich zusammenreißen, bis zum erlösenden Punkt: Feierabend, Feiertag, Karneval, Urlaubsreise. Doch verzuckerten bereits in den ersten Krisen ständige Erweiterungen der karnevalisierten Zonen den Abbau wirtschaftlicher Sicherheit und gesellschaftlicher Solidarität. So war, nur zum Beispiel, das, was als »sexuelle Revolution« begonnen hatte, im Mainstream zur Karnevalisierung des Lebens und mehr noch zur medialen Kompensation der großen ökonomischen Beschleunigung geworden. Zur gleichen Zeit entfalteten sich Kabarett, Comedy und komische Kleinkunst. Vom großen Projekt der Freiheit blieb die kleine Freiheit, über alles zu lachen. Eine Grußformel in der Beamten- und Angestelltenkultur dieser Zeit lautete: »Die Lage ist hoffnungslos, aber nicht ernst.«

Jede Phase der Neoliberalisierung wurde von einer Ausweitung der karnevalisierten Zonen begleitet. Die einen fühlten eine »ironische Gesellschaft«, die anderen eine »postheroische« im Werden; die einen befürchteten, man werde sich gar zu Tode amüsieren, die anderen setzten in Pop die Hoffnung wenn nicht auf Revolution, so doch auf Subversion. Doch alles in allem ging es nicht nur um die Konstruktion der ephemeren Freiheiten, von denen Bachtin ausgeht, sondern vor allem um die Ephemerisierung der Freiheit. Die politischen Freiheiten wurden in kulturelle Freiheiten umgewandelt, ökonomische und rechtliche Entmachtungen in sexuelle und semantische Ausdrucksfreiheiten, eine freie Gesellschaft (die immerhin als Idee oder gar als »Verfassung« existierte) verwandelte sich nach und nach in eine entmachtete Gesellschaft der freien Subjekte. Für jeden Gewinn an ökonomischer und kultureller Freiheit ging ein mindestens ebenso großes Stück politischer und diskursiver Freiheit verloren. In der karnevalisierten Kultur werden Sitten und Benehmen freier, während der Geist, in all der Bedeutungsbreite, in der man den Begriff verstehen kann, immer unfreier wird.

Auf die Karnevalisierung der Kultur und der Freizeit folgte die der Kommunikation und damit schließlich auch der Politik. Das meint nicht nur, dass man, ganz im Sinne der populären Postmoderne, nichts mehr vollkommen ernst meint, alles schon eine ironische Verfremdung in sich trägt und stets mehrfach lesbar sein soll, es meint schließlich eine Umformung der Kommunikation, die nicht minder fundamental ist als die Umformung der Arbeit im Neoliberalismus. Was wir heute als Enthemmung in Form von Hatespeech, als Verlust von Anstand und Würde, als Barbarisierung der Sprache und nahezu analphabetisches Ventil-Gestammel ansehen und vorwiegend auf die »Anonymität im Netz«, die Rückkopplungseffekte und den technisch erleichterten Gebrauch der digitalen Wort- und Bildschleudern schieben, hat in der allgemeinen Karnevalisierung der Kommunikation seinen Anfang.

In der Lachkultur machen sich die Menschen von den weltlichen und geistlichen Autoritäten frei; sie tun das freilich in einem semantisch und architektonisch bestimmten, halb-geschlossenen Raum. Es geht nicht allein darum, das »Verdrängte« aufscheinen zu lassen, sondern vielmehr auch darum, die Grenzen der Codes und der Sprachen zu überschreiten. Das Karnevalistische ist universaler als zum Beispiel das Nationale, es geht dabei auch um das, was die politischen Codes aussparen, die Geburt, den Tod, das Fressen und die Sexualität. Der Körper ist der Ausgangspunkt, seine Schönheit und seine Groteske, seine Ewigkeit und seine Vergänglichkeit. Wesentlich dabei ist schließlich die Aufhebung der Klassengrenzen und der Kulturen, eine Form der lustvollen Verbrüderung und Verschwesterung: Man lacht über das Gleiche, trinkt und isst das Gleiche, folgt der gleichen Musik. Und: Man wählt die gleichen Objekte der Verspottung, die gleichen Opfer der Verachtung, die gleichen Gespenster, die gleiche Beute.

Mit der Lachkultur verhält es sich freilich wie mit anderen Sonderkulturen, sie erzeugt ihre eigenen Regeln, Ausschließungen, Widersprüche und Zwänge. Man kann so etwas wie einen Lachzwang feststellen, unter den ganze Segmente der kritischen Kultur gefallen sind. Es ist die Wiederkehr des »Hofnarren-Syndroms« gegenüber dem neuen Souverän, dem demokratischen Fürsten, der das Volk repräsentiert: Alles darf gesagt werden, was im Lachen seine eigene Ohnmacht bekundet.

Natürlich hat Bachtin nie nur vom Mittelalter sprechen wollen; Lachkultur und Karnevalisierung durchziehen die Zeiten parallel zu Macht und Gewalt.

> »Der mittelalterliche Mensch empfand im Lachen besonders scharf den Sieg über die Furcht. Und er empfand ihn nicht nur als Sieg über die mystische Furcht (die ›Gottesfurcht‹) und über die Furcht vor den Naturkräften, sondern vor allem als Sieg über die moralische Furcht, die das Bewusstsein des Menschen knechtet, bedrückt und dumpf macht: als Sieg über die Furcht vor allem Geheiligten und Verbotenen (vor dem ›Mana‹ und vor dem ›Tabu‹), vor der Macht Gottes und vor der Macht der Menschen, vor den autoritären Geboten und Verboten, vor Tod und Vergeltung im Jenseits, vor der Hölle, vor allem, was entsetzlicher ist als die Erde.«[3]

So wie sich im »anarchistischen Kapitalismus« (nicht nur dem, der aus Silicon Valley stammt) die Geste der Hippie-Revolte dazu eignet, sich über die Regeln des alten Kapitalismus hinwegzusetzen, so eignet sich der kapitalistische Surrealismus Elemente von

Karneval und Lachkultur an, um sich über die Legitimations- und Rationalisierungszwänge des kapitalistischen Realismus hinwegzusetzen. »Spaß haben« wurde zum Alltagszwang, und mehr noch entstand ein neues Feind- und Verachtungsbild im »Spaßverderber«. (In der weiter verschärften Sprache unserer Tage wurde daraus das Verdikt der »Spaßbremse«. Offensive Umwertung: »Stachel im Arsch der Spaßgesellschaft«[4].)

Wie die Lachkultur ist auch der Horror ein Spiegel der Verhältnisse, der auf indirekte Weise die Wahrheit sagen kann, ohne dem Mainstream-Konsens wirklich gefährlich zu werden. Im Wesentlichen beschreibt Horror das Aufbrechen der dünnen Haut der Zivilisation über dem animalischen, magischen und barbarischen Kern des Menschlichen, und es ist das Aufbrechen der dünnen Haut der sozialen Codes über dem Kannibalismus und der sexuellen Gier. »Ein Monster«, sagt der Schriftsteller Colson Whitehead (*Zone One*), »ist einfach eine Person, die aufgehört hat, anderen etwas vorzumachen.«[5] Dieses lebendig gewordene Zeichen referiert naturgemäß auf die Bedingungen seiner Zeit; jede Gesellschaft gebiert und verwaltet ihre Monster. Horror bedeutet insofern auch Mythos, als seine Geschöpfe aus Zyklen der ewigen Wiederkehr und zugleich direkten Widerspiegelungen der aktuellen Ängste und Begierden entstehen.

Neuer Horror, keine Helden: Während sich also das Horror-Genre, von seinem trägen Hauptstrom abgesehen, in eine neue Richtung bewegt, verliert der Actionfilm fundamental an seinen Helden. Auf der einen Seite sind das, wie einst in der letzten Phase des amerikanischen Westerns als Genre par excellence, die alten Haudegen – relativ neu ist höchstens, dass sich ihnen auf ihrem letzten Abenteuer auch ein paar weibliche Gangmitglieder anschließen, wie Helen Mirren oder Judi Dench in den R.E.D.-Filmen –, die sich mit letzter Kraft noch einmal gegen das Böse stemmen, freilich, wie John Malkovich in derselben Filmserie, auch schon nicht mehr ganz im Vollbesitz ihrer geistigen Fähigkeiten. Auf der anderen Seite sind es jüngere Helden, die in Wahrheit gar nicht mehr wissen, ob sie auf der Seite der »Guten« stehen. Es sind Gangster, Auftragskiller, Doppelagenten; vielleicht sind sie irgendwann in einer Situation, in der sie ein klein wenig moralisches Überfluss-Bewusstsein entwickeln. SICARIO, eine Gewaltstudie über die mexikanischen Drogenkriege, zeigt anschaulich, dass Idealismus das falsche Mittel zur Problemlösung ist. Die »Kriege« dieser Helden sind mehr oder weniger privatisiert, nur Rachegeschichten halten sie gegen das Böse im Gleichgewicht. Noch deutlicher scheint es in den erfolgreichsten Fernsehserien, dass die Faszination durch egomane und zynische Widerlinge, Kevin Spacey als Politiker in *House of Cards*, der Kleinbürger als Drogengangster in *Breaking Bad*, der Serienmörder in *Dexter*, das ärztliche Ekelpaket in *Dr. House*, die Anwältin in *How to Get Away with Murder*, die durch den strahlenden Helden abgelöst hat. Diese neuen Antihelden sind ganz offensichtlich die Vertreter und Nutznießer des brutalen Kapitalismus der späten Tage; auf Demokratie, Solidarität oder Recht pfeifen sie schon lange.

Im Spätkapitalismus gibt es keine moralische Position mehr, die nicht zugleich eine unmoralische wäre. Identifikationen und Schutzfunktionen kommen einander in die Quere. Während sich Kritik mehr und mehr in eine Art des selbstgefälligen Krawallfeuilletonismus verwandelt, versucht Opposition kaum noch, Gegenentwürfe zu präsentieren, vielmehr will sie die jeweils manifeste Macht der Regierung nach Kräften sabotieren. Die republikanische Opposition während der Obama-Administration in den USA exerzierte diesen zähen Obstruktionismus bis an den Rand der Selbstzerstörung – und landete bei einem Trivialpopulisten wie Donald Trump.

Es ist inzwischen schwer bis unmöglich, eine Politikerin oder einen Politiker aufgrund ihrer oder seiner politischen Entscheidungen zu Fall zu bringen (es sei denn, man ist unvorsichtig genug, einen Volksentscheid zum Beispiel an die eigene Demission zu koppeln, wie es Matteo Renzi im Italien des Jahres 2016 getan hat); wesentlich leichter ist es, das verborgene »private« Monster zum Selbstausdruck zu bringen. Aber nicht jedes private Laster wird mit Entmachtung bestraft; die karnevalisierte Gesellschaft hat die Grenzen des Verbotenen und des Erlaubten neu gezogen.

Der dritte Aspekt der Karnevalisierung, neben der Lach- und Spaßkultur und dem Kitzel des Monströsen, Grotesken und »Gefährlichen«, ist die Feier der sexuellen Libertinage. Wohlgemerkt: Um die Feier geht es.

In alledem, im bewusstlosen Lachen, im wollüstigen Grauen und in der öffentlich dargestellten sexuellen Libertinage,

Zynische Helden des Spätkapitalismus: Walter White aus *Breaking Bad* als Plüschfigur

erschrickt die karnevalisierte Gesellschaft auch beständig vor sich selbst. Das Unheimliche darin lauert nicht nur in bizarren Übersprungserscheinungen wie dem »Horrorclown« (von dem wir noch zu sprechen haben) und nicht nur in den konservativen

Lamentos über den Untergang des zur Spaßgesellschaft mutierten Abendlandes, sondern viel direkter im alltäglichen Umgang. Kein Mensch, auch kaum einer von den »Promis«, die als trügerische Lichtquellen durch den Mediennebel wandern, weiß noch so recht, wo genau die Grenzen der Karnevalisierung (der Verwitzung, der Vermonsterung, der Verpornografisierung) liegen. Das Richtige sagen, anziehen, tun entspricht dem sozialen Risiko in der Aufmerksamkeitsökonomie. Wer zu wenig karnevalisiert ist, ist entweder Spaßbremse oder verschwindet vollkommen von dem, was seine Mitmenschen »auf dem Schirm haben« – wer es aber übertreibt, der verwandelt sich so sehr in ein Monster wie der Mensch, der es mit dem chirurgisch-kosmetischen Selbstdesign übertrieben hat.

Warum Neoliberalismus und Luxus sich nicht vertragen

Aber was kann man mit alledem erreichen? Gewiss, auch darin gibt es eine Komponente der ewigen Wiederkehr. Menschen wollten schon immer diese drei Dinge haben: Macht, Reichtum und »Attraktivität«. Und doch sind diese drei Elemente nicht allein paradigmatisch unterschieden in Zeiten und Gesellschaften, sondern auch in ihren wahren Erzählungen. Reichtum, nur zum Beispiel, bedeutet im Neoliberalismus etwas anderes als im keynesianischen Kapitalismus und dort etwas anderes als in einer »Gründerzeit«. Und entsprechend verändern sich auch die ästhetischen Prozesse, die durch Macht, Geld oder Attraktivität in Gang gesetzt werden, die Präsentation von Überfluss und Interesse. Es besteht zum Beispiel ein Zusammenhang zwischen Protz, Prunk und Luxus. Diese drei Phänomene ähneln einander im Äußerlichen so sehr, wie sie im Inneren voneinander geschieden sind. Der eindeutig negativ konnotierte Protz ist eine reine Imponiergeste: Man zeigt den anderen, über welche Kaufkraft man verfügt, was man sich leisten kann (einschließlich geschmacklicher Abweichung), und vor allem, wie unterschieden man von ihnen ist. Der Prunk ist schon mehr eine Sache des guten Geschmacks. Prunk adelt nicht nur den Besitzer, sondern auch den Ort. Ein protziges Haus ist kein angenehmer Anblick, ein prunkvolles kann es durchaus sein. Es kann schön sein über die Masken und Spiegel des Besitzers hinaus. Vollends entrückt ist der Luxus, enthoben nicht nur eines materiellen, sondern auch eines sozialen Nutzens. Luxus kann einen Aspekt des Prunks haben, im Extremfall sogar einen Aspekt des Protzes, sein Wesen tangiert das aber nicht. Luxus kann etwas sein, das keine Berührung mit der Außenwelt hat, keinerlei performatives Element, sondern reine, »unvernünftige« Schönheit.

Nehmen wir als Beispiel das Schloss Neuschwanstein des späten »Märchenkönigs« Ludwig II. in Bayern. Natürlich könnte man es zunächst als »protzig« ansehen, schließlich sampelt es ja Zeichen von Macht, Reichtum und Verschwendung. Aber dazu ist es, bei näherem Hinsehen, viel zu sehr schon aus seiner Zeit gefallen, es ist zu introvertiert, zu »krank«. Und damit eignet es sich letzten Endes auch nicht zum Prunk. Wirklich guten Geschmack wird diesem seltsamen Märchenschloss niemand zubilligen, auch in seiner Unfertigkeit zeigt es ja doch, wie eklektisch, wie kulissenhaft, wie zerrspiegelhaft es Macht wiedergab: im Zustand des Verschwindens. (Genau das macht seine späte, disneyfizierte Schönheit aus.) Bleibt also nur der Luxus. Dieses Schloss gehört in die kleine Reihe der großen sinnlosen Bauten, die nichts meinen als sich selbst. In seinem Schloss sprach der König nicht zu seinem Volk, er verweigerte sich ihm.

Natürlich kann sich ein Reicher mehr Luxus »leisten« als ein Armer. Aber es gibt auch den Luxus der Armen, der darin besteht, etwas zu tun, was weder durch die Armut erklärt ist noch darauf gerichtet, sie zu überwinden oder sie zu vergessen (wie, sagen wir, der Gebrauch billiger Drogen oder die Ausübung einer Religion). Man kann zum Beispiel auch als Armer seine Zeit füllen mit Dingen, die »keinen Sinn« haben. War nicht die tanzende Armut seit jeher ein Schreckgespenst der »vernünftigen« Reichen?

Es ist eine der eingebauten Widersprüche der Kunst, dass sie, unter anderem, zugleich Protz, Prunk und Luxus sein konnte. Sie ist als Protz eine soziale Waffe, als Prunk eine dialektische Einheit von Besitz und Geschmack, Aneignung und Veröffentlichung, und als Luxus reiner ästhetischer Überschwang.

Das unausweichliche und radikale Auseinanderdriften der sozialen Energie und der Besitz-Aspekte der Kunst zeigt sich in den Schnittpunkten zwischen ihr und der Politik. Der einfluss- und auch sonst sehr reiche saudi-arabische Sammler Abdullah Al-Turki[6] etwa konnte unter anderem als »Creative Director« der britisch-saudischen Kunstinitiative *Edge of Arabia* zum gewichtigen Player in den internationalen Kunstzirkeln und zum hofierten Gast bei Events wie der Art Basel werden, während in seinem eigenen Land ein junger Künstler, der Flüchtlingssohn Ashraf Fayadh, wegen angeblicher »Islamfeindlichkeit« zum Tode verurteilt wurde (später wurde das Urteil unter internationalem Druck in achtjährige Haft umgewandelt). Fayadh war sogar Mitglied eben jener *Edge of Arabia*-Gruppe, die nun von Al-Turk geleitet wird, organisierte Ausstellungen in Dschidda, an der Biennale di Venezia und an der Londoner Tate Modern mit arabischer Kunst. Deutlicher kann Kunst nicht ausdrücken, dass sie das (ohnmächtige) ästhetische Bindeglied zwischen Reichtum und Macht darstellt.

Was in der Ästhetik des Finanzkapitalismus allüberall, und natürlich besonders von Anhängern »alter« kultureller Eliten, beklagt wird, das ist ihre Unfähigkeit zum »wirklichen« Luxus. Protz dient dem Heute, Prunk dient einer Geschichte, Luxus aber überschreitet die Zeitlichkeit. Da das Kunstwerk indes, da es selbst kapitalisiert ist, nichts mehr »Überflüssiges«, keinen Zugang zur Überzeitlichkeit, also keine Unsterblichkeit im alten Sinne mehr erzeugt, sieht es sich selber nicht nur kapitalisiert, sondern auch karnevalisiert. In den Händen des Oligarchen verhöhnt es den Geist, aus dem es entstanden ist, seine Bindung an die Entwicklung der gesellschaftlichen Freiheit, und sinkt zum Ausdruck subjektiver Freiheit herab.

Es entstehen flackernde Bewegungen zwischen dem Erwerben, dem Besitzen, dem Haben und dem Sein. Die Gesellschaften haben unter anderem die Aufgabe zu definieren, was das eigentlich bedeutet, etwas »gehöre« einem. Wie selbstverständlich gehörten in gewissen Gesellschaften auch Menschen einem anderen Menschen. Und umgekehrt gab es immer Dinge, die nicht einem einzelnen Menschen gehören können. Wenn Neoliberalismus immer auch bedeutet, neue Märkte zu schaffen oder, genauer gesagt, weitere Lebensgebiete marktförmig umzugestalten, dann gehört auch das Gemeingut der Ästhetik dazu. Es geht nicht nur um die private Aneignung des Kunstwerkes (als Gegenstand und Ausdruck von Luxus), es geht um die Privatisierung der Kunst an sich. Der Wert, den das Kunstwerk in seinem neuen Marktzyklus hat, entkoppelt sich von dem Wert, den es für die Gesellschaft haben könnte.

Jeder Besitz muss auf mehrere Weisen legitimiert werden. Natürlich scheint die erste, die ökonomische Legitimation uns seit geraumer Zeit als die wichtigste. Mir gehört, was ich gekauft habe. (Nur dass die bürgerliche Gesellschaft eine Grenze der direkten Kaufbarkeit errichtet hat: Man kann sich nicht mehr einen ganzen Menschen als Sklaven kaufen, wohl aber dessen Arbeitskraft, dessen Ideen, dessen Sexualität.) Dazu kommt eine politische Legitimierung: Ich kaufe, wozu ich die Macht habe. Als Inhaber einer gewissen Machtposition (zum Beispiel ausgedrückt in einer »Klasse«) stehen mir gewisse Dinge einfach zu. (Der Dienstwagen zum Beispiel, die Büroausstattung, das Accessoire der Macht.) Mir stehen überdies Dinge zu, die ich, im meritokratischen Zweig unserer symbolischen Ordnungen, »verdient« habe. Leistung soll sich da gelohnt haben, vielleicht sogar der Einsatz für die Allgemeinheit, die »Schaffung von Arbeitsplätzen«. Und schließlich ist auch Geschmack eine Form der Legitimation. Wer den besten Wein herausschmeckt, der darf auch den teuersten kaufen.

Dies ist eine der bürgerlichen Konstruktionen des Besitzes, dass man »die schönen Dinge« nicht nur materiell, sondern auch geistig »erwerben« muss. Das System des Besitzens in der Gesellschaft also ist nicht nur ein ökonomisches, ein politisches, ein moralisches und sogar ein religiöses, sondern auch ein ästhetisches. Man muss mit dem, was man besitzt, »richtig umgehen«. Im Idealfall wird der Überfluss, all das, was ich besitzen kann, ohne es wirklich zu brauchen, in Prunk und Luxus gespalten. Fällt es in den Protz zurück, wird es lächerlich. Und wir wissen um das Tödliche im Lächerlichen. Die Reichen können sich den guten Geschmack leisten. Das ist die eine Seite. Die Reichen sind aber auch verpflichtet, einen guten Geschmack zu haben. Wenn sie protzen, haben sie ihren Status bereits halb verloren.

Luxus ist kein Kapital. Luxus ist im Gegenteil die »unvernünftige« Umwertung, Luxus ist selber schon beinahe antikapitalistisch. (Daher unsere Erzählungen von Imperien, Unternehmungen, Familien, Subjekten, die ihren Reichtum verloren, weil sie zu viel Luxus betrieben.) Und so allmählich beginnen wir zu verstehen, warum Neoliberalismus und Luxus, trotz der Produktion von absurd Superreichen, sich nicht wirklich vertragen.

Es ist nicht so sehr die »neidische« Öffentlichkeit, die dem Reichen den Luxus nicht gönnt, es ist vielmehr das Kapital selbst, das ihn dazu zwingen will, den Luxusgegenstand wieder als Kapital zu behandeln und einzusetzen. Der Reiche darf nur insofern Luxus betreiben, als es sich dabei gewissermaßen um Kapital im Ruhezustand und nicht etwa um entkapitalisierten Reichtum handelt. Aber er kann auch keinen Prunk mehr schaffen, es sei denn, er ist Mafiakönig von Rom und bekommt eine Beerdigung, wie sie längst kein realer König mehr bekommt. Der Prunk nämlich stellt eine Dauer dar, die der Dynamik des Kapitals zuwiderläuft.

Die Logik des Kapitals hat sich nicht nur die Armen unterworfen, sondern auch die Reichen. Ein »unverschämtes Glück« können sie nicht genießen; sie werden, wie die Geissens im Reality-TV, nur noch zu ökonomisch superpotenten Kleinstbürgern, die über den Status des Protzens, was die teuren Dinge des Lebens anbelangt, nie hinauskommen. Und das Kunstwerk, das sich die Reichen einst als Luxus aneigneten, gewiss auch zum Prunk, verkommt zu Protz und Kapitalanlage.

Ein geglücktes Besitzen, ein Besitz, der mit allen Legitimationen und mit allen Zusatzwerten ausgestattet ist, war die Utopie der bürgerlichen Gesellschaft. Aber ein geglücktes Besitzen, das den Luxus als Transzendenz in sich trägt, ist ein schwieriges Unterfangen. Deshalb, unter anderem, werden jene Dinge, bei denen der Gleichklang von materiellem und geistigem Inbesitznehmen offensichtlich ist – kurz gesagt: die »kulturellen Dinge« –, im Zeitalter des Neoliberalismus einer solch radikalen Entwertung unterzogen. Damit es sich vollständig in Kapital zurückübersetzen lassen kann, muss das Kunstwerk geistig möglichst umfassend wertlos werden. Deshalb unterdrückt der Kunstbetrieb alle Kunstdiskurse, die einem solchen »Luxus-Besitzen« zugewandt wären, stattdessen entsteht ein radikaler Bruch zwischen Kunstmarkt-Kunst und Nichtkunstmarkt-Kunst. Was dabei verloren geht, ist die Möglichkeit eines geglückten Besitzens von Kunst.

In den gewaltigen Events der Freizeitindustrie vollzieht sich ein ganz ähnlicher Prozess. Während der Luxusgegenstand mit aller Gewalt in die Kapitalisierung zurückgedrängt wird, wird der Luxus einer sinnfreien Betätigung mit nicht weniger Gewalt in die Selbstoptimierung zurückgedrängt. Es soll, auch in den Fun-Sportarten zum Beispiel, keinen puren Nonsens geben, vielmehr wird alles den Zwecken der Inszenierung und der Kontrolle unterworfen. Man soll unbedingt gesünder und leistungsfähiger werden, oder man soll um jeden Preis einen Kult der Gleichgesinnten erzeugen, der natürlich vor allem als Konsumraum gedeiht. Vor allem aber geht es darum, stets nicht nur etwas zu machen, sondern zugleich auch ein Bild davon. Ein Bild, das, anders als zuvor, nicht mehr den Augenblick des raren Glücks »festhalten« soll, sondern in Echtzeit in eine Bedeutungsmaschinerie eingespeist wird.

Die Bewegung des »Quantified Selfs« – der »Selbstvermessung« – entwickelt sich an der Grenze zwischen dem Spiel in der Freizeit und der harten Vorbereitung auf Arbeit und Leistung. Sie geht weit über das *Fit for Fun*-Konzept hinaus; man will den eigenen Körper nicht nur verbessern, sondern in ein absurdes, lückenloses System der Kontrolle überführen. Im Quantifying ist der Selbstbeobachtung noch der letzte Hauch der lustvollen Erfahrung ausgetrieben; die Kontrolle über den eigenen Körper muss die Kontrolle über das eigene Leben ersetzen. Das Subjekt ist zugleich das Objekt der Beobachtung; die Selbstvermesser behandeln ihren eigenen Körper wie eine Maschine, die dringend verbessert werden muss, weil von überall Konkurrenz und Neid drohen. Sie wollen sich bedingungslos »beherrschen«, jede Absonderung, jede Veränderung, jede Bewegung, jeden Stoffwechsel bemessen und einen Zuspruch in Form von Zahlen bekommen. Wie bei der Bulimie spaltet sich die Praxis schließlich vom Ideal ab; bald geht es um das Vermessen selbst viel mehr als um ein Ziel wie Muskelaufbau oder regelmäßige Verdauung. Über den Körper wird dem Menschen durch das Self Quantifying wieder ein Wert zugeordnet, der ihm durch Arbeit und Alltag genommen wurde; die Sekunden, die Gramm, die Anzahl der Liegestütze, der Umfang der Muskeln, die Hormonausschüttung, das sind »Werte«, die einem niemand nehmen kann. Natürlich haben sie ursprünglich ein Ziel, Leistung im Beruf (oder sie speisen die Hoffnung auf eine Wiedereingliederung in den Arbeitsprozess), sexuelle und soziale Attraktivität, sportliche Wettbewerbsfähigkeit, Gesundheit, aber jedes dieser Ziele bleibt in aller Regel so unerreichbar wie zuvor. Was bleibt, sind die Messwerte selbst, ein Schutzwall aus Zahlen und Daten gegen Krankheit, Alter, Tod, Ansteckung, Verbrauch, Nutzlosigkeit. Eines der unteren Enden des kapitalistischen Surrealismus, in dem sich Verhaltensweisen immer weiter von Vernunft und Moral abkoppeln müssen.

Selbstverständlich ist auch der Self Quantifier vor allem ein Kunde. Kunde von Ratgeberbüchern, Messinstrumenten, Gadgets und Apps, die die quantifizierte Selbstbeobachtung zu einer Tagesbeschäftigung machen. Der Selbstvermesser verwandelt dabei nicht selten seine einst möglicherweise mit Annehmlichkeit, Ästhetik und Kultur gefüllte Behausung in ein Versuchslabor. Die Abschaffung des Luxus trifft die Reichen, die Mittelschicht und die Armen zwar mit verschiedenen Methoden, doch mit gleicher Wucht. Das Kapital hat, wie es scheint, die Arbeit angegriffen, ihr alle Konstanz, Würde und Glück genommen, aber es hat dabei auch die Kunst des Besitzens angegriffen und ist drauf und dran, sie zu vernichten. Das Haben-Wollen findet in keinem Haben-Können mehr ein Happy End.

In dem Augenblick, in dem Luxus zum Wettbewerb wird oder im Sinne der sozialen Performance steht, ist er auch schon verschwunden. Eine luxurierende Gesellschaft nämlich würde sich in erheblichen Bereichen entkapitalisieren. Es ist nicht »die Vernunft«, die den Luxus verbietet, es ist das Kapital selbst.

Luxus besteht auf einer Unverhältnismäßigkeit von Aufwand und Wirkung. Daher gibt es natürlich auch einen Luxus des Denkens. Sogar einen Luxus der Kritik. Kritisches Denken, das sich nicht unter das Effizienzgebot stellt, ist purer Luxus. Denkt jemand etwas, ohne die Frage zu provozieren: Was kann ich damit anfangen? Auch die Kritik scheint nur noch als Instrument der Machtfrage legitimiert. Das Verstehen will nur durch seine Effizienz anerkannt werden; die Philosophie, derzeit in Mode, vor allem in ihrer Form der Moralphilosophie bei Betriebswirtschaftsstudent*innen, soll sogleich als Kontrollinstrument der »wild gewordenen« Märkte eingesetzt werden. Sie ist selbst nur noch in Tauschgeschäften und Machtverteilungen zugelassen.

Jede Form von Luxus entzieht dem Kapital Energie zur Selbstreproduktion. So wie es einen Luxus des »übertriebenen Reichtums« gibt, gibt es auch einen Luxus der »übertriebenen Verweigerung«. Der eine hat etwas, was man nicht »braucht«, die andere erklärt gewöhnliche Konsumdinge zu solchen, die sie nicht »braucht«. So entsteht auf der einen Seite ein Produkt, das absurd viel Arbeit benötigt (ein künstlerisches Projekt, ein Schmuckstück) und auf der anderen Seite eine Arbeit, die absurd wenig produziert (zum Beispiel ein Abendessen, bereitet mit eigenen Händen und ohne elektrische Küchengeräte). Gerechtfertigt wird all dies indes durch seine mediale und durch seine performative Ausbeute. Das heißt: Den Insassen des Neoliberalismus ist es gerade dort, wo es, »technisch« gesehen, sehr einfach wäre, Luxus zu produzieren, semantisch fast unmöglich.

In einer totalen Kontrollgesellschaft, in deren vorletzten Entwicklungsstadien wir uns befinden, ist Luxus undenkbar. Jede Luxus-Geste wird bereits enteignet und rationalisiert, während sie entsteht. Die Vorstellung, sich durch Luxus zu befreien, wird mithin erst möglich, wo man sich zur gleichen Zeit der Kontrolle verweigert. Also setzt man den Reichtum, der so weit über alle Repräsentationen hinausgeht, statt in Verschwendung in Macht um. Das angehäufte Kapital der Superreichen ist ja zugleich irreal (niemand könnte ein Äquivalent in »richtigem Geld« dafür beschaffen) und wirkmächtig. Es muss, obwohl es sich selbst schon längst zu viel geworden ist, arbeiten, und es sucht in der ganzen Welt nach Arbeits- und Anlegemöglichkeiten. Es will sich sichern, indem es sich vermehrt, und es zerstört, was es bearbeitet.

Luxus ist eine Form von Anarchie, die nicht nur den Anhängern des totalen Kapitalismus suspekt sein muss, sondern auch seinen Gegnern. Ist Luxus nicht eine Verhöhnung der Opfer? Ist das, was in Luxus verwandelt wird, der materielle Reichtum ebenso wie der ästhetische Überschwang, Lebenslust ebenso wie Melancholie, nicht viel eher dazu da, geteilt zu werden? Nein. Luxus ist eine Form der Aufbewahrung, der Sicherung, der Verteidigung von Kultur, die sich dem Wert-Diskurs verweigert. Ohne Luxus haben die Dinge keine positive Transzendenz mehr.

Vom Glück der Sinnfreiheit, oder die Welt als Benutzeroberfläche

Die Ausweitung der Zonen der Karnevalisierung und die Abschaffung des Luxus stehen in einer dialektischen Beziehung zueinander. Es gibt offenkundig Impulse und Erscheinungen, die beiden gemeinsam sind – die Absenz der Vernunft, die Überfülle, die soziale Richtungslosigkeit – und solche, die sich widersprechen. Das »Sinnfreie« wird in den Diskursen unserer Zeit gern den Gegnern im Disput oder Vertretern konkurrierender Medien unterstellt. Aber zur gleichen Zeit ist es ein kultureller Wert, der erstaunlicherweise auch in der populären Kultur Konjunktur hat. Sinnfrei darf nicht nur die Kunst sein, die sich im Nachklang der Moderne hier und da noch gern auf Revolutionäres, Provozierendes oder Erkennendes herausredet, auch große Ereignisse im Showbusiness dürfen es sein. Während auf der einen Seite die Videos zu eher archaischen Popsongs mit politischen und sozialen Subtexten aufgeladen werden, erfreut man sich auf der anderen Seite an den nun eben sinnfreien Gewaltclownerien des Wrestlings. Dort gab es einst die Fraktion der *marks*, das waren jene, die ernsthaft glaubten, es handele sich um wirkliche Kämpfe, und die Fraktion der *smart marks*, jene also, denen der Fake-Charakter nicht nur klar ist, sondern gerade zum Vergnügen gehört. Nachdem die Wrestling-Kämpfe mit den Jahren weiter theatralisch aufgerüstet wurden, ehemalige Stars wie Hulk Hogan oder Dwayne »The Rock« Johnson auch zu Hollywoodstars wurden oder Wrestling-Gruppen in der Bemalung der Rockband Kiss auftraten, ist die Fraktion der *marks* weitgehend verschwunden, sodass sich Fans einfach nur noch *smarks* nennen können.

Die Sinnfreiheit wird auch bei Trash Movies oder in Pop-Lyrics durchaus geschätzt. Es handelt sich wohl um einen kulturell produzierten Zustand der absoluten Weltvergessenheit. Dem entsprechen im Übrigen auch Komiker, die die klassische Form von Pointe, Satire und Verweis aufgeben und, wie Helge Schneider etwa, einen Zustand reiner Aussagelosigkeit erreichen. Aus der Verweigerung der Erfüllung eines Versprechens, nämlich immer *Sinn* und immer *Form* zu produzieren, wird ein Versprechen zweiten Grades für den kapitalistischen Surrealismus. Die weite Metapher dahinter, mit großem Aufwand oder Anlauf mehr oder weniger nichts zu produzieren, erzeugt ebenso wie der vollständige Verzicht auf Dramaturgie und Narration ein wohliges Gefühl der Entlastung. Denn wenn es bei der Popkultur, wie einst Henri Lefebvre meinte, in erster Linie darum geht, einen Bruch mit dem Alltagsleben zu vollziehen, dann liegt dieser Bruch womöglich nun darin, weder nützlich noch wahrhaftig zu ein. Das Glück der Sinnfreiheit scheint elitären Luxus und populistische Karnevalisierung miteinander zu verbinden: Es entspricht einem Überfluss, den man sich nicht erklären kann, und zugleich einem Mangel, der noch weniger zu erklären ist. Sehr einfach könnte man es als einen enormen Überhang von Formen zu Inhalten beschreiben, aber gewiss steckt mehr dahinter. Der Kern des kapitalistischen Surrealismus bedeutet vermutlich nichts anderes als dies: die Befreiung von der Verpflichtung, Sinn zu produzieren. Denn dies ist in der Tat die große Schwäche des Neoliberalismus. Er ergibt keinen Sinn. Er reproduziert sich ohne Ziel und ohne Begründung. Er wäre, würde er nicht so viel Leiden erzeugen, vor allem furchtbar komisch. Und seine Selbstfeier wäre gleichbedeutend mit der Feier der Sinnfreiheit.

Doch die Idee der Sinnfreiheit hat noch einen weiteren Aspekt. Dinge, die nicht von vornherein mit Sinn besetzt sind, können von den Adressaten ad libitum mit solchem besetzt werden. So diskutiert die Wrestler-Gemeinde etwa, welche Rolle einer ihrer Lieblingskämpfer einnehmen soll: ein Guter oder ein Böser – oder gar ein *turn* von der einen in die andere Rolle?

Nur in der Sinnfreiheit entdeckt der kapitalistische Surrealist etwas wie Unschuld. Deshalb liebt der Insasse der untergehenden Kleinbürgerklasse Dinge, die in seiner bescheidenen Welt so funktionieren wie das Schloss des Königs der untergehenden Monarchie in Bayern. Diese Sinnfreiheit in der Gegenwart weist freilich auch hier in ein Reich der Sinnstiftung in vergangener Zeit. Darum schafft man sich sogenannte Bikini Bracelets an, mit denen man sich des Sommers am Strand sehen lässt, Armbänder, die, so will es die dazu verkaufte Legende, auf einen antiken lateinamerikanischen Brauch zurückgehen, eine Art silberner Fingerhut, der, wie die Werbung meint, damals von der Großmutter an die Mutter und die Tochter weitergegeben wurde und der sie gegen »jede Art von Unglück« beschützen soll.[7]

Sinnfrei zu sein versprach 2016 auch das »große neue Ding« unter den Apps, die digitales Spiel und analoge Wirklichkeit miteinander verbinden. *Pokémon Go* geht auf das ältere, seinerzeit unerwartet erfolgreiche Gameboy-Spiel (1998 von Satoshi Tajiri entwickelt) und auf die gleichnamige Zeichentrickserie zurück. Seinerzeit fand das einfache Spielgeschehen, in dem kleine Monster gefangen und trainiert werden müssen, ausschließlich in der virtuellen Welt des Displays ab. In der *Go*-Variante verbinden sich GPS, Kamera und Gyroskop in der *augmented reality* (AR) zu einer Gegenwart der fiktiven Dämonen in der Wirklichkeit. Es geht dabei darum, auf seinem Smartphone einige der kleinen Monsterlein einzufangen und zu trainieren, um sie dann wieder in die »Freiheit« zu entlassen und in Kämpfe mit anderen zu verwickeln. Da es kein weiteres Ziel gibt, bewegt sich das Spiel jenseits von Gewinnen und Verlieren und kann endlos weitergeführt werden. Man freut sich an der möglichst großen Anzahl von Pokémons (»Pocket Monsters«) und kann als Pokémon-Trainer in höhere Ebenen wechseln. Gefangen wird das Monster mit den Pokéballs, die man zufällig findet oder doch lieber gleich kauft.

Das Spiel freilich benötigt, sonst kann man nicht mitmachen, Zugriffsrechte auf die Informationen über den Spieler, die Spielerin. Ansonsten verschmelzen das Spiel und die äußere Realität: Man sieht zunächst nur, was auch die Videofunktion des Smartphones aufnehmen würde, dann blendet die App die verschiedenen Monsterchen ein (die unterschiedliche Grade an Seltenheit aufweisen), und dann gilt es, sie zu jagen, sei's im Pool oder auf dem Dachboden, im Wald oder am Ferienort. Der Zustand scheint erreicht: Die wirkliche Welt ist nur noch ein Spielfeld. So reagieren auch die Spielfiguren auf diese Umwelt: Der finster grinsende Gengar ist in der Nähe von Friedhöfen zu finden, Garados, die Seeschlange, in Wassernähe; andere rare und entsprechend wertvolle Monster entwickeln sich durch Transformationen aus ihren »Kollegen«. Pikachu, das freundlichste unter den Monstern, ist relativ schwer zu fangen (man fängt übrigens, nachdem einen der Vibrationsalarm gewarnt hat, die Monster durch das »Werfen« von Pokéballs. Der Vorrat ist hier natürlich begrenzt, Nachschub erhält man in Pokéstops, die durch eine GPS-Verbindung in der Umgebung gefunden werden können. Man kann aber auch über eine App neue Bälle kaufen). Nach einem bestimmten Spielstand ist man dazu auserkoren, einem Team beizutreten, und so wird *Pokémon Go* von einem Solitär- zu einem Kollektivspiel. Die trainierten Monster treten dann gegen gegnerische an, und das geschieht in sogenannten Gyms. Dadurch kommen freilich nicht nur in der virtuellen, sondern auch in der realen Welt Spieler an bestimmten Punkten zusammen.[8] Schnell häuften sich Berichte über Unfälle, die durch intensive Display-Abhängigkeit in der realen Welt verursacht wurden. Auf den Highways im Staat New York leuchteten Signale mit der Warnung: »*Pokémon Go* ist a no-go when driving«, und auf Bahnhöfen wurde gewarnt, keine Pokémon-Jagd zwischen den Gleisen stattfinden zu lassen. In Kirchen und an Gedenkstätten musste um Würde und Friede gefürchtet werden. In Israel wur-

Das Versprechen der Sinnfreiheit: PokéStop in Alameda Central, Mexico City, 2016

de gar den Soldaten das Spielen in Kasernen und bei Manövern verboten, weil dabei immer auch Informationen aus dem militärischen Bereich nach außen gelangten. Die »Verrücktheit« mag ein Hype gewesen sein, und doch wird *Pokémon Go* auch als Pforte zu einer neuen Parallelwelt angesehen, die auf die unhandlichen und unkleidsamen Datenbrillen vor Augen verzichten kann. Virtuelle Welt und reale Verrichtungen vermischen sich miteinander; einkaufen, mit dem Hund spazieren gehen, die Kinder zur Schule bringen: Diese Tätigkeiten sind mittlerweile, wie etwa eine italienische Studie von 2016 zeigt, schon mehrheitlich mit Smartphone-Nutzung und Spielen besetzt.[3]

Ein alter Trick wird allerdings auch hier angewandt: Die Grundausstattung für das Spiel ist kostenlos, doch wer schneller mehr Monster fangen will, benötigt gebührenpflichtige Extras. Gefährlicher allerdings scheint doch die Tendenz dazu, hysterische Gruppenreaktionen auszulösen, etwa wenn eines der seltenen Monster in einem Park »gesichtet« wurde. Das erste Spiel, das ohne Nintendo-Hardware auskommt, hat die Firma in eine ungeahnte Renaissance gebracht; vom 6. Juli 2016, dem Tag der Veröffentlichung, bis zum Monatsende stieg der Nintendo-Aktienwert um 68,13 Prozent). Und in der selben Zeit wuchs in Japan, zum Beispiel, das Sicherheitsrisiko der Nutzer um 66 Prozent (wie auch immer die *Japan Times*, die davon berichtete, dieses Risiko berechnet).

Dabei arbeiten die Spieler in Wahrheit für das Unternehmen Niantic, den Entwickler der Software: Alle Fotos, die während der Jagd auf die kleinen Monster geschossen werden, werden schließlich zu 3D-Umgebungsbildern zusammengefügt und mit anderen Fotos auf dem Smartphone zu visuellen Porträts kombiniert: Das Umfeld des Benutzers ist mithin vollkommen überwacht. Die Daten werden gegebenenfalls an die Geheimdienste weitergereicht. Man erklärt sich in den Nutzungsbedingungen ausdrücklich dazu bereit: »Wir arbeiten mit Regierungs- und Vollzugsbehörden oder privaten Parteien [...] zusammen. Wir teilen Ihre Daten nur dann mit Regierungs- oder Vollzugsbehörden oder privaten Parteien, wenn wir das [...] für erforderlich halten.«[10] Das Ausspionieren der Nutzerdaten ist hier im Übrigen besonders leicht, weil die Benutzer – in den USA waren es Mitte des Jahres 2016 21 Millionen – im Durchschnitt wesentlich länger verbunden sind als beispielsweise bei der Nutzung von Facebook.

Natürlich sind die Zukäufe von Zubehör und Spielerleichterungen (ohne die man kaum weiterkommt) ein kräftiger Segen – geschätzt sind allein für die USA in einem Monat 48 Millionen Dollar, die größtenteils an Apple und Google gehen; 30 Prozent davon gehen an Nintendo, die Pokémon Company und den Entwickler Niantic. Spionage, Working/Consuming und bloße Abzocke gehen eine perfekte Einheit ein. Bei verschiedenen anderen AR-Spielen wie etwa *Ingress* wurden vor allem Friedhöfe – einschließlich KZ-Gedenkstätten – mit in die »Missionen« einbezogen.

»Kommt einem das nicht irgendwie bekannt vor?«, fragt noch im Erscheinungsjahr des Spiels Slavoj Žižek. »Selbstverständlich! Denn die Technologie von *Pokémon Go* läuft auf nichts anderes hinaus als auf eine Externalisierung des Grundmechanismus von Ideologie – in ihrem Kern ist Ideologie, also falsches Bewusstsein, die ursprüngliche Version der *augmented reality*, der erweiterten

Realität.«[11] Nur als *kawaii*-Element ist die eigentliche Ungeheuerlichkeit des Spiels, der gespielten Ideologie (die Welt als Benutzeroberfläche) zu verbergen. In der Art des »niedlichen« Pokémon lassen sich im Prinzip alle Ideen, Klischees, Vorurteile, Fantasien, Psychosen, Wunschbilder, Zerstörungswünsche, Besitzansprüche, Transformationsgelüste auf das projizieren, was eine Handykamera, eine Drohne, eine Überwachungskamera für die Wirklichkeit halten. Es ist das Glücksverlangen, das hier in die Jagd nach Beute und Gespenst, sozusagen in reiner Form, übertragen wird.

An dieser Stelle eine kleine Abschweifung über Geld: Es ist zum Gespenst par excellence geworden, oder, um es mit Gilles Deleuze[12] zu sagen: »Alles ist im Kapitalismus real, außer dem Kapital und dem Kapitalismus selber.« Das Wirken des Geldes in dieser Phase vergleicht Deleuze mit dem Wahn im Endstadium. Und natürlich ist das leicht zu beobachten, dass in einem Wahn, aus dem es, was immer die Ärzte auch unternehmen werden, kein Entkommen mehr geben wird, alles, wirklich alles konsistent eingebaut ist. Wenn alles durch Geld ausgedrückt werden kann, so kann Geld wiederum durch nichts anderes ausgedrückt werden als durch sich selbst.

Bemerkenswerterweise beginnt man im Angesicht kommender Krisen neu über das Wesen des Geldes nachzudenken. Die klassische, von Adam Smith aufgestellte These, dass Geld gleichsam die erste große Errungenschaft des *homo oeconomicus* sei, um ein Tauschäquivalent zu haben, ist so wenig haltbar wie die von einem rein bürokratischen Akt der Herrscher. Alle Ursprungsforschung dagegen scheint in ein Dreieck von Ökonomie, Religion und Sprache zu führen. Das Wampum der nordamerikanischen Völker – eine besonders bearbeitete Perle – vor der Ankunft der Weißen »bedeutete« nicht allein den Wert einer Ware oder das Äquivalent eines zu tilgenden Rechtsverstoßes, sondern war immer auch transzendente Botschaft. Und es diente, in einer Welt von enormer Sprachenvielfalt, auch als Verständigungsmittel. Aber auch in dieser Vorform des Geldes, das bezeichnenderweise seinen Wert verlor, als die weißen Siedler es ökonomisch rationalisierten, offenbarten sich Macht und Interesse. Auch dieses Geld verwandelte, zum Beispiel, Schuld in Schulden; das Wampum berichtete von einer zukünftigen Verpflichtung.

Wie sich Herrschaft durch das Recht (das ursprünglich immer göttliches Recht war) im Raum stabilisierte, so stabilisierte sich das Recht durch das Geld in der Zeit. Nur durch eine Form von Geld ist es möglich, Verpflichtungen (gegenüber dem Herrscher und untereinander) in die Zukunft hinein festzuschreiben. Die Edelmetalle, die dann für die Münzen benutzt wurden, entstammten ebenfalls religiösen Gebräuchen; es war, was den Göttern und den Priestern gehörte, während den Menschen gehörte, was ursprünglich produziert wurde.

Das Geld ist eine Fortsetzung der Sklaverei mit anderen Mitteln. Aber zugleich ist es auch die Fortsetzung des Versprechens von Freiheit.

Der Mensch im Neoliberalismus wird weder als arbeitender noch als politischer Akteur weiter ernst genommen. Seine Rechte wie seine Löhne stehen unter Druck, und als Wählerin und Wähler wird er allenfalls betrachtet wie der Empfänger einer Werbekampagne, die man mit Erfolg abschließt oder nicht. (Wahlverlierer, die vor die Kamera treten, betonen als Allererstes, dass nicht etwa ihr Programm oder ihre Person abgeurteilt, sondern dass etwas offenbar nicht richtig kommuniziert wurde und nicht »angekommen« sei.) Aber als Kunde wird dieser Mensch wieder ernst genommen, da ist er immer noch König, wenn auch ein sehr lustiger König, dem man viele Kapriolen durchgehen lässt, aber doch keine wirkliche Macht. Im Jahr 2014 verklagte ein New Yorker die Hersteller des Energydrinks Red Bull, weil auch nach zehnjährigem Konsum nichts von dem Versprechen »Red Bull verleiht Flügel« eingelöst worden sei, stattdessen habe er feststellen müssen, dass die versprochene Leistungssteigerung und Wachheit kaum über den Genuss einer Tasse Kaffee hinausging. Um eine langwierigen und gefährlichen Rechtsstreit abzuwenden, erklärte sich die Firma bereit, einen Fonds von 13 Millionen Dollar einzurichten, an dem sich jeder, der sich durch die Versprechungen der Werbung getäuscht sah, bedienen durfte, es genügte eine amerikanische Internet-Adresse. So kam man wahlweise an 10 Dollar in bar oder an Red-Bull-Produkte im Wert von 15 Dollar. Allerdings war der Fonds von vornherein gedeckelt, sodass am Ende, als absehbar wurde, wie viele Amerikanerinnen und Amerikaner sich als Red-Bull-Geschädigte melden würden, für den Einzelnen nur noch mit Cent-Beträgen zu rechnen war.

Wer hatte da wen reingelegt? Man hatte jedenfalls einmal mehr und perfekt einen möglichen Grundsatzstreit um den Inhalt von Werbebotschaften in Entertainment (und am Ende in preiswerte Werbung) verwandelt. Und der Konsument kann nur noch über sich selbst lachen.

Und auch anders kann der Mensch in Neoliberalismus und Postdemokratie seine eigene Entmachtung genießen. Seit Margaret Thatcher hält ihm die Regierung ein eisernes T.I.N.A. – »There ist no alternative« – entgegen. Der Insasse der Postdemokratie im Neoliberalismus darf sich frei fühlen, weil ihn die Regierung von jeder Mitverantwortung und jedem Mitspracherecht freigesprochen hat.

Auch der kulinarische Code unterliegt diesem Wandel. Der »alte« Luxus richtete sich auf den Genuss. Viel vom Besten. Der moderne Code war die Konzentration der Nouvelle Cuisine: wenig, aber exquisit. Davon blieb vor allem das Wenig. Der Machtmensch kehrte zur Hausmannskost zurück, der Karrierist in den neuen Blasen aber entwickelte den »gesunden« und fitten kulinarischen Diskurs, einen Diskurs, der vor allem auf dem Prinzip der Vermeidung besteht. Die Qualität eines Lebensmittels bemisst sich nicht nach seinem Wesen, sondern nach dem, was es alles *nicht* enthält. Was der Nahrung ausgetrieben wurde: das Fett, das Gluten, die falschdrehenden Mikroben, die irgendwie unersättlichen Fettsäuren, das Cholesterin, die Kohlehydrate, die Glukose …

Der Geschmack scheint demgegenüber zweitrangig geworden. Luxus leistet sich, wer die destruktiven Elemente des Stoffwechsels von sich weisen kann. Es ist ein Survival-of-the-Fittest-Schauspiel am mehr oder weniger gedeckten Tisch. Die Hysterie im kulinarischen Diskurs, so scheint es, nimmt noch zu, je weiter man sich der mittleren Mittelschicht nähert. Hier scheint der Verzehr von Gluten-haltigen Getreideprodukten nicht nur über den sozialen Auf- oder Abstieg, sondern auch über Leben und Tod zu entscheiden. Gerade einmal ein Prozent der Bevölkerung leidet wirklich unter einer Gluten-Allergie, aber die Supermärkte können ihre entsprechenden Produktlinien nicht genug anpreisen und nachfüllen. Danach indes geht es wieder in die andere Richtung. Völlerei, so wollen es auch die Zwangsernährungsanstalten der Super-Discounter, ist eine Sache der Armen. Ihnen werden Zucker, Fett, Chemie und Geschmacksverstärker gleichsam eingezwungen. Die Packungen mit dem »ungesunden« Zeug können gar nicht groß genug sein. Die »übergewichtigen Armen« sind längst schon wieder ein Klischee geworden. Dicke Manager, wie wir sie in den gemütlichen fünfziger Jahren auf der Leinwand sahen, sind höchst selten geworden; Schlankheit in den Sphären der Verelendung deutet, wenn es nach den Codes unserer populären Kultur geht, entweder auf Drogenkonsum, auf Prostitution oder auf Gangster-Gewalt. Korpulenz im Reichtum ist ansonsten offenbar so unvorstellbar wie Fitness im Elend.

Das Performative, das Narzisstische und das Ideologisch-Messianische im kulinarischen Diskurs berühren einander, ohne eine konsistente Einheit zu bilden. Und auch hier entsteht, nach dem modischen Realismus, eine Form des kulinarischen Surrealismus. Vegetarische und vegane Küchenkulturen sind dazu übergegangen, die Nahrung, auf die sie mehr oder weniger freiwillig verzichten, formal zu simulieren: Fleischklöpse ohne Fleisch, vegane Fische (die sich auf der Speisekarte als »Vische« lesen), Spaghetti Bolognese ohne Hackfleisch, »prächtige« Torten ohne Zucker und Weißmehl, Käse aus Soja. Es ist eine Art Simulationsmahl mit »gesunden« Zutaten, während in den Massenkonsumräumen Simulationen des Luxus mit »ungesunden« Zutaten angeboten werden.

Die kulinarischen Codes splitten sich weiter auf, immer neue Fantasiewelten werden errichtet, alljährlich neue Wunderdiäten erfunden. So wie die Fernsehköche zu neuen Popstars werden, werden Popstars zu Testimonials neuer kulinarischer Codes. So wurde der Sänger Tom Jones zur Galionsfigur der »Steinzeitdiät«, in der nur gegessen wird, was die Jäger und Sammler des Paläolithikums zur Verfügung hatten. »Pescetarismus« ist ein Code, bei dem Fleisch verboten, Fisch aber erlaubt ist, da Fische den menschlichen Organismus mit Omega-3-Fettsäuren versorgen. Die Frutarier sind die Fundamentalisten des Veganismus; sie weigern sich, lebende Pflanzen um ihre Früchte zu bringen, und nehmen nur das zu sich, was schon von ihnen abgestoßen ist und auf dem Boden liegt. (Ob sie daran denken, dass sie mit einem halbverfaulten Apfel auch die Nahrungsgrundlage von Insekten oder gar die Hoffnung auf einen neuen Apfelbaum vernichten?)

Andererseits gibt es den Versuch, die Nahrung vollständig auf künstliche, chemische Produkte umzustellen. *Soylent* ist ein »to-

Die Kehrseite der kulinarischen Hysterie: Das »total food replacement« *Soylent*

tal food replacement« und vielleicht nicht ganz zufällig nach der Nahrung »Soylent Green« aus dem gleichnamigen Film benannt, in dem es bekanntlich um eine zukünftige Form des Kannibalismus geht: Auch hier wird ein »totales Nahrungsmittel« verteilt, von dem sich schließlich herausstellt, dass es aus dem Fleisch der (durch Euthanasie getöteten) Menschen besteht. Der Wunsch, das Essen gewissermaßen abzuschaffen, ist die Kehrseite der Hysterisierung. Ein Drittel der deutschen Bevölkerung will sich überhaupt keine Gedanken um Qualität und Zusammensetzung von Nahrungsmitteln machen. Auch hier, so scheint es, ist man auf bestem Wege zu einer neuen Dreiklassengesellschaft: Die performative Luxese der Gewinner, die Hysterisierung in der Mittelschicht und die Gleichgültigkeit in der neuen Unterschicht sind die üblichen Verdächtigen im Spiel um das ästhetische Dispositiv der Republik.

In Großbritannien etwa bricht regelmäßig die Übertragung eines Backwettbewerbs, *The Great British Bake Off*, alle Zuschauerrekorde, in den Jahren 2015 und 2016 war es die meistgesehene Sendung im britischen Fernsehen überhaupt. Es ist offensichtlich gerade das Heimelige, Unglamouröse, auch Provinzielle dieser Show, was das Publikum anspricht. Aber wie beim *perfekten Dinner* in Deutschland gibt es auch hier die Off-Stimme, die einen ironisch, manchmal sogar zynischen Abstand liefert. Dazu kommt ein publizistisches Umfeld; Zeitungs- und Illustriertenartikel, Spin-off-Sendungen, Bücher. Das Format wurde in 21 Länder verkauft, und jedes Mal wird der Backwettbewerb mit lokalen und nationalen Wohlfühlelementen verbunden. Die kulinarische Performance ist längst zu einer Art von Heimat-Konstruktion geworden. Und es ist immer die Konstruktion einer »idealen« Mittelschicht, mal eher modernistisch hip, mal eher konservativ bodenständig, immer aber in einer offensichtlichen Abwehrhaltung gegen die schmutzige Realität.

In der Kochshow konstruiert sich die Klasse, aber immer konstruiert sie sich auf eine »perverse« Form: Die Mittelschicht wird nur zur Klasse, indem jeder mit jedem konkurriert und dabei immer auch »Zähne zeigt«. Im deutschen *perfekten Dinner* wie im britischen *Bake Off* wird eine mythische Verbindung zwischen Heimeligkeit, Geborgenheit, Gemütlichkeit (alles immer mit dem gemeinsamen Essen verbunden) und Konkurrenz, Missgunst, sozialer Aggression hergestellt. Nur in dieser Form scheint es zu gelingen, beides noch einmal ohne Katastrophe zu vereinen – gleichwohl liegt der Reiz dieser Sendungen nicht zuletzt darin, am Rand solcher sozialen Katastrophen zu jonglieren. Ein Heulanfall oder ein Aggressionsschub, der sich nicht mehr kontrollieren lässt, ist immer drin. Das Essen ersetzt darin in gewisser Weise sowohl den Sex als auch die Politik.

Pop wurde der große kulturelle, sexuelle und politische Schmelztiegel der späten Moderne. Befeuert von Musik, Filmen und Shows, aber keineswegs auf die Unterhaltungsindustrie beschränkt, breitete sich das Prinzip in der Alltags- und Arbeitswelt aus.

Das Prinzip Pop »hat sich in der Waren- und der Arbeitswelt durchgesetzt, beeinflusst die Politik, prägt Familien und Freundschaften, den Umgang mit Geschlechterrollen, die Art, wie Menschen sich austauschen. Die sozialen Medien sind heute die aktivste Arena des Pop. Bevor man sich etwa bei Facebook mit einem Unbekannten befreundet, kann man dessen Gefällt-mir-Listen studieren wie eine Landkarte des Geschmacks und der möglichen Gemeinsamkeiten« (Katja Kullmann)[13].

Das Prinzip Pop bedeutet eine Verständigung über mediale Geschmacksknoten; man erkennt sich an der »Pop-Sozialisation«, am Musikgeschmack und schließlich an den emotionalen Wellen, die durch kollektive Erregungen zustande kommen. Dass Sportler, allzumal Fußballer, bei jeder passenden oder auch nicht so passenden Gelegenheit vor den Kameras in Tränen ausbrechen, so wie andererseits die Vertreter einst besonders »gentlemanhafter« Sportarten, sagen wir Tennis, in obszöne Fluch-Anfälle ausbrechen, wenn sie sich ungerecht behandelt fühlen, hat nicht nur damit zu tun, dass eine Kultur des »anständigen« Verlierens verschwunden ist – der Hyper-Narziss wird niemals einsehen, dass er durch eigene Schuld verloren hat oder der Gegner einfach besser war. Es geht auch darum, durch Hysterisierung der Performance das eigene Narrativ nicht aus der Hand zu geben. Lieber als Heulsuse als gar nicht in die mediale Legendenbildung eingehen. Denn jeder Sportstar bestimmt seinen Medienwert sowohl durch seine »Leistung« (oder eben den Erfolg) als auch durch sein soziales Rollenmodell. Wie beim erwähnten Wrestling geht es auch hier um Rollen wie »netter Kerl«, »verwöhnte Diva«, »einsamer Wolf«, »teamfähiger Kumpel«, »Spaßvogel« usw.

Der Verdoppelungsraum Pop erhält sich einerseits zum großen Teil selbst und wirkt andererseits in die Warenwelt hinein als Sinn- und Zeichenlieferant. Wenn eine Ware, die eigentlich nichts wert ist, auch nicht über den sozialen Distinktionswert (der Luxusware) und nicht über den Identitäts- und Trostwert (des Discounters) aufgewertet werden kann, dann bleibt ihre Verbindung mit Pop.

Die Ware wird durch Pop zu einem Teil der Person; die richtige Hose zu tragen kann über das Leben entscheiden. »Wer in

Pop-Kategorien denkt«, schreibt Nadja Geer, »der klopft alles auf das Verhältnis Subjekt-Welt ab.«[14]

Kleine Götter: *Kawaii* als Refugium ewiger Kindheit

Ursprünglich war *kawaii* die japanische Bezeichnung für alles, was irgendwie auf kindliche, naive und »süße« Art harmonisch wirkt, eine einigermaßen offene Bezeichnung für ein ästhetisch-narratives Phänomen, das sich – natürlich, natürlich – vor allem in Mädchenzimmern ereignete. Und von dort aus trat in den siebziger Jahren das *kawaii* auch als ästhetische und moralische Strategie seinen Siegeszug in immer weitere Bereiche der asiatischen, zwei Jahrzehnte später auch in die der europäischen Medienkulturen an. Der Begriff bezeichnet nun hier nicht allein ästhetische Codes und Produktlinien des Niedlichen, sondern eine spezielle, in gewisser Weise auch »exotische« Subform. Entscheidend an den Strategien des *kawaii* ist, dass sie immer weitere Felder von Kultur, Kunst und Alltag besetzen können. Von der Kinder- und Jugendkultur ausgehend, breiteten sich *kawaii*-Diskursfelder und Geschmackszonen aus. Nicht nur die Shoppingmalls und die Fernsehnachmittage wurden von *kawaii*-Elementen besetzt, sondern auch Verkehrshinweise, Büroeinrichtungen und schließlich und nicht zuletzt die Bildwelten der elektronischen Kommunikation.

In Japan selbst haben *kawaii*-Figuren wie Hello Kitty (eines der ersten universalen Fabelwesen, das ganz ohne ein Narrativ, ohne Filme oder Comics im Hintergrund, zum Superstar wurde: wie ein Logo, das seine eigene Ware ist) durchaus die Funktion »kleiner Götter«. Ihre Erscheinung fungiert dabei nicht, wie vergleichbare »niedliche« Figuren der westlichen Popkultur, als Abbildung von menschlichen Eigenschaften und Biografien (der schlaue Mickey Mouse, der naive, törichte Goofy, der freche Charakter aus CARS usw.), sondern ist gleichsam »reine«, statische Niedlichkeit. Es gibt dort weder eine Entwicklung solcher Figuren, noch legt man Wert auf ausgeprägte Mimik. Im Gegenteil: Ein Charakter wie Hello Kitty scheint von der Welt um ihn herum vollkommen unberührt. Mehr noch: Im *kawaii* ist das Zeichen-Ziel selbst die unberührbare Niedlichkeit oder die niedliche Unberührbarkeit. *Kawaii* dient demzufolge weniger einem spielerischen und ästhetischen Hineinwachsen in die Welt der Erwachsenen, sondern mehr als ästhetisches Rückzugsgebiet. *Kawaii* entrückt von einer Anteilnahme, statt sie einzufordern.

Der *kawaii*-Raum ist hermetisch abgeschlossen und, zumindest in Japan selbst, in jedem Alter und mit jedem sozialen Status zugänglich. Hierzulande dagegen hat es immer noch etwas Befremdliches, dass ein künstlicher Raum des Kindlichen entstanden ist, der vor allen Dingen von Erwachsenen, und mehr noch: vor allen Dingen von Erwachsenen im Stadium von Arbeit und Reproduktion »bewohnt« wird.

Kawaii hat freilich auch die Werbung und Warenwelt so durchdrungen, dass diesem ästhetischen Zugriff letztlich nicht mehr zu entkommen ist. Die innere Verwandtschaft zwischen einer *kawaii*-Figur und einem Götterbild macht die Entstehung des »Maskottchens« leicht, das in der Tat mehr und anderes darstellt als das gewohnte Marken- und Totemtier in der westlichen Werbewelt (der Bärenmarke-Bär, der Schuhwerk-Salamander etc.). Es dient als Glücksbringer von Firmen und Fluglinien; eine Figur aus *Pokémon* ziert Flugzeuge von All Nippon Airways; jede Präfektur und jeder Ortsteil in Japan verfügt über ein eigenes *kawaii*-Maskottchen.

Kawaii bedeutet also eine doppelte Regression im globalisierten Bereich und ist zugleich eine exotische Appropriation. Ein Refugium ewiger Kindheit einerseits, andererseits eine Überlagerung der monotheistischen Weltkonstruktion durch animistische und magische Projektionen.

Über die Vermittlung der Popkultur entfaltet sich die *kawaii*-Ästhetik auch in der Mode. Es geht dabei nicht nur um betont kindliche Formen und Farben (ein »Pippi-Langstrumpf-Look« etwa, die Anmutung von Schuluniformen etc.), sondern auch um eine erotische Strategie. »Unschuld« wird als Zeichen (unter anderen Zeichen) erzeugt. Die Grenzen von *kawaii* zu einem erotischen Rollenspiel sind fließend, und entsprechend muss manches, was in der japanischen Kultur gang und gäbe ist, im Westen unserer Tage in den Verdacht ästhetisierter Pädophilie geraten.

Allgemeiner indes geht es darum, dass die Zustände wie »Kindheit«, »Jugend«, »Erwachsensein« und »Alter« sich kulturell von den biologischen Zuständen trennen lassen. Der biografische Status, der sich in der Arbeit auf geradezu grausame Weise bemerkbar macht, eine unentwegte Angst erzeugt, nicht schnell genug Karriere zu machen, für den nächsten Karriereschritt oder auch nur den Erhalt des Erreichten schon wieder zu alt zu sein, wird in der Mediennutzung und im Warengebrauch negiert. Eine mögliche Diagnose sind das »Verschwinden der Kindheit«[15] und die »ewige Pubertät«[16], eine lebenslange Suche nach der Identität, nach dem Platz in der Gesellschaft, nach der Balance zwischen der Forderung, etwas zu erreichen, und etwas davon zu haben.

Nicht nur die Dinge des täglichen Lebens und die Zeichenwelt der öffentlichen Transiträume sind anfällig für das *kawaii*-Prinzip, sondern sogar der kulinarische Diskurs. Man versieht das Essen mit *kawaii*-Elementen (und dafür gibt es wiederum Anbieter wie den »Kawaii- und Bastelshop«, in dem man Formen und Zutaten für alle erdenklichen Backwaren erwerben kann). *Kawaii*-Muster werden als Stoffe für das Schneidern von Kleidern und Accessoires angeboten (»süßer grüner Eulenstoff«, Hello-Kitty-Muster), längst sind auch im Westen *kawaii*-Marken etabliert, und unter den vielen Angeboten scheint eine »monatliche *kawaii*-Box« mit vielen kleinen, nun ja, Überraschungen die ideale Anbindung von Kommerz und Ästhetik.

Kawaii wird auch im Westen immer mehr zu einem Dispositiv der Ästhetik, unter anderem als Bekenntnis zur reinen Äußerlichkeit, die man andernorts auch in einer eigenen Geschichte von Pop und Kitsch, von Andy Warhol bis zu Jeff Koons, codiert. So ist, nur zum Beispiel, das Nagelstudio zu einem Hort angewandter *kawaii*-Kultur geworden. Es sind *kawaii*-Muster, die sich die meist weibliche (und keineswegs immer jugendliche) Kundschaft auf die Fingernägel praktizieren lässt. Eine Zeichenwelt von Sternchen und Blümchen, Glitzerstaub und süßen Gesichtern.

Und *kawaii* erobert vor allem die Werbewelt in einer neuen Form. Während vordem Maskottchen und Fabelwelt einen »Überbau« zu einem sozialen Gebrauch von Waren und Dienstleistungen bildeten, ist ihre Realisierung durch Kauf und Anwendung nun das eigentliche Ziel. So konnte es geschehen, dass erwachsenen Menschen klargemacht wird, ein Husten entstehe durch »Schleimmonster«, die es mit einem höchst aktiven Medikament zu bekämpfen gilt.

Prophetin der *kawaii*-Ästhetik und der Manga- und Anime-Kultur aus Japan war für Deutschland die Trickfilmfigur Sailor Moon, ein verschusselter, sentimentaler weiblicher Teenager mit riesigen Augen, eine bekennende »Heulsuse«, mit langem, blondem Haar und Matrosenanzug des japanischen Schulmädchens, der sich mithilfe eines Mondkristalls in eine unbesiegbare Superheldin verwandelt, die »für Liebe und Gerechtigkeit« kämpft. Viele Kinder in den neunziger Jahren entwickelten mit dieser Figur ein neues Selbstbewusstsein und eine in der europäischen Popkultur noch seltene Toleranz gegenüber geschlechtlichen Grenzgängern und homosexuellen Paaren, zwanzig Jahre, bevor Batwoman zuerst in den Comics und dann auch in der Fernsehserie bekennend lesbisch sein wird.

Wo sich aber ein ästhetischer Code durchsetzt, da entwickelt sich natürlich auch sein »böser« Schatten. *Kawaii* lässt sich nicht nur sexuell aufladen, sondern auch provokativ umkehren: zu allgemeinen Bosheiten etwa (ein niedlicher Arsch scheißt einen Regenbogen: »I crap rainbows«) oder, in der Kunst von Takashi Murakami, zur überbordenden psychedelischen Entgrenzung. Eine weitere Antwort auf *kawaii,* wenn auch noch eher innerhalb der Räume der neuen Niedlichkeit, sind die *Super Deformed*-Figuren. Man kann darunter zunächst eine ebenfalls sehr kindlich anmutende Weise naiver Karikatur verstehen: Figuren, die nur noch Kopf und kaum noch Körper sind, bei denen Augen, Nase oder Mund grotesk überproportioniert sind. Auch bei diesen Charakteren entstammen die Übertreibungen und Reduktionen nicht unbedingt einem Narrativ oder einer moralisch-ästhetischen Entwicklung. Wenn die »süßen« Wesen der *kawaii*-Kultur den Göttern in allen Dingen entsprechen, dann sind die *super deformed* Wesen wohl die Dämonen. In beiden Fällen gibt es enorme Abstufungen. Diese Götter- und Dämonenwelt im Raum einer ewigen Kindheit ist wie ein Spiegelbild der »westlichen« oder christlichen Kultur: Während in dieser Wesen mit einer enormen inneren Vielfalt (und Widersprüchlichkeit) auf das eine Wesen und die eine Ordnung verweisen, sind es dort eher starre und maskenhafte Wesen, die auf eine äußere Vielfalt deuten.

So ist zu verstehen, warum die *kawaii*-Kultur in ihren vielen Erscheinungsformen der Entwicklung von Markt und Kapital in den Jahren seit dem Jahrtausendwechsel so angemessen ist. Nicht nur, dass die Kindheit nun kaufbar ist, sich jederzeit als semiotischer Raum erzeugen lässt – in Europa gewiss noch ein wenig verhaltener als in Japan oder anderen asiatischen Gesellschaften, in denen es niemandem in den Sinn käme, sich für seine »kindischen« Zeichen, Lektüren und Mode-Accessoires zu genieren –, vielmehr ist die eine oder andere Form von *kawaii* Voraussetzung für einen sich wandelnden Umgang mit Zeichen und Bildern.

Anmerkungen

1 Michael Bachtin: Literatur und Karneval. Frankfurt/Main 1990, S. 33.
2 Adam Schaff: Einführung in die Semantik. Berlin 1966, S. 202 f.
3 Bachtin 1990, a.a.O., S. 35.
4 www.stupidedia.org/stupi/Spa%C3%9Fbremse [22.9.2021].
5 Colson Whitehead: »Nach jedem Desaster gibt es wieder Alltag«. Gespräch mit Jan Pfaff. In: Freitag, 18/2014, S. 23.
6 »Mr Al-Turki worked in banking before becoming involved in the contemporary arts scene.« So erfahren wir es auf seiner Homepage: www.mrporter.com/style-council/member/abdullah-al-turki-57b2095cd1c7aa4c [21.11.2019].
7 Wer's nicht glaubt: www.keepoutbracelets.com [22.9.2019].
8 Während der Coronapandemie passte Niantic die Spielregeln den Beschränkungen an; der Radius um die Pokéstops wurde von 40 auf 80 Meter verdoppelt, und dank nun möglicher »Fern-Raids« konnte Pokémon Go jetzt auch komplett von zu Hause gespielt werden. Inzwischen hat der Hersteller, dem die Krise unerwartet ein Rekord-Umsatzjahr bescherte, verkündet, die Radiusvergrößerung dauerhaft beizubehalten. Vgl. Ömer Kayali: »Pokémon GO«: 2020 war ein absolutes Rekordjahr. In: Merkur.de, 28.12.2020, www.merkur.de/leben/games/pokemon-go-rekordjahr-2020-trotz-coronavirus-corona-niantic-mobile-games-zr-90142582.html [21.10.2021]; Sandra Bültermann: Pokémon Go: Corona hat das Spiel für immer verändert. In: Computer-Bild, 26.8.2021, www.computerbild.de/artikel/cbs-News-Spiele-Pok-mon-Go-Corona-hat-das-Spiel-fuer-immer-veraendert-30682813.html [21.10.2021].
9 Untersuchung von »Found!«, zit. nach Francesco Rigatelli: Maschio, trentenne, metropolitano l'identikit del, viaggiatore da video. In: La Stampa, 15.7.2016, S. 29.
10 https://nianticlabs.com/privacy/de/ [22.9.2021].
11 Slavoj Žižek: »Pokémon Go« ist Ideologie! In: Die Zeit, 11.8.2016.
12 Gilles Deleuze, zitiert nach Achim Szepanski: Was heißt Geldschöpfung (2), https://non.copyriot.com/was-heisst-geldschoepfung-2/ [23.9.2021].
13 Katja Kullmann: Diese jungen Dinger. In: Freitag, 39/2015.
14 Nadja Geer: Die Theoretikerin. In: Freitag, 39/2015.
15 Vgl. z.B. Neil Postman: Das Verschwinden der Kindheit. Frankfurt/Main 1987 (18. Aufl.)
16 Vgl. z.B. o.A.: Forscher sagen: Die Jugend endet heute erst mit 24 Jahren. In: Stern Online, 19.1.2018, www.stern.de/gesundheit/experten-sicher--die-jugend-endet-heute-erst-mit-24-jahren-7828664.html [28.9.2021].

Roughness: Alles so schön kaputt hier

Inszenierte Kaputtheit: Modesünden und andere Entgleisungen

Über den vergleichsweise offensichtlichen Zusammenbruch dessen, was man vor einiger Zeit noch »gute Sitten« genannt hätte oder wenigstens »Benehmen«, eine halb informelle, halb codierte Disposition für Dinge[1], die man tut oder eben nicht tut, sagt oder eben nicht sagt, erschrak vor allem die Mittelschicht selber, die als Subjekt wie als Adressat im Mittelpunkt des Geschehens steht. Als schwaches Echo von klassischen Dresscodes (»no brown in town«) wurde die »Modesünde« etabliert: Tennissocken in Sandalen an der Strandpromenade von Teneriffa. Aber während der Dresscode als Stabilisierung der Klassenkultur funktionierte (englischer Landadel und das ihn imitierende Großbürgertum), zeugt die Modesünde von einem schiefgelaufenen Aneignungsprozess.

Die Tennissocke beispielsweise, beim frühen Jerry Lewis noch Ausweis ewiger Kindlichkeit, steht exemplarisch für die Transformation sportlicher Rollenmodelle seit den achtziger Jahren: Der Tennissport entfaltete sich seitdem nicht allein von einem Sport der »Oberklasse« in den der aufstrebenden Mittelschicht – dass ein Boris Becker hierin zum Superstar aufsteigen konnte, war vor allem soziale Metapher, so wie die emotionalen Extravaganzen eines John McEnroe eine Metapher des deregulierten Verhaltens waren –, sondern auch von einem der Klasse in den des Subjekts. Natürlich gehört dazu auch, dass ein Sport wie Tennis nicht mehr Ausdruck von »Weißheit« ist, also nicht mehr Rassen- und Klassenprivileg, damit aber noch lange nicht demokratisch oder liberal: Fairness und Höflichkeit (eine Kunst des »anständigen Verlierens«) galten nur, solange man sich auf einer Ebene gewiss war, »unter sich« zu sein (ein fundamentales Verlieren demnach gar nicht möglich ist). Doch nun wurden auch auf diesem Feld die externen Regeln geändert, und nicht zuletzt die Regeln von Reportage und journalistischer Begleitung: Es heißt nun auch hier »Jeder gegen jeden«, eine Kunst des anständigen Verlierens ist so wenig mehr möglich wie ein im traditionellen Sinn »sportliches« Verhalten auf dem Platz. Es wird geschrien, geflucht und geschimpft; die Katastrophe des Verlierens führt zum Zusammenbruch aller »Zurückhaltung«, und ein Sieg wird selten anders denn als theatralische Ego-Feier zelebriert. Eine »Früher war alles besser«-Haltung ist demgegenüber allerdings höchst ambivalent, schließlich findet sich hier eine Gewalt subjektiviert, die vordem Klassen-, »Rassen«- und nicht zuletzt Gender-Gewalt war. Eine Voraussetzung für die soziale Umwandlung vom Klassen- zum Leistungssport war der Beginn der »Open Era« im Jahr 1969, also der Öffnung der großen Turniere für Profisportler – zuvor war man auf einer Amateur-Veranstaltung unter sich. Den Profis konnten Aufstiege gelingen, um die es für die Amateure vordem gar nicht ging; »Rasse«, Klasse und Geschlecht (sowie Dress- und Verhaltenscode) folgten nun, wenngleich gewiss nicht von einem Tag auf den anderen, nicht mehr dem Prinzip der Exklusion, sondern dem Prinzip des Erfolges. Es ging ums Gewinnen, nicht ums Dabeisein.

Auch die Accessoires veränderten naturgemäß ihre Grammatik. Tennissocke und Schweißband symbolisierten daher zunächst allgemein Fitness und Eroberung einer privilegierten Zone, wurden dann aber recht rasch semantisch entwertet. In der »Modesünde« hat das Accessoire endgültig seine Erinnerung an den ursprünglichen Transitions- und Aneignungsprozess verloren. Die Modesünde ist die Appropriation, die durch keinen körperlichen und keinen performativen Gestus mehr gedeckt ist. Kein Wunder, dass sich Tennissocke und Schweißband zur Jahrtausendwende noch einmal zu einer Retro-Geste (der soziale Metaphernwert des Tennissports hatte sich weitgehend verflüchtigt) der weißen Mittelschichtskinder transformierten. Es schien nun freakig, sich durch die Kleidung zu einer Schicht zu bekennen, die es nicht mehr gab. Kleidung drückt Appropriation, Leistung und nicht zuletzt Aggression aus, und in ihrem Zustand der Subjektivierung kann sie sich zwar eine gewisse Lautstärke, aber wenig »Originalität« leisten. Man kleidet sich schließlich weniger für sich als gegen andere. Die Modesünde – die blitzrasch zum Mainstreamphänomen werden will – ist also weniger ein Regelverstoß als vielmehr eine Etappe im beständigen Kampf um semantische Hegemonie, die im Übrigen von keiner Seite so konsequent geführt wird wie von der extremen Rechten. So wurde es in Russland um das Jahr 2018 Mode, sich in zerschlissenen Uniformen der untergegangenen Sowjetunion zu zeigen, was ein Oszillieren zwischen Ironie und Nostalgie erlaubte, die Übernahme westlicher Modestrategien in der Form ihrer Verachtung. So wie man im Westen mehr oder weniger kunstvoll zerrissene Jeans trug, als Fortsetzung wie als Bruch einer modischen Identität, trägt man hier nun die durch Zerstörung individualisierte Uniform als Fortsetzung und Bruch der eigenen Geschichte. Wo weder ein Neues möglich ist noch die eindimensionale Rückkehr zum Alten, bleibt nur die kreative Zerstörung, die mit Roughness behandelte Reminiszenz, die ihrer Kaputtheit gewahre Retromanie. Da es keine wirklich neue Mode mehr geben kann, gibt es die inszenierte Modesünde, die unlesbare Kleidung (die dann doch umso lesbarer wird, je weiter sie sich vom Outfit einer Szene in den Mainstream bewegt).

Der Modesünde entsprach die verbale Entgleisung sowohl im grammatischen als auch im moralischen Sinn. Als hauptschuldige Instanz dafür wurde das Internet ausgemacht, in dessen Schutz von Maskerade und Anonymität sich beleidigen, hassen, kränken oder lügen lässt und in dem eine Sprache gepflegt wird, die weder »Schrift« noch »Reden« ist, sondern etwas dazwischen. »Mobbing« wurde aus den Arbeitsräumen und internen Kreisen der Macht in alle erdenklichen gesellschaftlichen Zusammenhänge geschleudert, wurde in gewisser Weise zu einem Teil der Sozialisation. Wie in der Mode gibt es auch hier, nach dem Willen von Neoliberalismus und Neokonservatismus, keine »Gesellschaft« mehr, sondern nur noch einen barbarischen Kampf von jedem gegen jeden, in dem sich freilich Klumpen der Inklusion und des Ausschlusses bilden. Wie die Modesünde tendiert die verbale Entgleisung zum Kampfruf der Transformation zu werden: Aus dem Jeder-gegen-jeden soll das Wir-gegen-die-anderen werden. Und das Mobbing, das sich vordem vor allem gegen individuelle Eigenheiten richtete – dick, arm, unsportlich, »behindert« etc. –, politisierte sich und lud sich religiös, national und rassistisch auf.

Gleichzeitig wurde aber auch das Opfer-Syndrom mythisiert. Auch als Mobbingopfer kann man zum Star werden, wie zum Beispiel Benjamin Fokken, der in seiner Jugend wegen seiner Unsportlichkeit und Pummeligkeit von seinen Mitschülerinnen und -schülern gehänselt wurde. Ebenso zeigte sich bei ihm, wie wenig es im Ausdruck der Bosheit eine Grenze nach oben gibt. So wurde ihm etwa mitgeteilt, er solle doch Benzin aufs Grab seines Bruders schütten (der bei einem Brand ums Leben kam), damit dieser endgültig verbrenne. Erst durch einen Auftritt bei YouTube und schließlich durch ein Buch (*Ich bin ich – und wir sind viele: Wie Benjamin Fokken Mobbing besiegte*, mit der Hilfe des Journalisten Dennis Betzholz verfasst) überwand er seine Hemmungen und Ängste vor den anderen. Mittlerweile ist das Werk Schullektüre. Schließlich kam die Techniker Krankenkasse, der das Datenmaterial zu den Krankheitsfällen durch Mobbing zu denken gab, auf die Idee, einen »Anti-Mobbing-Koffer« mit Fokkens Buch zu bestücken, und der Autor wurde zum Berater der Polizei in entsprechenden Fällen.

Mobbing wurde zu einem Generalthema der Unsicherheit; zum Indikator für die prinzipielle Schutzlosigkeit des Menschen in der Welt der Smartphones, der Influencer und der Hasspostings. Was uns als ewige Kindheit und verlängerte Pubertät scheint, ist kaum noch Heimat, sondern allgemeine Soziophobie. Schnell werden aus Opfern Täter und umgekehrt, eine allgemeine Einübung von Inklusion durch Exklusion scheint gang und gäbe, so wie auch die große Erzählung vom Wegschauen der Gleichaltrigen, der Lehrer und der Eltern. Letztere scheinen sich, wie die gesamte Gesellschaft, in zwei Extreme zu spalten, die Gleichgültigen und die »Helikopter«-Eltern, die überprotektiv und kämpferisch überwachen, dass aus ihren Kindern »etwas wird« – und die, wie andere Gruppen in dieser Gesellschaft, sozusagen vorbeugend gekränkt sind und in allem nur das Unrecht sehen, das ihnen und ihrem Nachwuchs angetan wird.

Man hat die Attraktivität der Rechten in jüngster Zeit nicht zuletzt mit der Möglichkeit einer Abwehr von Chaos und Unübersichtlichkeit erklärt. Umso schwerer scheint auf den ersten Blick zu verstehen, warum dann die Ästhetik gerade in den rechten Dispositiven selber so chaotisch ist. Wie Harun Farocki und Villém Flusser schon 1985 (in dem Film SCHLAGWORTE –

SCHLAGBILDER) beim Gespräch über die *Bild*-Zeitung feststellten, geht es – so Flusser – gerade darum zu verhindern, dass sich die Welt oder auch nur das Produkt, das sie für den Augenblick repräsentiert, »entziffern« lassen. Offensichtlich ist die Unentzifferbarkeit der Welt Voraussetzung nicht nur für reibungslosen Konsum und einen atemlosen medialen Fluss, sondern auch für die Sehnsucht nach einem Anker. Im Kern geht es nun nur noch um die Übertragung dieses medialen Prinzips von Chaotisierung und Brutalisierung auf die Politik. Es scheint ein Verbot des Innehaltens, ja sogar ein Verbot des Verzichts auf Steigerung zu geben. Die Welt muss chaotisch und schlecht sein, damit man sich aus ihren Trümmern eben jene Bilder zurechtpuzzlen kann, die man ersehnt. In der »konservativen« Erzählung der Welt reagieren die Menschen, so oder so (und nicht zuletzt durch Retromanie und Rechtspopulismus), auf das Chaotische, Unübersichtliche, Widersprüchliche – aber möglicherweise verhält es sich auch umgekehrt: Die Insassen des Kapitalismus dieser Tage sind süchtig nach der Chaotisierung der Welt; sie ist es, die sie perfekten Arbeitern und Konsumenten macht, aber zugleich eine Droge, die von den Usern kaum kontrolliert werden kann. Die freigesetzte Lust und die freigesetzte Panik, wie man sie bei Leser*innen von Klatsch- und Boulevardpresse beobachtet, kreisen umeinander. Es entsteht die innere Roughness, die sich so sehr aus zerstörten Erinnerungen, Projektionen, Narrationen und Ideen ergibt, wie die Mode sich aus zerstörten Erinnerungen und Formen ergibt.

Roughness ist das Gebot der Stunde für die politische Rhetorik. Während es im Wohlfühlstaat des kapitalistischen Realismus darauf ankam, sich die Verhältnisse schönzureden, gibt es nun auch für Politiker keinen Grund für Zurückhaltung. Nicht dass wir das Drastische nicht auch in früheren Zeiten gehasst oder geliebt hätten (man erinnere sich an die Ausfälle eines Franz Josef Strauß), aber es gibt nun offensichtlich keinen Kontrast mehr zu den Hass- und Angstprojektionen, die an die Stelle der Wirklichkeit treten. Der kapitalistische Surrealismus misst politische Rede längst nicht mehr an ihrem Wahrheits- oder Wirklichkeitsgehalt, sondern an ihrem Effektbewusstsein. Das Intrigenspiel, das seinerzeit »hinter den Kulissen« stattgefunden hat, ist nun öffentliches Schauspiel. Niemand versucht mehr zu verbergen, dass sein Machtkalkül stärker ist als seine Loyalität. Wenn wir

Inszenierte Roughness: Diesel-Werbung aus dem Jahr 1993.

uns angewöhnt haben, die politischen Auseinandersetzungen in Form von Realityshows und Soap-Operas zu beschreiben, übersehen wir leicht das Karikaturhafte dieser Sendeformen. Brutalität, Verrat und Hinterlist werden hier »übertrieben«, so sehr wie in der Werbung, wenn etwa bereits im Jahr 1993 ein Werbeposter der *Diesel*-Jeans mit einem auf den Betrachter zielenden, gut aussehenden Pistolero die Menschen dazu auffordert, Kinder zu Killern zu erziehen, um sie besser auf das Leben in der Realität vorzubereiten.

Wirklichkeit kommt im kapitalistischen Surrealismus vor allem als inszenierte Kaputtheit vor, wie zum Beispiel in der architektonischen oder innenarchitektonischen Mode der Anlehnung an den Stil eines früheren »Berlin-Mitte«, der ein bestimmtes Lebensgefühl, die kahle, improvisierte Lebensfreude in den noch nicht gentrifizierten Arealen der wiedervereinigten Hauptstadt meint, »die Zeit also, als nackte, narbige Wände, eine gewisse ›roughness‹, verbunden mit der Aura des Selbstgebastelten und Umgenutzten fast schon kanonisch geworden waren für das Wohnen, Arbeiten und Ausgehen der trendbewussten Klassen« (Peter Richter)[2].

»Trendbewusste Klassen« (Mehrzahl!) kann es indes nur in einem System im Zustand von Auflösung und Neuformation geben.

Die Klassen als Einheiten politischer, ökonomischer und kultureller Macht (oder Gegenmacht) lösen sich auf zugunsten jener »Lifestyle«-Gemeinschaften, die zwar dynamischer und »liberaler« erscheinen, in Wahrheit aber exakt dem Klassenbewusstsein im Neoliberalismus entsprechen, in dem Kultur nicht viel mehr ist als das Zeichensystem für den Status im Konkurrenzkampf. Der »Lifestyle« scheint, anders als die Klassenzugehörigkeit – die ökonomisch nach wie vor bestimmend für den Lebensweg ist –, frei wählbar, und die Werbung legt solche Wahlfreiheit schon auf den ersten Etappen nahe: Mit Schulrucksäcken für jeden »Lifestyle« lockt die Marke *satch* und erklärt: »Ob Hoodie-Look, Sneaker-Style oder All-Over-Reflektor-Print – die durch die Streetwear-Fashionszene inspirierten *satch specials* sind echte Eye-Catcher und überzeugen mit allerlei Talenten.« Mit einem Objekt (einer Beute, die bald darauf zum Gespenst werden muss) wird hier auch eine Sprache verkauft.

So wie Jeans mit dekorativen Rissen beliebt sind, so sollen auch die Städte verletzt und im authentischen Hauch urbaner Katastrophen erfasst werden. Natürlich scheint es zunächst ökologisch vernünftig, in den Städten statt rußender Dieselfahrzeuge immer mehr Lastenfahrräder einzusetzen, aber ganz offensichtlich sind diese auch zu einem ästhetischen Phänomen geworden. Im Kiez soll die Straße ein wenig aussehen wie eine Szene aus einem Film über eine Megacity der Schwellenländer. Das Lastenrad transportierte zuallererst und vor allem die Kinder der besserverdienenden und umweltbewussten jungen Mittelschichtsfamilien; wer mit dem Lastenrad zur Kita kommt, ist in den besseren Vierteln besser dran als der, der mit dem SUV gebracht wird. Dann folgten die Mode der Fahrradrikschas, mit denen Studierende Touristen durch die angesagten Städte transportieren, und etwa zeitgleich die Fahrradkuriere, mit denen auch eine echte Proletarisierung dieser Fortbewegungsart einsetzte. Fahrradkurier*innen stehen nicht weniger unter Zeit- und Lieferdruck als LKW-Fahrer*innen oder Paketbot*innen (und müssen entsprechend aggressiv im Verkehr sein). Auf der anderen Seite entstand ein Markt des Luxus und des Wettbewerbs: Soll man das *Christiana Bike* mit dem rustikalen Charme wählen oder doch das elegantere *Bullitt*-Modell, den Look eines soliden Packgefährts oder aber die Rennrad-Anmutung mit der Kettenschaltung? Lastenfahrräder, Fahrräder mit Kinderanhängern parken nun vor Kitas und vor Supermärkten und verstopfen die Gehwege. Indem diese Fahrzeuge mit Elektrounterstützung ausgestattet werden können, entstehen immer neue Hybride. Ökologisches Wohlfühlen und körperliche Fitness als Nebenprodukt haben den Städten neue Probleme geschaffen, aber diese Probleme werden, zumindest in der Szene, als »schön« empfunden. Im Mai 2016 errechnete das Bundesministerium für Verkehr und digitale Infrastruktur, dass man sich 3,9 Millionen LKW-Fahrten ersparen könnte, würden die Lastenfahrräder auch im kommerziellen Bereich eingesetzt. Güter bis zu 50 Kilo Gewicht ließen sich auf diese Weise problemlos im Nahverkehr befördern. Auf der anderen Seite gibt es bereits exklusive Designer-Modelle von Lastenfahrrädern (etwa von der dänischen Firma Biomega), die alle Anzeichen eines Statussymbols aufweisen (für Kindertransporte allerdings nicht geeignet), den Besitzer dabei aber als fit und umweltfreundlich ausweisen. Und zugleich als einen Menschen, der sich den Fährnissen des urbanen Verkehrs durchaus auszusetzen bereit ist und sich entsprechende Härte zulegt. Wo immer er auch beginnen mag, der kapitalistische Surrealismus erreicht immer die ästhetische Inszenierung dieses Widerspruchs: dass eine neue (Luxus- bis Mittelklasse-)Ware entsteht, die zugleich den Verzicht auf andere (»schädlichere«) Ware widerspiegelt und diesen Verzicht verhöhnt. Wer irgendwo »nicht mitmachen« will, zahlt dafür doppelt. Der Verzicht ist teurer als der Gebrauch. Die Anti-Ware wird kapitalistischer als die Ware. Und provoziert die Spaltung auch auf diesem Gebiet. Man kauft nicht mehr allein Fahrräder im klassischen Stil der Vorkriegszeit, sondern auch solche mit künstlichen Roststellen. So versteht man das benzinfressende, laute, umwelt- und gesellschaftsschädliche Automobil unter anderem (von der Konstruktion von »Männlichkeit« wollen wir hier gar nicht reden) als Kampfmittel gegen das »weiche« und »liberale« Fahrrad einer »Elite« der Besserverdienenden wie der Besserwissenden, die ihrerseits ihrer »hippen« Ware einen drastischen Hang zur Destruktion geben. Der Zorn, den beide Gruppen gegeneinander hegen, entfaltet sich als soziale oder, genauer, eben als anti-soziale Energie und pumpt die entsprechenden Märkte auf. Dass ein in jeder Hinsicht »vernünftiges« Fahrrad um so vieles mehr kostet[3] als ein in jeder Hinsicht »unvernünftiges«

Automobil (das wiederum die Imitation eines »wirklich« teuren Autos ist), stellt die Verhältnisse in den »trendbewussten Klassen« (vielleicht sollten wir eher von bewusstlosen Trend-Klassen sprechen) auf den Kopf. Jede Spaltung der Gesellschaft vermehrt die Anzahl der parallelen und widersprüchlichen Märkte. Jeder Konflikt innerhalb der neoliberalen Postdemokratie verspricht, neue Marktzugänge zu generieren (zuerst von Newcomern, Außenseitern und Start-ups, die dann in bekannter Regelmäßigkeit von den Konzernen gefressen werden); eine befriedete Gesellschaft (und darüber hinaus: eine befriedete Welt) ist Gift für das Marketing. Daher sollen wir immer alles drei werden: isolierte Subjekte, die »alles für sich« haben wollen/müssen, »trendbewusste« Lifestyle-Gestalter in der Post-Klassenstruktur (dem Gegenteil einer klassenlosen Gesellschaft) und Parteien in einem permanenten Zerfall der Gesellschaft in einem nicht erklärten und nicht erklärlichen Bürgerkrieg.

Kreative Zerstörung: Wirkung um jeden Preis

Was mit der Ästhetik der Roughness vermittelt wird, ist eine neue Form des Zyklus der Ware. Während im alten Kapitalismus ein neues Produkt als Luxusobjekt auf den Markt kam, sich als Statussymbol der Mittelschicht entfaltete und als Ramschprodukt für die niederen Stände endete, so geht es nun darum, mit Anti-Waren, Alternativen und Gegen-Codes eigene Zyklen zu entfalten. Dabei geht es kaum noch um das Konstruktive der Ware, ihre Fähigkeit mithin, Lücken zu füllen, im Raum der Lebenden (und der Toten) ebenso wie in den Seelen. Ob etwas heil oder kaputt, sinnvoll oder nutzlos, schön oder hässlich ist, das ist zweitrangig; entscheidend ist, dass und wie es in der Lage ist, Affekte auszulösen.

Die Umkehrung des effektvollen Downgrading ist das pompöse Upgrading. Performative Kaputtheit des Luxuriösen ist das Spiegelbild der nicht minder performativen Billigversion des Luxuriösen. (So wird offensichtlich, dass die Kaputtheit der Jeans und die dekorative Verkörperlichung der Bewegung im »Kiez« unter anderem auch der Erhaltung ihres Luxus-Status entsprechen, denn als reine Oberfläche lässt sich nachgerade jeder Luxusgegenstand imitieren.) Was für das »Ding« am Körper gilt, gilt ebenso auch für den Körper und seine Inszenierung. So wird der Schnösel zum Rollenmodell, nur zum Beispiel, weil er zugleich zum *fashion model* wird, nämlich indem er »am falschen Ort« oder in »falschem« Verhalten auftritt.

Eine Matrix für den Look und die Gesten des Mainstream-Schnöseltums war zu einer gewissen Zeit für den Nachwuchs die Serie *Beverly Hills, 90210.* Der jugendliche Schnösel trägt hier Klamotten, die ihm mindestens zwei Nummern zu groß sind, mehr Platz beanspruchen als sein schmächtiger Körper, ihn klobiger und gepanzerter machen, als er von seiner Statur her ist. Bemerkenswert war das vor allem als Gegenbewegung gegen die »nackte« Körperlichkeit sowohl des Hip-Hop als auch des »proletarischen« Grunge. Die Mischung zeigt exakt die Verbindung von hedonistischer und karrieristischer Entschlossenheit (so wie die Schnösel-Mädchen in diesem Segment gerne Minirock und Herren-Sakko kombinierten).

Die Aussage des Schnösel-Looks ist Selbstbewusstsein und fundamentaler Ausschluss jeder Kritik und jedes Bewusstseins. Dabei zeigte sich überdeutlich die Tendenz zur Infantilisierung (eine Zeit galt es sogar als schick, schrillfarbene Schnuller um den Hals zum Dancefloor zu tragen). Das Ding trennte sich vom Körper und der Begriff von der Praxis.

Eine Zeit lang war in Deutschland auch der ehemalige Tennisstar Boris Becker ein solches Schnösel-Rollenmodell. Zugleich ewiges Kind, Erfolgsemblem und, nun ja, Sexsymbol, erzählte er in seinem Auftreten von einer Usurpation der Luxus- und Mode-Codes durch einen Menschen, dessen Sprache und Habitus dort nach den »alten« Codes nicht hineinpassten. Eine Parallelgeschichte erzählte die emblematische Inszenierung von Gerhard Schröder und Joschka Fischer, die nach ihrer Regierungsübernahme 1998 lachend wie stolze Schulbuben vor der Kamera ihre Luxusanzüge mit dem Armani-Emblem präsentieren.

Im kapitalistischen Surrealismus, nur unwesentlich gemäßigt gegenüber dem aggressiven Ghettolook, der sich Reichtum ohne jeden Kanon von Geschmack und Dezenz aneignet, bilden Mode und ihre Träger keine Einheit mehr. Man könnte von einem Promizirkus der Markenzirkulation sprechen, was sich in einer TV-Zeitschrift dann so liest: »In Sachen Schuhmode hat die internationale Promi-Szene derzeit einen ganz klaren gemeinsamen

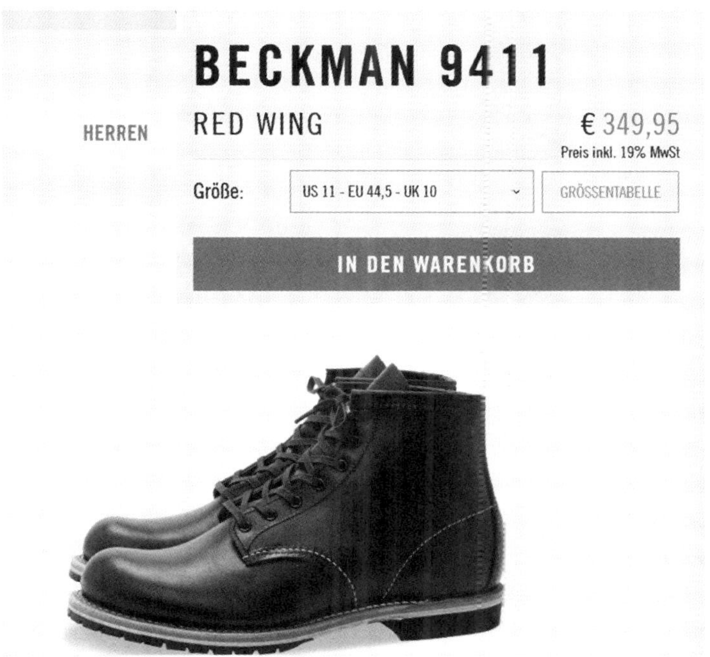

»Klassische, langlebige und zeitlose Schuhe als Hommage an der Unternehmensgründer Charles Beckman« haben ihren Preis.

Nenner. Schauspieler wie Ryan Gosling oder Elyas M'Barek, Top-Model Karlie Kloss oder Fußballstar und Fashion-Ikone David Beckham, sie alle lieben *Red Wing*. Eine Marke ohne viel Schnickschnack, dafür aber mit umso mehr Liebe zum handwerklichen Detail und einer faszinierenden Firmengeschichte – und das seit nunmehr 111 Jahren.«[4] So verklärt die Story die Geschichte eines gewissen Charles H. Beckman, der in Minnesota Schuhe für Arbeiter herstellte, sozusagen das Pendant zu den Arbeitshosen von Levi Strauss. Die erfolgreichen Schuhe wurden erst in den Jahren nach 2010 wiederentdeckt, diesmal indes von der Klasse, die eher weniger mit körperlicher Arbeit assoziiert wird. Der *Legacy* wird denn auch für 299, der *Beckman* für 349 Dollar angeboten. Dafür werden aber auch authentische Nähmaschinen verwendet.

Der Schnösellook ist gleichsam eine Inszenierung der Umwertung; alles, was einst als »Todsünde« galt und in der Kleidung entsprechend gebannt werden musste, drückt sich hier als Impuls aus: Wollust, Völlerei, Zorn, Neid, Trägheit, Habgier und, vor allem, Hochmut.

Das öffentliche Schnösel-Opfer in der Bundesrepublik war Anfang der zehner Jahre Karl-Theodor zu Guttenberg; geradezu ein Musterexemplar des Neo-Schnösels, dessen Aufstieg zu politischer Macht als unaufhaltsam gelten musste, bis ihn eine gefälschte Doktorarbeit zu Fall brachte – eigentlich nicht so sehr als individuelle Verfehlung, wie nachfolgende Beispiele zeigen sollten (inzwischen muss es freilich kein Karrierehindernis mehr sein), denn vielmehr als offene Anmaßung: Da hatte es einer mit dem Hochmut wohl doch übertrieben.

Auch zu Guttenberg war ein Inszenator des Crossover, in New York ließ er sich ablichten wie ein Lottogewinner auf Weltreise; unauffällige Eleganz, einstiges Klassen-Ideal, ist in der Zeit des kapitalistischen Surrealismus nicht mehr zu haben.

Auf den ersten Blick scheinen alle diese Varianten des Crossover als Feiern der Kontingenz. Alles ist möglich, keine Grenze von Geschmack und Klasse ist fest. Und doch handelt es sich auch um eine neue Codierung. Das Imaginäre erhält eine neue Macht. Wenn das Imaginäre nämlich ursprünglich ein Raum des Rückzugs war, in dem »friedlich« ausagiert werden konnte, was in der wirklichen Welt nicht außer Kontrolle geraten soll, und in dem mythisch erklärt werden kann, was rational in der wirklichen Welt nicht zu erklären ist, so hat sich diese Funktion längst umgedreht. Einerseits geht es darum, die Wirklichkeit so umzugestalten, dass sich ihr Widerschein im Reich der Imaginationen (der Bilder) verändert, wie etwa beim terroristischen Akt, der hauptsächlich vollzogen wird, damit die entsprechenden Bilder verbreitet werden, die wiederum ihre Auswirkungen auf die Entscheidungen in der Wirklichkeit zeitigen. Andrerseits werden bereits Konflikte und Beziehungen in das Reich der Imaginationen ausgelagert. Und zum dritten werden immer neue »Indifferenzzonen« zwischen Imagination und Realität erzeugt.

Das zivilisatorische Empfinden vom »Verschwinden des Körpers« wird nun mit einer heftigen Kurzschlussreaktion zwischen Realität und Imagination (zum Beispiel im imaginären Horror, zum Beispiel im realen Amoklauf) beantwortet. Der Bruch zwischen Imagination und Körper lässt nach Dietmar Kamper[5] drei Formen der Gewalt entstehen: die Gewalt gegen die Bilder, die man zu realen Feinden erklärt, die durch Imagination gemäßigte oder »kultivierte« Gewalt und schließlich die Gewalt, die von den Bildern selber ausgeht: »Die Menschen sterben heute an ihrem Unsterblichkeitsbegehren und an den Folgen, die dieses Begehren hat. Das heißt, sie sterben an den Bildern, die sie von sich selbst gemacht haben, die sie von sich selbst machen mussten. Sie sterben am Machen.« Dieses Sterben generiert eine eigene Ästhetik.

Die Roughness des kapitalistischen Surrealismus verlässt den Raum des »rational-moralischen Diskurses«, von dem Karl Heinz Bohrer[6] spricht. Die Gewalt in den Bildern, die Gewalt gegen die Bilder, die Gewalt der Bilder und die Gewalt durch die Bilder sind weder auf eine kathartische Wirkung angelegt, noch sollen sie die reale Gewalt erklären und kritisieren. Ihr Effekt besteht darin, das Zerbrochene wieder zusammenzubringen, das Reiche und das Elende, den Körper und die Technik, die Sprache und das Sprechen, die Imagination und die Wirklichkeit. In jedem Bild, das der Neoliberalismus hervorbringt, wiederholt sich dessen Urbild: die Auflösung der politischen und kulturellen Gemeinschaft zugunsten des ökonomisch verflochtenen, atomisierten Einzelnen. Dieser Einzelne macht sich über die Welt wenig Illusionen; er erfreut sich an ihrer Schlechtigkeit, an ihrer Verdorbenheit, an ihrer Gewalt, denn all das bestätigt ja seine Atomisierung. Umso mehr Illusionen macht sich dieser Einzelne des Neoliberalismus über sich selbst. Er schätzt seine eigenen Chancen viel zu hoch ein; er schätzt seine Ausstrahlung höher ein, als sie sein kann; er hält sich, mit einem Wort, für besser, als er ist. Die Semantik von Gewalt und Imagination im Neoliberalismus ist mit den traditionellen Mitteln von Aufklärung und Kritik kaum noch zu erfassen. Roughness ist gewissermaßen die kleine Münze dieser neuen Unauflöslichkeit der Widersprüche, für die vordem die Beziehung von Kapitalismus und Demokratie sorgen sollte. Während in der Moderne (bis hin also zum kapitalistischen Realismus) der Primat des Ausdrucks gegenüber der Bedeutung diagnostiziert wurde (und zu genügend Besorgnis Anlass gab), ist im kapitalistischen Surrealismus auch der Ausdruck gegenüber dem Effekt in den

Hintergrund getreten: Nichts davon will stationär bleiben. Der Ausdruck will um jeden Preis Wirkung werden.

Roughness ist unter anderem auch das modische Bild für eine Konzeption im Inneren des Neoliberalismus, die sich unter dem allfälligen Motto der »kreativen Zerstörung« verwirklicht. Das beginnt mit der lustvollen Zerstörung von textilen Mustern, setzt sich aber ebenso in die Zerstörung von gesellschaftlichen Ordnungen oder humanistischen Werten fort. Die Wachstumskrise erhöht den Druck auf das Destruktive. Nur wer kaputtmacht, kann noch ökonomische Transaktionen von einigem Rang initiieren; ein Unternehmen macht nicht nur im Konkurrenzkampf möglichst viele andere Unternehmen kaputt, es »lebt« auch durch die interne kreative Zerstörung. Destruktion und Konstruktion sind möglicherweise in gewissen Dingen vereint, wie der zerrissenen Jeans als Ikon der Zeit, sie lassen sich allerdings auch arbeitsteilig organisieren. Doch der wahre Karrierist in diesem System ist jener Mensch, der seine destruktiven und seine konstruktiven Energien in die marktkonformen Vorgänge gießen kann, die den stetigen Wandel der Modelle und Moden begleiten. Ein Banker, der nach diesem Rollenmodell funktioniert, muss nicht mehr Geld »anhäufen«, sondern es immer wieder verbrennen, was indes kaum anders geschehen kann als in der Form der ständigen Geldvermehrung, Verschuldung und Entwertung.

Neben der »kreativen Zerstörung« ist das zweite Element der Kultur der Roughness das Risiko. Das Motto »No risk, no fun« spiegelt sich in Finanzaktionen wie in sportlichen Aktivitäten. Risikokapital ist das definitiv Nicht-Langweilige im Spiel von Spekulation und Investition, und Risiko ist das Zentrum von »Lebenswelten« wie der von Red Bull. Im Risiko scheinen sich die Zerstörung und das Kreative wieder zu vereinen. Indem er das Risiko nicht bloß als notwendiges Übel bei den euphemistisch so genannten »Wetten auf die Zukunft«, sondern auch als Lust in sich selbst akzeptiert, gelingt es dem Neoliberalismus, die Bindung an bürgerliche Werte zu überwinden. Niemand soll mehr sparsam, diszipliniert und verlässlich sein, jeder soll sich und alles andere unentwegt »befreien«, jeder soll sich zu seinen Begierden und zu seinen Aggressionen bekennen. Das System spielt nicht mehr auf eine »architektonische« Verbesserung, sondern auf eine Stabilität in Form des stetigen Wandels. Gerade darum müssen die Energien nicht nur der Popkultur, sondern auch der kritischen Dissidenz absorbiert werden. Wer den Kapitalismus kaputtmachen will, kommt gerade recht, um seine Rolle in der »kreativen Zerstörung« zu spielen.

Diese neuen Allianzen produzieren einen neuen Typus nicht nur in den Eliten, sondern auch in den prekären Zonen der Mittelschicht. Er genießt seine subjektiven Freiheiten, probiert auch selber immer etwas Neues aus, bekämpft neben der Möglichkeit des ziemlich heftigen Scheiterns immer auch seine Langeweile und transformiert sich nicht nur selbst, sondern alles, was er berührt. Allerdings erweist sich vieles von dem, was er schließlich schon wieder als »das kleinere Übel« ansieht (weniger Sicherheit für mehr Freiheit), als schiere Illusion.

Identität, Isolation und Anonymität: Neue (und alte) Wurzeln der Gewalt

»Violence is golden, when it's used to put down evil.«

Dick Tracy in Chester Goulds Zeitungsstrip, am Tag nach der Ermordung von Robert Kennedy

Ob unsere Gesellschaft gewalttätiger oder weniger gewalttätig ist als die Gesellschaften zuvor oder Gesellschaften anderswo, ist nur indirekt zu beantworten; offensichtlich aber ist, dass Gewalt in verschiedenen Gesellschaften (oder den Zerfallsprodukten von Gesellschaften, für die uns der Begriff noch fehlt) unterschiedlich verteilt, unterschiedlich begründet und unterschiedlich gerichtet ist. Stets wird dabei nach einem Zusammenhang zwischen den Bildern und Narrativen auf der einen und der realen Gewalt auf der anderen Seite gefragt. »Disponieren« uns die Bilder der Gewalt zur wirklichen Gewalt? Oder sind sie umgekehrt eine Katharsis, ein kultivierter und kultivierender Ersatz für reale Gewalt? Oder aber gewöhnen sie uns an die Gewalt, machen uns stumpf und mitleidlos gegen die Opfer und gleichgültig gegenüber den Tätern? Über Jahrzehnte wurde dieser Diskurs zwischen Wissenschaft und Öffentlichkeit geführt und dann zur Seite gelegt, wegen der Ergebnislosigkeit, aber auch, weil das Erschrecken über neue Phänomene der »globalisierten« Gewalt und die neuen, von der Rechten gesetzten Themen diese Fragen überwucherten. Unentrinnbar indes scheint der Widerspruch zwischen einer allgemeinen Faszination von Gewalt und Gewaltbildern und dem Schrecken der »Unsicherheit«, der Irrationalität und Anonymität in der Aggression. Die Anonymisierung im Internet macht die Aggression zwar leichter und gefahrloser, aber sie ist keineswegs die Ursache. Anonymität spielte, zum Beispiel in der Jugendkultur, zuvor sogar noch im Beichtritual der Kirche, noch früher in Maskentänzen stets eine entscheidende Rolle bei der sozialen Freisetzung und Kontrolle der Gewalt und der Sexualität. Die Jugendzeitschrift *Bravo*, nur zum Beispiel, erhielt bald nach dem Start ihrer Aufklärungsseite »Dr. Sommer« 1969 pro Monat etwa 3000 bis 5000 Briefe von Jugendlichen, die sich mit sexuellen und psychischen Problemen an die entsprechenden »Berater« (die selber oft wiederum »maskiert« waren) wandten.[7]

Die Wurzeln der neuen internen Gewalt hat man zum einen in der Deregulierung der Arbeitsmärkte gesehen. Zum zweiten haben wir uns daran gewöhnt, in einer Kultur der Kränkungen zu leben. Es mag eine der grandiosen Paradoxien unserer Entwicklung sein: Kurz nachdem der Zusammenhang zwischen empfundenen Kränkungen und psychischer Krankheit erkannt wurde (*Was kränkt, macht krank* hieß ein populäres Buch), uferten Strategien und Taktiken der Kränkung geradezu epidemisch au. Einen großen Anteil daran hatte die Ideologisierung und Kollektivierung der Kränkungen; rechte Ideologien machen aus der subjektiven Kränkung eine der religiösen, der nationalen, der geschlechtlichen (usw.) Gruppen. So konnte die an sich so leicht zu durchschauende Konstruktion der »Sündenböcke« wieder erfolgreich werden.

Nur durch die Demütigung der anderen kann man »erfolgreich« sein, Demütigung aber wird zum Quell der Gewalt. Die Mehrzahl der Massenmorde in den USA in den letzten zehn Jahren waren Rachefeldzüge aufgrund erfahrener oder auch eingebildeter Demütigungen. Als großes Narrativ dazu ließe sich zusammenfassen: Die Ausgeschlossenen schlagen zurück; ihre Gewalt kommt aus der Anonymität und trifft unspezifische Opfer.[8]

Gewaltverbrechen in der Zeit des Neoliberalismus werden demnach weniger aus materiellen Gründen verübt als vielmehr aufgrund der Konstruktion und »Stabilisierung« einer Identität gegen allfällige Demütigungen und gegen soziale Exklusion. Gewalt als Ausdruck eines Zorns gegen die eigene Ohnmacht ist mindestens so wahrscheinlich wie Gewalt aus Ausdruck eines Überschusses an Macht. (In der Parallelgesellschaft des Ghettos kommt schließlich beides wieder zusammen.)

Gewalt erscheint auch im Gewand einer Kultur von Folter und Ekel, die einer schrillen Idylle, an die niemand »glaubt«, die ihren Plastikanteil offensiv zur Schau stellt, gegenübersteht und mindestens genauso verbreitet ist. Man liebt die Katastrophenbilder aus der Wirklichkeit, die einstürzenden Twin Towers, den über die Stadt rollenden Tsunami, das von Würmern und Fäulnis zerfallene Fleisch. Man liebt Events wie das Dschungelcamp, in dem man Menschen, die offenbar eine Krise ihrer Promikarriere durchleben, einigermaßen widerlichen Prüfungen unterzieht. Und schließlich tauscht man gern Smartphone-Bilder von allerlei Missgeschick und Gewalt (wiederum konterkariert mit besonders niedlichen Haustier- und Menschenbabys).

Wie das Niedliche ist auch das Grauenhafte eine Form der Abwehr. Beides begegnet sich in der Roughness. Die Comicstrips zum Beispiel hatten am Anfang ihrer Entwicklung laut Werner Hofmann die Aufgabe, Kunstgeschichte in die Populärkultur zu übertragen: »Der Comic Strip wiederholt im Zuge seiner Entwicklung die in der Renaissance vollzogene Trennung in komische und heroische Menschen noch einmal.«[9] Aber diese Trennung war nicht von Dauer; es entwickelten sich in Europa nicht nur die »Semi-Funnies«, wie etwa Hergés *Tintin*, in denen Heroisches und Komisches verschmelzen, vielmehr verlangt gerade die Auseinandersetzung des Mediums mit den Konflikten der Zeit, wie sie in Graphic Novels oder biografischen bzw. journalistischen Formen stattfindet, nach »rauen« Mischformen, in denen die Unterscheidung zwischen dem Heroisch-Dramatischen und dem Grotesk-Komischen kaum noch sinnvoll ist.

Denn zur gleichen Zeit offenbaren sich Presse und Öffentlichkeit als »gnadenlose« Wärter über die Einhaltung der äußeren Normen. Im Jahr 2015 erschütterte ein Opernskandal eigener Art die britische Insel; der unbestrittenen Gesangskunst der irischen Mezzosopranistin Tara Erraught schlug eine Welle der journalistischen Häme nach ihrer Darstellung des *Rosenkavaliers* entgegen. Auch renommierte Zeitungen wie die *Financial Times* ließen ihre Kritiker vom »molligen Bündel als Babyspeck«

oder von der »plumpen Statur« der Sängerin schwadronieren. Die Selbstvermesser, von denen die Rede war, erscheinen als die introvertierten »Feiglinge« einer Kultur der allfälligen Körperbeobachtung und des Körperratings. Wer sich diesem Rating nicht beugt oder sich immun gegen diese Art der Kontrolle zeigt, kann nur zum »Loser« werden. Die Mittelschicht sieht auf die Körper der Unterschicht mit einer bizarren Mischung aus Neid und Verachtung: formlose, unkontrollierte, ungesunde, nicht fitte und nicht maschinisierte Körper oder aber, umgekehrt, solche, die es damit so übertreiben, dass sie nur als hirnlose Kampfmaschine Verwendung finden. Der Self Quantifier versucht diesem Widerspruch zu entkommen und landet in einer Hölle der Selbstqual und der Sinnlosigkeit.

Anmerkungen

1 Sehr allgemein lässt sich als »Disposition« eine zunächst latente, dann zunehmend kommunizierte »Verhaltensbereitschaft« verstehen. Verhaltensbereitschaften »entstehen« ebenso, wie sie erzeugt werden.

2 Peter Richter: Der Anti-Chic. In: Süddeutsche Zeitung, 2./3./4.10.2015.

3 Mit einem Preis von 35.000 Euro war das nur fünf Kilo schwere PB Bugatti Bike im Jahr 2017 das teuerste Fahrrad der Welt, vgl. Adrian Kaether: Das teuerste Fahrrad der Welt. In: bike – Das Mountainbike Magazin, 3.4.2017, www.bike-magazin.de/mtb_news/mtb_neuheiten/bugatti-bringt-urban-bike-unter-fuenf-kilo [28.9.2021].

4 TV Movie, 18/2016, S. 38.

5 Dietmar Kamper: Bild und Gewalt. In: Reader »Bild und Gewalt – Über die wirklichen Folgen des Imaginären«. Materialien zum Workshop im Haus der Kulturen der Welt, Berlin 1999.

6 Karl Heinz Bohrer: Gewalt und Ästhetik als Bedingungsverhältnis. In: Merkur, 4/1998, S. 281.

7 Vgl. etwa Rudolf Stefen: Die in Wort und Bild entstellte Sexualität und ihre Wirkung auf Jugendliche. In: mitteilungshefte der Länderarbeitsgemeinschaft zur Bekämpfung der Geschlechtskrankheiten und für Geschlechtserziehung Nordrhein-Westfalen, Heft 63, Köln 1976, S. 21.

8 Vgl. etwa Jock Young: The Exclusive Society. Social Exclusion, Crime and Difference in Late Modernity. London 1999.

9 Werner Hofmann: Die Kunst der Comic Strips. In: Merkur 3/1969.

Vom niedlichen zum bösen Ding, oder warum die Waren lebendig werden müssen

»Ah, Fernsehen respektiert mich. Es lacht mit mir, nicht über mich.«
Homer J. Simpson

Überwindung und Abbild des Körpers: Die Schreckensgeschichte der Dinge

Zunächst verschwindet der Mensch immer mehr aus der Herstellung des Dings. Es beginnt damit, dass Dinge entstehen, die ein Mensch nicht mehr allein herstellen kann – für Jean-Jacques Rousseau der »Ursprung der Ungleichheit zwischen den Menschen«, denn geteilte Arbeit besteht nicht aus gleicher Arbeit, die Arbeiten können untereinander verglichen, sie müssen einander zu- und untergeordnet werden. Das Böse ist nun gleichsam als Keim in das Ding geflossen, das einem Menschen gehören wird, der nicht mehr »so frei, gesund, gut und glücklich« sein kann, wie er es seiner »Natur« nach sein könnte.[1]

Ob es einen solchen Naturzustand gegeben hat und er den Menschen tatsächlich so frei und glücklich gemacht hat, sei zwar dahingestellt, unzweifelhaft aber beginnt ein Prozess der Vergesellschaftung und der Differenzierung nicht nur der Menschen, sondern auch ihrer Dinge. Vom Selbstgemachten geht der Weg übers gemeinschaftlich Gefertigte zu einer Urform der »Industrialisierung«, nämlich zum Zusammenfügen der Ding-Elemente, die an verschiedenen Orten gefertigt wurden (möglicherweise unter sehr verschiedenen Bedingungen) und schließlich zur Ur-Form des Handels, zum Tausch. Dem Tausch der Dinge folgt der Tausch von Ding und Arbeit. All das lässt sich sowohl als Perfektion des Dings und damit verbunden als Perfektion der Gesellschaft erzählen wie als Geschichte der Entfremdung. Je perfekter das Ding wird, desto mächtiger wird es auch, und je mächtiger es wird, desto unheimlicher muss es werden.

Daher gibt es offenkundig schon früh eine Abspaltung des magischen vom nützlichen Ding oder, anders gesagt, eine Trennung von Kunst und Technik. Und noch einmal anders gesagt, in der Welt der Dinge beginnt das Ästhetische als Widerspruch und Ergänzung zu rumoren. So wäre es wahrscheinlich zu kurz gegriffen, in der Schönheit des Dings einzig und allein ein falsches Tauschwertversprechen am Werk zu sehen (einen Betrug, wenn man so will). Immer geht es auch um die Bannung des Unheimlichen.

Der erste Gipfel des Unheimlichen im Ding wird durch seine analoge Perfektionierung in der Endphase des fordistischen Kapitalismus erreicht. Nun kann Günther Anders gar von einer »Scham« sprechen, die der Mensch vor der »Qualität der selbst gemachten Dinge« empfinde. Das Ding ist nicht nur perfekter und schöner als der Mensch selber, sondern auch dauernder und reiner.

Diese Scham setzt sich freilich aus vielfältigen, ineinander verwobenen Elementen zusammen: Da ist ein Trennungsschmerz, der etwa den großartigen Handwerker Cardillac dazu brachte, die neuen Besitzer seiner Schmuckstücke zu töten. Da ist eine Verwechslungsgefahr, wenn die Puppen und Automaten so perfekt menschenhaft agieren, dass man sie nicht mehr von Menschen unterscheiden kann. In eine Olympia kann man sich gar verlieben. Da ist die gefrorene Seele, die Summe der Taten und Untaten, die man für den Besitz eines Dings zu vollziehen bereit war und die dem Ding nun anhaften. Da ist die Kette von Schuld und Verschuldung: Jedes Ding ist ein Raubgut, so oder so, jedes Ding stürzt in Schulden und muss am Ende als Äquivalent einer Sünde herhalten. Es ist verwandelte und versteinerte Natur; wo das Ding ist, kann keine Natur mehr sein. Es wird zur zweiten, zur falschen Natur. Und dann beginnt das Ding zu höhnen oder zu leiden, zu kämpfen wie des Nachts die Nussknacker und die Zinnsoldaten.

Das Ding beschämt, weil es so viel mehr und zugleich so viel weniger ist als die Summe der Materialien, aus denen es gefertigt wurde, und der Arbeit, die in es »hineingesteckt« wurde. Wenn Günther Anders von der »prometheischen Scham« der Menschen gegenüber ihren Dingen spricht, signalisiert er einen ähnlichen Bruch wie Rousseau: Die Götter wollten nicht, dass Prometheus den Menschen das Feuer bringt, und sie hatten ihre Gründe dafür. Und sie konnten nicht gewollt haben, dass die Menschen die Welt in Dinge und Bilder verwandeln, was offenbar genau so unabwendbar war.

Mit der Teilung der Arbeit ist die Entwicklung der Werkzeuge verbunden, der Meta-Dinge, die einen ganz ähnlichen Prozess durchlaufen wie die Dinge selbst, nämlich von den selbstgemachten über die zusammengesetzten bis zu den erworbenen. Die Fabrik als Ursprung der Dinge potenziert alle Formen von Perfektion und Entfremdung. Der vom Ding vertriebene Mensch kehrt als Arbeiter in die Fabrik zurück, als Sklave des Dings.

Anteil an der Welt, ja sogar Anteil aneinander kann man nun nur noch mit der Hilfe der Dinge haben, die im Gegenzug immer beides verlangen, den Körper in Form der Arbeit und die Seele in Form von Unterwerfung.

Welche Möglichkeiten nun hat der Mensch, der von der Perfektion seiner eigenen Dinge beschämt und bedroht ist? Zum einen bleibt ihm die Konstruktion eines praktischen Wissens und einer ökonomischen Struktur, die verspricht, die Dinge zu »beherrschen«. Indem er sie besitzt und indem er sie zum eigenen Nutzen zu »bedienen« lernt. Daher muss, paradox genug, der Mensch, der am meisten Angst vor den Dingen hat, am meisten zu ihrer Vermehrung beitragen. Zum zweiten lassen sich privilegierte Ding-freie Zonen und Situationen schaffen oder eine Balance von Ding und Nicht-Ding. Wiederum lässt sich das in der Form von ökonomischem Besitz arrangieren – reiche Menschen haben einen großen Garten – oder in der Form von Mobilität: Kleinbürger gehen auf Reisen, erforschen oder genießen oder besingen die Natur. Die dritte Strategie schließlich besteht in einem Wettbewerb mit den beschämenden Dingen. Der Mensch wird selber zur perfekten Maschine (die das Ding und seine Produktion mythisch vereint), zur Kampfmaschine, zur Leistungsmaschine, zur Sportmaschine, zur Sexmaschine. Natürlich kann der Mensch den Wettbewerb mit seinen Dingen nicht gewinnen, aber auch ein endgültiges, apokalyptisches Unterliegen ist eher unwahrscheinlich, da beide, der Mensch und seine Dinge, einander brauchen. Der Mensch ohne seine Dinge ist so wenig vorstellbar wie die Dinge ohne einen Menschen.

Mit der digitalen Revolution freilich ist das Ding in eine neue Phase seiner Entwicklung getreten. Es wird »intelligent«. Es wird interaktiv, das heißt, es nimmt Informationen aus seiner Umwelt auf, verarbeitet sie und reagiert darauf, sodass man in gewissem Sinne schon hier von einer neuen Form des Lebens sprechen kann. Es ist nicht nur »beseelt«, wie man es sich auch schon vorher dachte hie und da, sondern es wird autonom. Zugleich aber wird es auch vernetzt, sodass die Dinge miteinander kommunizieren, ein »Internet der Dinge« bilden und damit einen so beträchtlichen Informationsvorsprung vor den Menschen gewonnen haben, dass ein Mensch nicht mehr wissen kann, was seine Dinge (von ihm) wissen. Aus der mythischen Beschämung durch das perfekte Ding ist mithin eine reale Bedrohung geworden.

Die Welt der Dinge teilt sich nun in eine alte: die Dinge, die sind, was sie sind (die Teetasse und der Tisch), und in eine neue: die »intelligenten« Dinge, die immer werden und wachsen, die immer gleichzeitig sind und geschehen. Die altmodischen Dinge, die zweite Natur, werden nun so verklärt, wie einst die Natur gegenüber ihnen verklärt wurde. Die neuen Dinge aber erzeugen zugleich Panik und Gier.

Auf den ersten Blick freilich scheint die Schreckensgeschichte der Dinge eher ein Minderheitenprogramm, eine philosophisch-moralische Grille, und im Mainstream, wenn überhaupt, etwas tief im Unbewussten oder in schlechten Träumen Rumorendes zu sein, eine Seitenempfindung, der »Herr zu werden« der populären Mythologie der Unterhaltungsapparate ziemlich leichtfällt. Für den alltäglichen Gebrauch scheinen die meisten Dinge schlicht nützlich, angenehm und schön. Das Problem ist nicht, sie zu haben, das Problem ist vielmehr, sie nicht zu haben und damit im Wettbewerb zu verlieren, ausgeschlossen zu werden, eine viel schrecklichere Beschämung zu erfahren. Es beschämt mich nicht das Ding, sondern seine Abwesenheit in meinem Leben.

Dramatischer als der Wert erscheint der Wertverlust des Dings. Die kapitalistische Welt erzeugt eine Ordnung durch die Beziehung zwischen der Perfektion des Dings und seinem Veralten. Dass das Ding, obwohl es das technisch eigentlich nicht mehr müsste, schneller altert als der Mensch, macht paranoid und tröstet zugleich. Man muss nicht nur immer mehr Dinge, sondern immer wieder neue haben (und hat sich, wie wir wissen, damit ein universales, gigantisches Abfallproblem eingehandelt). Die Dinge sind mithin für die Genealogie entwertet. Es gibt kaum noch Dinge, die sich vererben lassen; Besitz drückt sich anders aus, in Kapital, in »Rechten« oder in der Verfügungsgewalt über Zeit und Raum.

Das Ding wird also noch einmal auf einer ganz anderen Ebene unheimlich. Durch seine Perfektion, selbstverständlich, aber eben auch durch sein Sterben, das bereits mit dem Kauf einsetzt. Wir sehen unseren Dingen dabei zu, wie sie uns beherrschen (und sehnen uns, wenigstens im Urlaub, danach, uns ein wenig von ihnen zu lösen), und wir sehen ihnen gleichzeitig beim Sterben zu. Je »intelligenter« die Dinge werden, desto weniger können sie »für die Ewigkeit« gemacht sein. Bevor sie, wer weiß, »Bewusstsein« erwerben, ähneln die Maschinen den Menschen darin, dass sie ihre Wandelbarkeit mit »Zeitnot« bezahlen

Sie sind also nicht mehr allein vom Kaputtgehen, von der Entwertung des Designs in den Mode- und Geschmackszyklen und von der technischen Überholtheit bedroht, sondern von ihrer *connectedness* selbst. (Sehen wir von der Gefahr von »Datenpannen« und »Hackerangriffen« ab, die zur gewöhnlichen Gefahr jedes digitalen Dings geworden sind.) Sie sterben nicht nur trotz der Informationen, mit denen sie »gefüttert« werden, sondern auch an ihnen.

Jedes Ding ist auch ein Bild. (Sehen wir hier von den beiden Sonderfällen des virtuellen Dings in der digitalen Industrie und des Bilds in der Kunst, das gegen seine Dinghaftigkeit agiert, ab.) Genauer gesagt: Alles, was wir wahrnehmen können, ist in einer Schnittmenge von Bild und Ding zu finden.

Das Ding ist nicht Mensch und ist nicht Natur. Daher ist es eine seiner Aufgaben, vielleicht die wichtigste, zwischen beidem zu vermitteln. So mag man vom Ding sagen, was man will, ohne es wäre man verloren. Der Mensch ist das Tier, das Dinge benötigt, um zu überleben. Aber das Ding ist dazu verurteilt, die Entfernung zwischen Mensch und Natur immer weiter auszudrücken und zu verstärken: Man muss es haben und kann es immer wieder, im Gegensatz zu einer natürlichen Fähigkeit, verlieren. Seine Herstellung und sein Gebrauch folgen anderen Rhythmen als dem des Körpers. Der Gebrauch des Dings drängt gleichsam automatisch zur Waffe. In der Waffe scheint das Ding »perfekt« die Widersprüche zwischen Mensch und Natur auszudrücken. Sie stellt nicht nur eine direkte Beziehung des Körpers zum Ding,

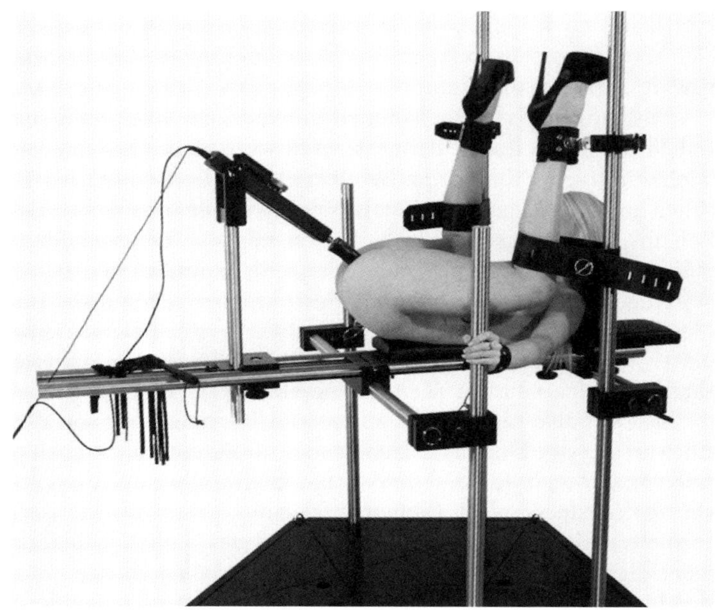

Überwindung und Abbild des Körpers

sondern auch eine direkte Beziehung des Dings zum Körper her. Körper sprechen mithilfe der Dinge miteinander. Wenngleich sehr häufig mit einem irreversiblen Ende.

Man könnte also vermuten: Der Krieg wird nicht nur mit Dingen geführt, sondern die Dinge verlangen danach, dass Krieg mit ihnen geführt wird. Es ist die konsequente Erfüllung des Widerspruchs zwischen dem Lebendigen und dem Toten im Ding, zwischen dem Organischen und dem Technischen. Diese Ambivalenz drückt das Ding auch in seiner erotischen Erscheinung aus. Es besteht aus Überwindung und Abbild des Körpers. Die Sexmaschine, als Extrem, erlahmt und versagt (sich) nicht, und sie kann beherrscht werden, ja mehr noch, sie wird zum Instrument einer Beherrschung der Lust. »Guter Sex« ist einerseits maschineller Sex, insofern er von (wechselseitiger und autonomer) Beherrschung der Körper ausgeht, und er ist andererseits anti-maschinell, insofern er das Organische und das Seelische als Leitmelodie akzeptiert.

In der Mitte des vorigen Jahrhunderts, nach dem Zweiten Weltkrieg, verschärfte sich noch einmal der Konflikt um die Dinge und in den Dingen. Zum einen wurden sie als Weltvernichtungswaffen apokalyptisch, zum anderen aber auch als »Konsumgüter« zum wahren Kern im »Wettstreit der Systeme«. Und zur gleichen Zeit erlebte die Ding-Kultur auch ihre größte Erschütterung durch eine langsam sich verfestigende Erkenntnis von den Grenzen des Wachstums und den Gefahren des Überflusses.

So entstand die dritte Form des Unheimlichen im Ding. Seine Produktion, sein Gebrauch und seine »Entsorgung« waren als Vergiftung der Umwelt erkannt, die nicht mehr wiedergutzumachende Schäden anrichteten. Mit dem Bericht des »Club of Rome« über die Grenzen des Wachstums (das man in der materiellen Welt auch als Vermehrung der Dinge ansehen kann) entstand die Disposition zu einem Ekel vor den Dingen, die viel zerstören und wenig Wert besitzen. Das Produzieren konnte nicht mehr länger als das Kernstück der modernen Metaphysik angesehen werden, so man auf dem Stand von Wissen und Kritik war. Aber schon in den siebziger Jahren, als sich das Umweltbewusstsein nach und nach zu verbreiten begann, war nicht nur das Wachstum, sondern auch das Modellieren von Alternativen begrenzt. Das vorherrschende negative Bild zeigte Menschen, die in ihren Dingen ersticken, von ihnen erdrückt werden. Man kann in dieser Zeit vielleicht von einer »Krise des Dings« sprechen.

Die Ambivalenz setzt sich in der magischen Form der Ware fest; sie ist Ausdruck der »Virginität« (wie Wolfgang Ullrich sagt), aber auch ein Fruchtbarkeitsfetisch. Das perfekte Ding ist eine gebärende Jungfrau oder, wie man es nimmt, eine verführerische Nonne. Wird das *gender play* herumgedreht, so wäre das Ding zugleich Vater und Sohn, ein lüsterner Eunuch, ein holder Phallus.

Wenn das Ding Ware sein will (und es gibt kein Ding, das nicht Ware war, ist oder werden will), muss es stets zugleich Ding und Bild sein. Das Bild ist nie eindeutig, es stellt (da es mehr ist als ein Zeichen) immer etwas und etwas anderes gleichzeitig dar. Das Ding, das Ware und Bild ist, enthält das Bild seines glücklichen Gebrauchs, zugleich aber auch etwas, das dahinter liegt, wie zum Beispiel den Mythos der Virginität oder den der Transparenz. Als Ware muss das Ding aus sich selbst heraus leuchten, es produziert seine eigene Transzendenz.

Abenteuererzählung der Mittelschicht: Die »Schnäppchenjagd«

Es gibt also so etwas wie einen doppelten Körper der Ware. Er entfaltet sich in einem Feld zwischen dem Sexuellen und dem Familiären, dem Transzendenten und dem Heroischen, zwischen Abenteuer und Heimat, zwischen Autorität und Freiheit.

Design bedeutet in diesem Zusammenhang nichts anderes als die Schaffung von Zusammenhängen und Ambivalenzen. »Design konstituiert Identität.«[2] Es gehört einem Gesamtsystem an, das wir vielleicht einfach »besseres Leben« nennen könnten. So kann es nicht verwundern, dass sich auch diese Bildwelt nicht allein in modischen Zyklen und Innovationszwängen bewegt, sondern auch größere Paradigmenwechsel in der Gesellschaft widerspiegelt. Das Auffälligste dabei ist gewiss die Veränderung des Subjekts. Das Ding soll vor allem der Selbstoptimierung dienen, und daher geht es in vielen Werbebotschaften darum, nicht so sehr den anderen zu gefallen als vielmehr sich selbst. Das ist insofern semantisch-ökonomisch bemerkenswert, als das Prinzip der Belohnung nun nicht mehr von einer möglicherweise recht langfristigen sozialen Praxis abhängig ist – sagen wir: dem Prinzip Bausparvertrag –, sondern sich gleichsam aus dem Stand heraus entfaltet. Die Schmerzsalbe verspricht, sofort zu wirken, sodass die rüstige Seniorin gleich wieder aufs Fahrrad steigen kann, um mit den anderen mitzuhalten. (Muss man sich etwa, wenn es dann doch nicht so schnell wirkt, selber die Schuld geben?)

Den Übergang zwischen der Werbung im Sozialtraum (das ruhige Gewissen der Hausfrau, die ihren Lieben die Wäsche macht, noch in den sechziger Jahren) und der Selbstoptimierungswerbung markieren vielleicht die Werbungen, die eine Form der Selbstbelohnung versprechen (»Das gönn' ich mir«, »Weil ich es mir wert bin«) und damit verbunden die »Erlaubnis zu sündigen« (»du darfst«, »Geiz ist geil«).

Die beiden Prinzipien, die sich darin verwirklichen, sind Zuwachs und Erneuerung. Das Ding als Ware macht seinen Besitzer »reicher«, und es macht ihn (wieder wie) »neu«. Doch ist dabei eine besondere Form der Luxese entstanden. In ihr ist man zugleich stolz auf eine Luxusware und darauf, wie »günstig« man sie erstanden hat. Die »Schnäppchenjagd« ist nicht so sehr bei den Armen, wo man in der Tat auf das Ausnutzen von Sonderangeboten angewiesen ist, sondern in der Mittelschicht eine beliebte *backstory* zur Präsentation des Besitzes geworden. Die Ware wird moralisch und dramatisch erzählbar, weil sie von der Intelligenz und dem Glück dessen erzählt, der sie um so vieles billiger ergattert hat, als es der eigentliche Preis vorgab. Der Schnäppchenjäger wähnt sich im Glück, individuell und gekonnt das System ausgetrickst zu haben und ihm ganz und gar nicht zum Opfer zu fallen. Die Dummen sind die anderen, die den »vollen Preis« gezahlt haben. So entsteht ein doppelter Triumph.

Und selbst die Schnäppchenjagd hat sich globalisiert: Als im Jahr 2018 die türkische Lira schnell und heftig an Wert verlor, wurden die Luxusläden im Land zum Ziel internationaler Shopping-Touristen, während sich ein Run auf Immobilien an der türkischen Riviera entwickelte. Auch die großen Marken waren nicht mehr Garantie für wenigstens relative Preisstabilität. Nach etlichen Umfragen waren amerikanische Frauen nur noch zu einem Bruchteil von unter zehn Prozent bereit, für Kleidung und Kosmetik einen ursprünglichen »vollen« Preis zu bezahlen. Das Ergattern von Nachlässen gehört gleichsam zum Einkaufsvergnügen, und mit dem Preisverfall der Luxusmarken erweitert sich der Kundenkreis, während zur gleichen Zeit die Profit-Marge sinkt. Das entwickelt sich auch ökonomisch zu einer gefährlichen Spirale. Der Kunde und die Kundin im kapitalistischen Surrealismus »kaufen« nicht mehr im klassischen Sinne, es geht ihm und ihr vielmehr um das Erbeuten eines realen oder eingebildeten Vorteils, das Nutzen einer Chance, und sei's die, einen der vielen Gutscheine, die man im Briefkasten findet, für etwas einzulösen, was man wenigstens irgendwie brauchen kann. Einige der großen Marken entschlossen sich, der Spirale zu entsagen, um das Luxus-Image zu erhalten: Gucci machte den Anfang mit einer »No sale, never«-Politik, die von Chanel, Hermès und Louis Vuitton übernommen wurde. Nun bleibt nur noch der internationale Shopping-Tourismus, der Währungsunterschiede nutzt …

Dem Schnäppchenjäger begegnen Industrie und Marketing mit einer Gegenstrategie. Wenn eine Ware (wie, sagen wir ein bestimmter Sneaker, denn Sneaker sind, wie es scheint, eine der wesentlichen Bedeutungs- und Inszenierungswaren) durch Werbung und PR besonders »heiß« gemacht worden ist, sorgt eine künstliche Verknappung dafür, dass nicht sozusagen augenblicklich der gewohnte Preisverfall einsetzt.

Jedes Produkt benötigt also seine Legitimation und sein Narrativ, damit man es »sorglos genießen« kann. Damit sind Dinge wie »Attraktivität«, »Gesundheit«, »Glück« oder »Erfolg« verbunden. Und gebunden sind sie darin auch, aus ihnen strömt die Lebensmaxime des Reich- und Neu-Werdens. Aber zugleich ist die Ware auch ein Bollwerk; sie soll garantieren, dass man bleiben darf, wer man zu sein glauben möchte. Das »Schnäppchen« ist demnach eine mythische Konstruktion des Tuns und zugleich Nicht-Tuns. Der kapitalistische Realist versuchte die Ware auf ihren Sinn und Zweck zu reduzieren (ein weites Feld, ohnehin); der kapitalistische Surrealist dagegen will über Sinn und Zweck (über die rationalisierte Ware) hinausgelangen und ihr Bilder und Narrative abgewinnen, die gleichsam in negative Transzendenz führen. Der von 2002 bis 2011 verwendete »Geiz ist geil«-Slogan war die kleinstmögliche Variante eines Narrativ des Trotzdem, wo man nicht nur das Objekt selbst, sondern auch sein Bild und sein Narrativ aus der Hölle geholt hat.

Wer geizig ist, wer das Billige sucht und findet, wer auf Schnäppchenjagd ist, der »arbeitet« gleichsam zu seinem Vorteil. Stellen wir uns ein aus dem 3D-Drucker stammendes Objekt vor, zu dessen Erwerb wesentlich mehr menschliche Arbeit (Kraft mal Weg) aufgewendet werden muss als zu seiner Herstellung. Drastischer freilich ist das Bekenntnis zum Geiz angesichts des Elends der wahren Produzenten, der Näherinnen in den Ländern des Südens, der Menschen, die sich in Bergen und Müllhalden um Rohstoffe plagen, der Bauern am Rand des Existenzminimums. Ihnen gegenüber war die Geiz-ist-geil-Maxime eine zweite Enteignung: Nicht deren Arbeit, sondern mein Geiz hat den Wert der Ware bestimmt.

Auf »Geiz ist geil« folgte »Ich bin doch nicht blöd« gleichsam als Ergebnis. Wer geizig und damit nicht blöd ist, ist auf Augenhöhe mit dem Markt; er oder sie lässt sich nicht kontrollieren, sondern kontrolliert selbst.

Die beiden Orte, an denen sich im kapitalistischen Surrealismus die widerläufigen Impulse von Luxus und Distinktionsgewinn auf der einen, Geiz und Beutemachen auf der anderen Seite treffen, sind die »Premium-Shops«, in denen bereits das

Betreten die Aura des Besseren und des Gewinners symbolisiert (es handelt sich mithin um ein Upgrade des mittleren Angebots und seiner Instanzen), und der Outlet Store, wo man hoffen darf, bei teuren Markenwaren einen Nachlass zu ergattern und der gut und gerne eine touristische Attraktion als Ausflugsziel ersetzt (es handelt sich mithin um ein Downgrade des Luxussegments auf zeitlich und räumlich begrenzte Weise).

Die Schnäppchenjagd ist die Abenteuererzählung der Mittelschicht (im Übrigen darf man sich hier wohl auch auf »Jägerlatein« gefasst machen). Man spricht sogar bereits von einem Städte-Tourismus eigens zur Suche nach den billigsten Einkaufsmöglichkeiten für Luxuswaren. Am Geld allein kann diese Leidenschaft nicht liegen. Durch die enormen Preisschwankungen im mittleren Bereich konnte aus dem Einkaufen für jene, die keinen wirklichen Mangel leiden, ein dringend benötigter Nervenkitzel werden. Das Einkaufen selbst wird zum Erlebnis, das durch die Ware selber gar nicht mehr gedeckt ist. Deshalb bleibt von der Ware weder der Nutzen noch die »Schönheit«, sondern eben diese Erbeutung als Narrativ bestehen. Das Schnäppchen rechtfertigt nicht nur den Konsum (Preisbewusstsein, das auf die günstige Gelegenheit lauert), sondern lädt ihn auch wieder zum sportiven Wettbewerb auf. Man ist Spieler, nicht Spielstein, so fängt das an.

Der kapitalistische Surrealist steht seiner eigenen Kauflust mit ironischer Distanz und mit der Kraft der Verdoppelung gegenüber. Auf der einen Seite lädt er sie mit so viel emotionalen, narrativen und symbolischen Konnotationen auf wie möglich, legitimiert sie direkt und indirekt durch Cause-Related Marketing, durch seine Lieblings-Testimonials, durch Greenwashing, aber auch durch die Erzählung seiner eigenen aktiven Teilhabe, seiner Schnäppchenjagd eben, die jeden Gedanken an Verschwendung und Nonsens-Konsum auslöscht, seines Eingebundenseins im Post-Do-it-yourself und im Prosuming, auf der anderen Seite sieht er aber auch das »Allgemeinwohl«. Je weniger sich das System für den Einzelnen verantwortlich zeigt, desto mehr zeigt sich der Einzelne verbunden mit dem System. Nachrichten von nachlassender Kauflust in seinem Land versetzen ihn in Panik. Der fallende Dax in den Abendnachrichten ist schlimmer als das angekündigte Sturmtief. Kaufen ist nicht nur aktive Teilhabe an dem, was von Gesellschaft noch übrig ist, sondern auch direkte Beziehung zu einem »Ganzen«, das durch die täglichen Börsennachrichten und den Dax-Stand ebenso bezeichnet wird wie durch einen Index der »Kauflaune«. Extreme Subjektivierung und extreme Objektivierung des Kaufaktes kreisen umeinander. Dabei ist das Kaufen längst schöner als das Gekauft-Haben. Schnäppchenjagden können sich gern einmal zu Massenhysterien auswachsen; nachdem ein 45-jähriger Walmart-Verkäufer von einer solchen Meute zu Tode getrampelt worden war, setzt man in den USA bei solchen aufsehenerregenden Schnäppchenjagden speziell ausgebildete Security ein.

Die Marke, zunächst als Zeichen der Wiederkehr und des Vertrauens konzipiert, bekommt in diesem Prozess einen neuen Sinn. Sie fasst zunächst das Ding und sein Bild zusammen, konzipiert also den doppelten Körper der Ware, aber mehr und mehr entfernt sie das Bild auch vom Ding. Man konsumiert die Marke sogar dort, wo man nicht gleichzeitig das Ding hat; Ferrari ist ein typisches Beispiel für eine Marke, die vielen vieles verkauft, aber nur wenigen das eigentliche Ding. Es ist der Marke gleichsam transzendental.

Genau andersherum verhält es sich etwa bei Red Bull, bei der das Ding (die Energydrink-Dose) nur noch Kern eines viel größeren Geschehens ist, einer durch die Marke emblematisch charakterisierten Lebenswelt.

Die einstige enge Beziehung zwischen Ding, Bild und Mensch wird also zunächst gelockert, um dafür im Gegenzug enorm anzuwachsen. Ein Gefängnis wird zugleich erweitert und gesichert. Die direkte Verbindung mit dem Ding aufzugeben kann nun nicht mehr heißen, sich vollständig von ihm zu lösen. In dem durch die Marke gegebenen Raum spukt das Ding als Gespenst.

Die lockere, aber vielfältigere Beziehung zwischen den Menschen und der Ware entspricht den neuen, flüchtigeren, indirekteren und vernetzten Kommunikationsformen, fördert sie aber auch.

Die neue, lockere Verbindung von Mensch und Ware verlangt geradezu nach beständiger Bestätigung. Der Mensch und die Dinge müssen auf eine neue, vielstimmigere, kompliziertere, aber auch heftigere Weise miteinander sprechen. Die Marke bietet beständig Ersatzdinge an: Die Ferrari-Fahne ersetzt den unmöglichen Besitz eines Ferraris und ist zugleich Bekenntnis zu einem Sportidol. Die

Wandelnde Reklametafel: Der Formel-1-Fahrer Max Verstappen

Fahrer als Stars sind in den Markenweltmeisterschaften nur noch nette Begleiterscheinung (dass sie selber wie wandelnde Reklamewände oder Mensch gewordene Werbesendungen erscheinen, ist beinahe schon wieder *oldschool*).

Wert und Preis sind nun als Fiktionen zu erkennen: Die Deregulierung der Preise war eine der Haupttendenzen der zehner Jahre dieses Jahrhunderts. Sie gestaltete sich zunächst vor allem auf der horizontalen Ebene. Dieselbe Ware kostete in verschiedenen Geschäften und unter verschiedenen Labels sehr unterschiedlich viel; der Ort war dafür ebenso ausschlaggebend wie das Ambiente. Derselbe Artikel zur Verschönerung des Heims kostet im Baumarkt der gleichen Kette sehr unterschiedlich viel, je nachdem, ob man im Osten, im Westen oder im Süden Deutschlands einkauft. Dann vollzieht sich die Deregulierung in einer vertikalen Ebene: Eine Ware durchläuft einen Verwertungszyklus und wird (wie zum Beispiel die DVD oder Blu-ray eines bestimmten Films) immer billiger, je mehr der Markt gesättigt und der erste Erscheinungstermin entfernt ist oder je länger das aufwertende Event und die entsprechende Werbekampagne vergangen ist; der Benzinpreis an der Tankstelle schwankt im Lauf eines Tages etc. Und schließlich, das ist die neueste Variante, verändert sich der Preis auch in der Tiefendimension; er passt sich den Erwartungen und den Möglichkeiten des Subjekts an. Das kann sehr unterschiedliche Formen annehmen: Wird zum Beispiel ein Flug von einem Tablet aus geordert, kostet er in der Regel mehr, als wenn er von einem PC aus geordert wird, in der Annahme, die Tablet-Benutzerin sei leichter zu beeindrucken oder verfüge über leichteres Geld. Wer eine Ware von einem Apple-Gerät aus bestellt, muss unter Umständen mehr zahlen muss als ein Windows-Benutzer.

Natürlich wird auch das Begehren des möglichen Kunden in die Preisgestaltung einkalkuliert. Wer sich ein bestimmtes Objekt immer wieder anschaut (als digitales Pendant jenes Träumers, der sich an der Fensterscheibe eines Kaufhauses die Nase plattdrückt), der muss damit rechnen, dass sich der Preis sozusagen vor seinen Augen steigert.

Die klassischen Theorien der Wert- und Preisermittlung, das Verhältnis zum Nutzen oder zum Tauschwert zum Beispiel, die Balance von Angebot und Nachfrage, der Ausdruck der investierten Arbeit, der Rohstoffe, des Transports, sie haben kaum noch Gültigkeit. Je nach der Lust der »Konsum-Avantgardisten« kann man für Produkte, etwa auf dem ohnehin ausgesprochen fiktiven Modemarkt, viel mehr verlangen, als sie im traditionellen Sinn »wert sind«. Aber umgekehrt wird vieles auch »unter Preis« verkauft, entweder weil es auf Teufel kaum raus losgeschlagen werden muss oder weil es – wie offensichtlich im Ein-Euro-Laden – nur dazu dienen soll, den Kunden so viel Lust zu bereiten, dass sie auch andere Waren kaufen.

Die scheinbaren Vorteile für den Verbraucher gehen natürlich rasch im Nebel der Informationen unter, dafür entsteht eine ganz andere Abhängigkeit. Indem der Verbraucher sich auf das Spiel einlässt, gibt er immer auch Informationen über sich preis, die von einer anderen Seite wieder zu seinem Nachteil ausgenutzt werden. Dabei kann sich auch die »Erzählung« der Ware ändern. Der Markt wird gewissermaßen in den Kopf jedes einzelnen Menschen verschoben.

Auch der Supermarkt, der uns durch seine mehr oder weniger stabilen, jedenfalls fixierten Preise ein gewisses Grundvertrauen vermittelte, wird nun zu einem Ort der Deregulierung; nach und nach werden die gedruckten Preishinweise durch elektronische

Minitäfelchen ersetzt, die zum Beispiel Preise nach Tageszeit oder nach Frequentierung variieren.

»Noch steht die Welt am Anfang einer Entwicklung, die womöglich viel weiterreichende Konsequenzen haben wird«, schrieb die *Süddeutsche Zeitung* 2016. »Wie werden Statistiker künftig Preisindizes berechnen, die wiederum Grundlage der Berechnung der Inflation sind? Und wie werden Zentralbanker mit diesen nicht ganz sattelfesten Daten für Preisstabilität sorgen können?«[3]

Der Trick besteht natürlich darin, diese Variable in der Preisgestaltung möglichst unsichtbar zu machen. Der Vertrauensbruch sollte nicht zu offensichtlich sein.

(Über-)Leben in der Zerbrochenheit

Wo man mit Niedlichkeit kulturelle Codes unterlaufen kann (Kätzchen-Videos sind nicht nur »nett«, Kätzchen-Videos sagen auch: Fack ju, Kulturanspruch), kann man es natürlich auch mit technisch-modischen Errungenschaften, die auf die eine oder andere Weise wehtun. Neben den niedlichen und den unheimlichen Dingen gibt es demnach eine dritte Kategorie der Dinge, nämlich jene, die von vornherein als »böse« gedacht und designt sind, die sich als semantische und technische Waffe verstehen und auch so gebraucht werden. Ein Musterbeispiel dafür sind jene Autos, die mit ihren röhrenden Supermotoren vor allem über deutsche Autobahnen rasen, um anderen Menschen Angst zu machen, und die immer wieder, so wie es ihrem Aussehen entspricht, Menschenleben fressen müssen. Hier treffen sich das Mörderische und die Todessehnsucht von jungen Angehörigen einer reichen, aber sinnlosen Lebensweise mit den Interessen einer Industrie, die sich in Deutschland zur »Schlüsselindustrie« gemacht hatte und deren Macht in alle demokratischen Institutionen reicht: Es ist einer der offensichtlichsten politisch-ökonomischen Todesmaschinen am Werk, von denen es immer mehr gibt:

> »Das Rasen ist von Staats wegen erlaubt, weil es ihm nicht um gefahrloseren Straßenverkehr, sondern um Exportzahlen geht: Weltweit mag ja kein Diktator und Kriegsherr, kein Menschenhändler und Mafioso, überhaupt kein militärischer und ziviler Angeberblödmann sich ohne BMW, Audi oder Benz erwischen lassen. Und weil

Noch Auto oder schon Panzer? Der BMW-SUV XM

> das Rasen in Deutschland derart gefördert und befohlen wird (›Es ist an der Zeit, Ihre Ansprüche durchzusetzen‹ hetzt eine neuere Audi-Werbung), wird es in Deutschland eben auch gemacht. Weil sie es dürfen, rasen die Deutschen und amokschießen die Amerikaner: Die Industrie liefert die Waffen, der Staat die Gesetze.« (Thomas Gsella)[4]

Kapital realisiert seine Profitsucht durch unterschiedliche Grade der »Zivilisiertheit« von Gesellschaften. Die Raser sind ja vor allem die Darsteller einer potenziellen Gewalt im *bad thing* Automobil. Ihr Bild überträgt »Macht« auf die Konsumenten. Wie sollte ich leben, als Lebender, in der Kultur des Neoliberalismus, wenn ich mir die *bad things* ausreden oder gar verbieten ließe? In ihnen, nicht in der Quantität der anderen, der *good things*, kann ich meine Souveränität beweisen. *Bad things* brauche ich wenigstens im Kleinen: In der Subwoofer-Schallanlage, mit der ich meine Nachbarn in den Wahnsinn treibe, mit dem Klingelton meines Smartphones, der immer ertönt, wenn sich's andere zu gemütlich gemacht haben, im Sounddesign meines Motorrades, mit dem ich über den alten Marktplatz fahre, im Frei.Wild-Sound aus meinen Boxen bei der sonntäglichen Fahrt zur Eisdiele. Die liberalen Gutmenschen sollen ruhig sehen, dass meine Kinder mit Kriegsspielsachen spielen, dass es nur so kracht, dass ihre Rollbretter und Mountainbikes vor allem dazu dienen, den Rest der Menschheit zu terrorisieren. Blinkende Turnschuhe bereiten sie auf das Leben in der Aufmerksamkeitsökonomie vor. Meinen Staubsauger oder meine Autotür kann ich akustisch in *bad things* verwandeln. Das *bad thing* aller *bad things* zu Mitte der zehner Jahre war der »Laubbläser«, ein Gerät, das mit Höllenlärm, hohem Energieverbrauch und ebenso hoher Abgaserzeugung etwas mehr oder weniger Unsinniges, jedenfalls nichts tut, was man mit einem Rechen oder Besen nicht besser, schneller und sogar unangestrengter machen könnte. Nicht dennoch, sondern gerade deswegen erfreut es sich nach wie vor hoher Beliebtheit, und wer an einem schönen Spätsommertag durch einen öffentlichen Park geht, kann dort die perfekte Verbindung von *bad thing* und *bullshit job* erleben.

Ich brauche *bad things*, damit ich wahrgenommen werde, verdammt noch mal. Und einen *bullshit job*, damit ich sie mir leisten kann.

Die Inszenierung der Ware, die in den großen Kaufhäusern des Bürgertums wie in einer Theateraufführung präsentiert wurde und die sich in der Werbung zu einem Glücksversprechen organisierte, ist in der Ästhetik des Neoliberalismus der Ware der Inszenierung gewichen; in der Präsentation geht es nun um das Erbeuten der Ware als »Plot«, und die Werbung versetzt ihren Gebrauch in eine nie endende Soap-Opera. Nun ist es der Mensch, der sich vermittels der Ware inszenieren kann, in der Balance von Zugehörigkeit und Distinktion, die er scheinbar frei wählt. Aber während die Ware im kapitalistischen Realismus zur sozialen Inszenierung gehört, also einen halb erreichten, halb erstrebten Platz in der Gesellschaft markiert, ist sie im kapitalistischen Surrealismus zur Inszenierung des Subjekts geworden. In einer Art von massenhafter Einzigartigkeit ersetzt sie »Person«, ihr Wert ist das Schauspiel der Selbstvergewisserung.

Diese Ware setzt sich aus lesbaren und unlesbaren Zeichen zusammen, entfaltet notwendig ein Potenzial an Bedrohung und Rätsel, verlangt zugleich nach Aufmerksamkeit und schließt drastisch andere aus. Sie will angesehen werden und drückt zugleich Verachtung gegenüber dem Blick aus. Die »Ökonomie der Zeichen«, von der Jean Baudrillard spricht[5], verweigert sich so sehr gegenüber dem Auftrag, »Sprache« zu werden, wie sich das surrealistische Bild gegenüber dem Auftrag, »Abbild« zu werden, verweigert.

Der Vorteil einer Ware, deren Inszenierungswert alle anderen Werte von Gebrauch über Tausch bis zu »Sinn« übertrifft, liegt unter anderem darin, dass sie als Subjekt-Ding nur von einer spezifischen Person in einer spezifischen Situation verwendet werden kann (sie verbraucht sich gewissermaßen an einem Körper) und dass sie sozusagen psychisch überlebensnotwendig wird. »Must have« ist nun direkt und wörtlich zu verstehen. Es ist ein »Brauchen« dritten Grades entstanden, nach dem materiellen und dem sozialen nun das subjektive. Das heißt: Diese Ware verspricht dem Subjekt, erst durch sie werde es ganz, während sie es umgekehrt spalten und entkernen will. Dem Subjekt muss nämlich zunächst das genommen werden, was es durch die Ware wieder zu füllen erhofft. Der Zombie-Kapitalismus (der Kapitalismus von Überfluss und Ramsch) gebiert die Vampir-Ware (das schöne Gespenst seiner Nacht, das das Subjekt zugleich aussaugt und transformiert in eine weitere Form des Untoten).

Wenn die Ware in ihrer zweiten kapitalistischen Existenzweise, nach der Befriedigung materieller und körperlicher Bedürfnisse also, eine Zugehörigkeit zur Klasse signalisierte, in der dritten Form der Distinktion die Zugehörigkeit zu Fraktionen, Szenen, Milieus und Bewegungen, so drückt sie im kapitalistischen Surrealismus die Fraktionierung selbst aus. Die Ware kennzeichnet nicht nur einen fraktionellen Bruch, wie die Jugendmode einen Bruch mit der Mode der Eltern charakterisieren kann, sondern sie kennzeichnet ein (Über-)Leben in der Zerbrochenheit. Dies ist schließlich die einzige Möglichkeit, auf den immer rasenderen Verfall der anderen Warenwerte zu reagieren, einschließlich eines Distinktionswerts, der einerseits blitzrasch durch Imitationen und Billigversionen zunichte gemacht und andererseits durch die Inflation in der Ökonomie der Zeichen infrage gestellt wird (nicht jeder kann einen Ferrari besitzen, aber jeder kann das Ferrari-Zeichen besitzen und benutzen, und sei's auf dem Handtuch im Freibad). Die Ware greift also ihrem eigenen Entwertungsprozess voraus (wie in der zerrissenen Jeans besonders augenfällig) und markiert sich selbst nicht mehr als Zeichen der Stabilisierung, sondern der Dynamisierung.

Das geht mithin über eine Ökonomie der »Begehrnisse« hinaus, wie sie Gernot Böhme sehr anschaulich skizziert, also über Waren, die, statt Bedürfnisse zu befriedigen, immer nur weitere Bedürfnisse erzeugen. So wie ihre Entwertung nimmt nun die »surrealistische« Ware auch die Unerfüllbarkeit der Wünsche, das Begehrnis als Katastrophe vorweg Doch ihre Roughness sagt zugleich: Ich mache mir nichts draus. In einer kaputten Welt kann nur das kaputte Bild noch aussagen. Die Aufgabe der surrealistischen Ware ist es, die Kaputtheit der Welt ins Lustvolle zu wenden.

Um sein eigenes Kernziel, das Wachstum, zu erfüllen, muss der Kapitalismus immer mehr Überfluss, immer mehr Unnützes, das heiß begehrt werden soll, immer mehr Destruktives und Kaputtes auf den Markt werfen, zugleich muss er einen unlösbaren Bruch mit Fortschritt und Gleichheit vollziehen, der Überfluss der Gegenwart wird also mit einem Mangel an Zukunft bezahlt: All das führt schließlich dazu, dass das Begehrnis nicht mehr direkt an den sozialen Aufstieg gebunden sein kann, ebenso wenig an einen »Klassenstolz«. Das Subjekt-Ding spricht nicht mehr davon, was einer oder eine werden will, sondern errichtet die semantische Mauer ums allseitig gefährdete Ich. Die Ware, die gerade noch Aufmerksamkeit und Distinktion auszudrücken schien, wird auf diese Weise vorwiegend defensiv – auch im Sinne von: Angriff ist die beste Verteidigung. So verwandeln sich Automobile als SUV in Panzer, Kleidung in eine Uniform-Parodie, Gegenstände in Waffen; sie alle sprechen von der Überlebensfähigkeit ihrer Besitzer, von ihrer Ungenießbarkeit als Beute. Und sie sprechen davon, dass man durch Mode, Pop und Waren virtuelle Gemeinschaften bilden kann, ästhetische »Stämme«, die wissen, dass sie nomadisch bleiben müssen, um zu überleben, und keinen hierarchischen Anspruch stellen.

Da jedes Unterscheidungsmerkmal aber sofort von einer gierigen Maschine des Mainstreaming aufgegriffen wird, werden ursprüngliche Distinktionsgewinne gerade zu den Schwachstellen solcher virtuellen Gemeinschaften, und aus jeder Form von Zeichen der Zugehörigkeit werden, ehe man sich's versieht, Zeichen der Allgemeinheit – nehmen wir das Tätowieren, das Piercing (im Jahr 2018 wurde bekanntgemacht, dass ein dezentes Piercing auch für Bankangestellte am Arbeitsplatz erlaubt sein soll), die Nagelstudiokunst oder Sportswear als besonders augenfällige Beispiele. Übrig bleiben dann nur drei Reaktionen: die Steigerung – Tätowierung überall und an Stellen, die vorher dem Tattoo-Diskurs fremd waren, Piercing, bis vom ursprünglichen »Gesicht« nichts mehr zu erkennen ist –, die Veränderung – rascher den Style wechseln, als er zur allgemeinen Gewöhnlichkeit verkommen ist, mit dem Nachteil, so die »Gemeinschaft« zu verlieren –, und schließlich die Resignation, die Auflösung der Distinktion im allgemeinen Surrealismus.

Anmerkungen

1 Jean-Jacques Rousseau: Abhandlung über den Ursprung und die Grundlagen der Ungleichheit unter den Menschen. Paderborn 1984, S. 195.
2 Friedrich von Borries / Mara Recklies: Design als Intervention. In: Kursbuch 184, 12/2015, S. 145.
3 Michael Kläsgen: Kopfgeld. In: Süddeutsche Zeitung, 7./8.5.2016.
4 Thomas Gsella: Die deutsche Autoindustrie ist die kriminellste der Welt. In: konkret, 11/2015, S. 3.
5 Jean Baudrillard: Pour une critique de l'économie politique du signe. Paris 1972.

Teil II

Next Level: Das Spiel von den vier apokalyptischen Reitern

Auf in den Flaschenhals!

Die vier apokalyptischen Reiter, die am Ende des neoliberalen und ökokatastrophalen Zeitalters so nahe gekommen sind, dass man nur durch Selbstblendung ihr Bild verleugnen kann, haben rasch ihre Namen: Der erste heißt Klimawandel, der zweite Naturzerstörung, der dritte Terror und Bürgerkrieg und der vierte Entwirklichung. Unglücklicherweise sind die vier apokalyptischen Reiter fies miteinander verbunden. Würde man den einen von ihnen konsequent bekämpfen, so würden die anderen drei nur umso stärker: Kämpft man gegen alle vier gleichzeitig, reicht die Kraft nicht aus, sie zu bezwingen. Längst haben wir ein Bild für diese Situation, wie sie sich in der Geschichte der menschlichen Zivilisationen zu wiederholen scheint, allerdings offenbar jedes Mal in größerem Maßstab und weiterem Wirkungsgrad, bis zu einem Punkt, wo man sie sich als Finale vorstellen muss (den großen Mythos des Untergangs haben sie aber natürlich alle in sich): Eine Zivilisation bewegt sich, allein nach den Gesetzen ihres eigenen Wachstums, auf einen »Flaschenhals« zu, wo alle Kraft, die in dem Behältnis gespeichert ist, sich durch eine Enge bewegen muss. Unser klassisches Erzählmuster, in jedem Katastrophenfilm wiederholt, besagt, dass die Zivilisation als solche nicht durch diesen selbst erzeugten Flaschenhals gelangen kann, sondern nur Einzelne, Reste, Keime eines Neuanfangs. Der Mythos des Flaschenhalses, als Reaktion auf das Auftreten der apokalyptischen Reiter – wenn es erlaubt ist, zwei solch unterschiedliche Bilder miteinander zu verknüpfen – ist nun so weit wie möglich globalisiert. Natürlich kann, wer vorm Verhungern steht oder auf der Flucht vor Terror und Gewalt ist, weder an Erderwärmung noch Artenvielfalt denken. Aber es gibt keinen Ort der Welt, an dem irgendjemand sicher vor den apokalyptischen Reitern wäre, und jede unmittelbare Gefahr, der Hunger wie der Terror, offenbart rasch, wie sehr sie den mittelbaren Gefahren entstammt, die die einen verleugnen, weil sie von ihrem Überfluss nicht lassen wollen, und die anderen nicht sehen können, weil morgen näher ist als übermorgen. Die Infamie der apokalyptischen Reiter, die die Menschen auf den neuen – und vielleicht letzten – Flaschenhals zutreiben, besteht nicht zuletzt darin, dass sie ihren Opfern den Orientierungssinn nehmen, die ihn aus Gier oder aus Angst, aus Dummheit oder Bosheit verlieren.

So sehr uns der Neoliberalismus und der Ekel vor der Alternative implantiert wurden, mit den ersten Spielsachen, die uns lehrten, zwischen dem Guten und dem Billigen zu unterscheiden (dem pädagogisch wertvollen Spiel, das man für die einen spielt, und dem, mit dem man den Rest seiner Fantasie beschäftigt), die uns schon durch ihren Gebrauch in eine Klasse sogen, so sehr ist uns auch die große Erzählung von den vier apokalyptischen Reitern und wie sie uns auf den Flaschenhals zutreiben, implantiert. Während Abfallberge wachsen und toxischer Müll nach Afrika »exportiert« wird, erzählen lustig bunte Kindermärchen von furchtbar umweltbewussten Kleinbürgerkindern, die gerade noch eine »Umweltsünde« verhindern können. Holz statt Plastik. Lernen statt kämpfen. Kreativ statt disziplinierend. So wird die Welt des Kindes eingerichtet für das Leben mit beidem: mit dem unerschütterlichen Fortbestand des Kapitalismus in seinen neoliberalen Phasen und mit der apokalyptischen Welterzählung. Dieser Widerspruch wird immer wieder und immer weiter implantiert im Verlauf der kulturellen und politischen Biografie eines hiesigen Menschen. Man ist irgendwie außer der Welt, wenn man nicht beide Mythen gleichzeitig hegt. Weil sie aber kein logisches Zusammen ermöglichen, weil sie der größte Widerspruch sind, den man sich denken kann, weil es ganz offensichtlich »verrückt« ist, zugleich zu wissen, dass am Ende des Weges ein Ungeheuer lauert und dass man dennoch den Weg weitergehen muss, weil alles andere mit noch mehr Angst und Abscheu verbunden ist, muss nun eben dies, die Logik, der »gesunde Menschenverstand«, das rationale Weltbild absentiert werden. Man glaubt vielleicht noch ein wenig daran, dem Ungeheuer zu entgehen, indem man seinen Schritt verlangsamt, aber damit ist das Ende nur aufgeschoben. Die nächste Paradoxie: Man muss vorwärts gehen, um Zeit zu gewinnen.

Es ist nicht zu leugnen: Entweder man verabschiedet sich vom Kapitalismus, oder man verabschiedet sich von seinem Planeten. Aber genau um diese Leugnung herum ist unsere Kultur errichtet, die mit der Digitalisierung und den sozialen Netzen noch einmal vollkommen neue, unwiderstehliche Techniken der Implantation bietet. Fortschrittsoptimismus und Endzeitstimmung waren seit dem Beginn der bürgerlichen Gesellschaft nebeneinander wirksam, immer wieder in neuen dramatischen Konstellationen, aber wohl noch nie in der gleichen toxischen Verbindung, in der Endzeitstimmung als »Inhalt« des Fortschrittsoptimismus und Fortschrittsoptimismus als Katastrophenbann verkauft wird. Es ist zur Überlebensstrategie geworden, mit dem Widerspruch zu leben; kapitalistische Gier und apokalyptische Angst müssen beständig ausbalanciert und mythisch miteinander amalgamiert werden. Diese Spannung im System aber bleibt nicht ohne Folgen für das Subjekt.

Vom Zombie zum Gruselclown: Gespenster des Niedergangs

»Der Tod ist in unserer Gesellschaft ein Tabu, nicht aber das Töten.«
Oskar Negt

»Null Toleranz gegenüber Horrorclowns!«

Zu den Zeiten der ersten schweren Krisen des Nachkriegskapitalismus in den siebziger Jahren tauchte im Horrorkino der Regisseure, die man in den USA die »jungen Wilden« nannte, eine neue Gestalt auf – parallel zur depravierten, kannibalistischen Hinterwäldlerfamilie des White Trash, das nur »Texas Chainsaw Massacres« verüben konnte: der »moderne« Zombie, also nicht mehr die mythische Gestalt des Voodoo-Zaubers, sondern ein Untoter mit der Tendenz, in Massen aufzutreten und die noch lebenden Menschen anzufallen und zu kontaminieren. Es waren, wie der Regisseur und Vater der Zombiefilme, George A. Romero, meinte, durchaus Abbilder der Verdammten, der Überflüssigen und Entwerteten, der Menschen, die keinen Platz mehr in der Hölle (von Arbeit und Kapital) finden. Der Zombie war nicht nur eine allegorische Figur, die sich immer neue Lebenszonen eroberte (unter anderem besonders beliebt: Zombieformen von Nazisoldaten), sondern auch Protagonist einer neuen Drastik.

Beim Zombie dauerte es eine geraume Weile, bis die apokalyptische Metaphorik in den Mainstream aufgenommen und reflektiert wurde. Im Jahr 2006 war der Zombie in all seiner schrecklichen Schönheit Testimonial der Rucksack-Linie *Eastpak* (»built to resist«). Im neuen Jahrtausend aber war er sogar als wissenschaftliche Modellfigur höchst populär; man spekulierte über den Menschen ohne Bewusstsein, auch über einen Zombie-Kapitalismus der untoten Menschen und Waren, und fühlte sich in eben diesem Zustand des Nicht-Leben-Könnens und Nicht-

Sterben-Dürfens durchaus zu Hause. Gegen die Metaphorik dieser Figur setzte sich die Fantasie der Zombieapokalypse als Endzeit durch, in der zugleich »letzte« und »neue« Menschen ihren Überlebenskampf führen. Die Comic- und TV-Serie *The Walking Dead*, in der eine kleine Gemeinschaft von Menschen in einer Welt unterwegs ist, die von den Zombies wahrhaft »überflutet« wurde, entwickelte sich zu einem großen Erfolg. Es geht dabei um das Leben jenseits von Staat und Gesellschaft, in einer Ur-Ökonomie und in steter brutaler Auseinandersetzung mit den innerlich entleerten Post-Menschen und ihrer sinnlosen Gier (sie zerfleischen ihre Opfer, ohne sie »verdauen« zu können), und es geht um die Frage, was diese »Menschlichkeit« ist, die es zu bewahren gilt. In George A. Romeros Filmen erkennen wir in den Zombiejägern die wirklichen Unmenschen, die aus Lust und mit markigen, aus historischen Kriegen stammenden Sprüchen auf den Lippen die Untoten massakrieren. Die Zombiewelle ebbte im Kino schließlich in unzähligen öden C-Movies einerseits, andererseits aber in mehr oder weniger subtilen Subjekt-Zombie-Filmen ab: Was wäre, so fragte etwa MAGGIE (2015), wenn der liebste Mensch sich in einen Zombie verwandeln würde, eine Gefahr für die Allgemeinheit, aber mehr noch gefährdet durch die Bereitschaft eben dieser Allgemeinheit zum Massaker?

In den Jahren des amerikanischen Kriegseinsatzes im Irak kam es zu einer Welle von Remakes der Filme aus den siebziger Jahren, und so wie jene auf den Vietnamkrieg reagiert hatten, reagierten diese auf den Krieg im Nahen Osten mit seinen Folter- und Massaker-Erfahrungen, Torture Porn wie die SAW-Filme und die War-on-Terror-Serie *24* taten es auf ihre Weise ebenso. Der implizite kritische Impetus aus den Vorgängern trat nun in den Vordergrund, etwa in Alexandre Ajas neuer Version von Wes Cravens THE HILLS HAVE EYES, der Geschichte der mörderischen Auseinandersetzung zwischen zwei Familien, der barbarischen und der »zivilisierten« (die, wie gewohnt, dann doch ihr aggressives Potenzial entfaltet): »Man erbt den Hass der Leute, die einen bekämpfen. Wenn man in diesem Kampf überleben will, wird man schließlich selbst Blut an den Händen kleben haben. Und man wird Dinge gemacht haben, die man niemals machen wollte« So weit Wes Craven, der beim Remake als Produzent fungierte.[1]

Die auf die White-Trash-Kannibalen und den Massen-Zombie folgende Horror-Maske war dann der »Horrorclown«, der es noch mehr als der Zombie schaffte, aus dem Gefängnis der Medien-Fiktion in die Alltagswirklichkeit hinüberzugelangen. Zur Mitte der zehner Jahre wurde diese Figur, die in der Genre-Mythologie seit je eine eher bescheidene Rolle gespielt hatte, zum mehr oder weniger gewaltigen Medienphänomen. Im Herbst des Jahres 2016, gewissermaßen am Vorabend der großen Entscheidungen zwischen alter Demokratie und neuem Rechtspopulismus, war die Angst vor Gruselclowns ungefähr hundertmal so groß wie die Wahrscheinlichkeit, wirklich einem über den Weg zu laufen, und der mediale Hype seinerseits ungefähr hundertmal so groß wie diese »reale« Angst. Am Ende des Jahres befand man sich bereits wieder einmal in der Abkling- und Aufwachphase, die es nach solchen Operationen am offenen Angstherzen stets gibt. Nun sagte der damalige deutsche Innenminister de Maizière, dass er »null Toleranz gegenüber Horrorclowns« fordere; so etwas kann man einen Schlussgag nennen; aber deutlicher kann man auch nicht machen, wie sehr da eine apokalyptisch-karnevalistische Gestalt wahrhaft das Politische berührte und es kontaminierte mit dem Geist oder Ungeist des kapitalistischen Surrealismus.

Da ist einerseits ein neuer »schwarzer Mann« entstanden, ein Kinderschreck, mit dem vor allem Kinder Kindern Angst machen wollen, um mit ihrer eigenen Angst zurechtzukommen. Und andrerseits ein netter kleiner Aufreger, passend in die Post-Truth-Phase der Postdemokratie, garantiert »unpolitisch«, emotional und bildhaft. Ein Gruselclown ist wohltuend konkret verglichen mit dem, was uns wirklich Angst machen sollte. Aber etwas muss hinter und in so einer Hysterie stecken, auch wenn sie zum größten Teil imaginiert und inszeniert ist. Warum also passen Gruselclowns so hervorragend in die Kultur das angespannten Neoliberalismus, in der sich auch noch die letzten faulen Versprechungen als dreiste Lügen erweisen?

Der Clown, wie wir ihn aus dem Zirkus kennen, ist eine zusammengesetzte Figur: der Narr, Harlekin, Kasper, der abgerissene Nomade, der groteske Wasserspeier (der in den kanonisierten Clownsnummern oft ganz bilddirekt zitiert wird), der Aussätzige, der »Spaßmacher« zum Beispiel beim Schäfflertanz, der Fremde, der zerlumpte Straßenjunge, der Joker im Spiel, der übergriffige Karnevalsmaskenträger. Wer lacht da über wen? Der Erwachsene über das Kind oder das Kind über die Erwachsenen? Die Bürger über das Volk oder das Volk über die Bürger? Die Vernunft über den Körper oder der Körper über die Vernunft? Das Begehren über die Moral oder die Moral über das Begehren? Der Hof über den Narren oder der Narr über den Hof? Ganz geheuer war das nie. So heuchelt eine Kultur Empörung über den Missbrauch einer Figur, deren Ambivalenz man überwunden glaubte.

Dabei ist sie es, die den Reiz der Figur ausmacht. Ein Clown, durch dessen elegante Verrenkungen wir nicht zugleich in himmlische Unschuld und einen dämonischen Abgrund blicken könnten, ist das Eintrittsgeld für den Zirkus nicht wert. Es ist eine Figur *vor* der moralischen und rationalen Klärung, in der Ich, Es und Über-Ich noch keine rechte Ordnung gefunden haben. Im Lachen über den Clown jedenfalls war immer das Grauen mitzuhören, und auch der Wahn der Aufklärung, dieses Grauen ausschließen zu können, war Geburtshelfer der Dämonen. Im Clown kam das Verdrängte hoch, und dann wurde der Clown selber zum Verdrängten. Zugleich ist sein Auftritt immer die Metapher einer sozialen Störung: Am Clown und seinem Verhalten sieht man, so oder so, dass etwas mit den Ordnungen nicht stimmt. Dass endloser Krieg herrscht zwischen einem Wesen und einer Struktur.

In einer Studie der Universität Sheffield wurden im Jahr 2008 250 Kinder im Alter zwischen 4 und 16 Jahren zu Clowns befragt. Zum Erstaunen der Forscher und noch mehr der – übrigens meistens staunenden – Öffentlichkeit kam dabei heraus, dass sich die Mehrzahl der Kinder vor den Clowns und Clownsbildern fürchtete oder sich wenigstens unbehaglich fühlte. Wer hätte das gedacht?

Dass der Clown eine rundum freundliche und harmlose Figur gewesen sei, bevor mit Stephen Kings *Es* die Umdeutung begann, hält sich hartnäckig als Vorstellung. Während der Horrorclown-Welle wurde so getan, als vergriffen sich eine kleine Gruppe Soziopathen und eine große Menge verantwortungsloser Journalist*innen an einer liebenswerten Figur, die gerade noch neben knopfäugigen Bären und Barbiepuppen Kinderzimmer, Manege und Bildschirm belebt habe. Der Psychotherapeut Reinhold Wehner erklärte laut einem Bericht der *Süddeutschen Zeitung*: »Wenn sich Gut und Böse vermischen, ist das für Kinder, aber auch für Erwachsene, wie ein wahrgewordener Albtraum.«[2] So erklärt sich, dass man vor nichts so viel Angst haben muss wie vor dem richtigen Leben. Die Wissenschaftler aus Sheffield hatten, jedenfalls wenn man den Medienberichten Glauben schenken darf, eine ähnlich unterkomplexe Erklärung für die jugendliche Clownsangst. Es handele sich, hieß es da, um eine Angst vor dem »unbekannten Aussehen und Auftreten«. Die gute Nachricht: Die Angst vor dem Unbekannten im Allgemeinen, dem clownsgesichtigen Unbekannten im Besonderen werde sich bei den meisten Menschen mit dem Älterwerden schon wieder legen. Und wenn nicht, dann gibt es wenigstens eine mehr oder weniger neue psychische Erkrankung, die in der psychiatrischen Codierung als »Coulrophobie« im DSM-IV, dem Diagnostic and Statistical Manual of Mental Disorders, unter »*speficic phobia*« *code 300.29* gelistet ist. Es muss eben alles seine Ordnung haben.

Wer nicht clownskrank sein will auf dieser Welt, bedient sich eines Abwehrzaubers namens Popkultur. Stephen King hat mit seinem Pennywise aus *Es* (passenderweise 2017 und 2019 neu verfilmt) zwar eine der eindrucksvollsten Verkörperungen des bösen Clowns geschaffen, aber es gibt die Figur schon lange Zeit, und zwar in dreifacher Variation. Da ist zum einen der Clown, dem, wie eben Pennywise, äußerlich seine Bosheit gar nicht anzumerken ist. Man muss genauer hinsehen, um das Diabolische in seinem Grinsen, die Drohung hinter der glatten Maske zu erkennen. In Wirklichkeit hat dieser Clown mit den zwei Gesichtern eines seiner Vorbilder in dem Serienmörder John Wayne Gacy, der zwischen seinen Mordtaten als »Pogo der Clown« auf Kinderfesten auftrat. Aber schon viel früher, zum Beispiel in Ruggero Leoncavallos Oper *Pagliacci*, erkennen wir den Mörder hinter der Bajazzo-Gestalt. Zum zweiten gibt es den zersetzten und zerrissenen Maskenclown: nacktes Fleisch, Narben, hässliche Zähne, blutunterlaufene Augen brechen gleichsam durch die Maske hindurch. Dieser Clown war möglicherweise schon einmal tot und begraben, oder die Puppe ist in den Müllzerkleinerer geraten. Die Variante ist der Liebling des Horrorfilms und der entsprechenden Maskeraden; der »Joker« als einer der furchtbarsten Gegner von Batman hat eine Metamorphose von Variante 1 zu Variante 2 durchlaufen. Variante 3 ist der Böse mit den clownesken Zügen, entweder körperlich (»The Man Who Laughs«, dem im gleichnamigen Film eine Messerklinge ein ewiges Grinsen ins Gesicht geschnitten hat, nur zum Beispiel) oder in den Verhaltensweisen (Gert Fröbes Goldfinger war nicht zuletzt dank seiner komischen Züge der unübertroffene James-Bond-Bösewicht). Das Böse mit den clownesken Zügen ist auch eine wiederkehrende politische Figur. Donald Trump und ähnliche Charaktere sprechen ihre Klientel nicht trotz, sondern gerade wegen ihrer clownesken Züge an. Der Clown ist eine Figur, die sich nicht benehmen kann (und wir ahnen und hoffen: weil sie es in Wahrheit auch nicht will). Daher erwartet man, wie in allem Grotesken, dass eine verborgene Wahrheit ausgesprochen wird. Dass Macht möglich ist jenseits der bürgerlichen Eliten, Sprachen und Erscheinungen. Als wären Mörderclowns noch immer die Sehnsucht der von Demokratie überforderten Völker.

Das Wesen des Clowns ist böse. Was ihn rein äußerlich entschuldet, ist seine Entfernung vom »normalen« bürgerlichen Mann. Er ist ein Kind, das hört man schon an seiner Stimme, an seiner Artikulation, an seiner direkten Emotionalität: Lachen oder Heulen sind direkte Reaktionen, Wollen und Können noch äußerst different. Der Clown will nicht, was er kann, und kann nicht, was er will. Aber er ist auch Greis, worauf seine Glatze und sein schütteres Haar, seine unbeholfenen Bewegungen und manche Gebrechen wie etwa Seh- und Hörschwierigkeiten hinweisen. Seine Sexualität ist polymorph-pervers, um das Mindeste zu sagen. Er will sich die Welt einverleiben oder sich in ihr auflösen, verheddert sich im Vaginalen wie im Phallischen. (Er will dauernd sterben oder geboren werden.) Der Clown ist unbehaust, ein Reisender (der Koffer gehört zu ihm), aber er kommt nicht vom Fleck. Seine geflickten Hosen, die übergroßen, zerschlissenen Schuhe, kaputten Hüte weisen auf Erfahrungen des Elends, aber darin sind, wie im künstlichen Bauch, immer auch Dinge verborgen, Instrumente, mit denen man in einem Augenblick Musik machen und im anderen Menschen auf den Kopf schlagen kann. Es ist erstaunlich, was der Clown aus sich selbst hervorzaubern kann. Rote Nase und leuchtende Backen deuten auf leibliche Genüsse und bacchantische Gelüste hin, doch zugleich ist dominierendes Weiß auch ein Hinweis auf Todesnähe und Gespensterhaftigkeit. Die Augen des Clowns sind zwar groß, aber auch wieder wie »durchgestrichen« oder zugenäht, wie von einem, der ebenso verzweifelt sehen will und nicht sehen kann. Der Clown ist, mit einem Wort, eine Erscheinung der Paradessenz (eine Zusammenziehung von »paradoxer Essenz«): Jedes Zeichen, jede Eigenschaft wird von ihrem eigenen Gegenteil begleitet; er ist das Wesen, das sein Gegenbild in sich selbst hat. Und zu dieser *living contradiction* gehört eben auch, dass er zugleich gut und böse, Täter und Opfer ist. Immer gewesen.

Das atomisierte, instabile und unkontrollierbare Subjekt

Im klassischen Zirkusprogramm ist der Clown zunächst jene Figur, die um Aufmerksamkeit buhlt, während im Hintergrund der Umbau für die »richtigen« Nummern vonstattengeht; und schon unter dieser Funktion als Pausenfüller muss er leiden und seine eigene Aggression entfalten. Die Erinnerung an Disneys DUMBO-Film genügt, um sich an die Brutalität und Tücke von Clownsnummern zu erinnern. Diese Clowns brauchen ein Opfer, und wenn es kein kleiner (glücklicherweise fliegender) Elefant ist, dann holen sie sich eines aus dem Publikum. Gehört es zur Angstlust im Zirkus, von einem Clown als Opfer auserkoren zu werden? Die großen eigenständigen Clownsnummern der Nachkriegszeit sind von dem Bemühen geprägt, dem Clown menschlichere, sympathischere Züge zu verleihen. Oleg Popow stattete die Figur mit der bäuerlichen Naivität des Kindmenschen aus, der eine eigentümliche Dostojewski'sche Verbindung mit dem Himmel hat; Grock ließ ihn zum staunenden Kind werden und sogar wie eines sprechen (»nit möchlich«). Die nächsten Generationen gingen mit dieser Vermenschlichung weiter, die in der Clownin Gardi Hutter ein weibliches Gesicht fand (etwa in einer wirklich umwerfend komischen Wäscheaufhänge-Szene). So wurde der Widerpart des aggressiven (und autodestruktiven) Clowns der »poetische Clown«, ein eher introvertierter, staunender Mensch am Rande der Erkenntnis. Der poetische Clown versichert seinem Publikum seine Metaphernhaftigkeit, er versichert die Zuschauer in gewisser Weise vor sich selbst. Alle diese »großen«, »menschlichen« und »poetischen« Clowns haben eines gemeinsam: Sie verzichten vollständig auf den Übergriff, bleiben in ihrer eigenen Welt, respektieren, ja formen die Grenzen zwischen der eigenen Ambivalenz und der Ordnung jener, die sie als Schauspiel genießen. In ihnen sollte der Clown wahrhaft zum Kunstwerk geworden sein.

Auch die Erzählungen der Popkultur setzten diese Vermenschlichung fort. In den Zirkusfilmen pflegen Clowns herzkrank zu sein, die Seele des Unternehmens, gezeichnet von biografischen Brüchen, Verrat und dunkler Vergangenheit; sie lieben, wie Hans Moser oder Heinz Rühmann in den entsprechenden Filmen, ihre Kinder, von denen sie bemerkenswerterweise durch ihre Clownsrolle getrennt sind. Federico Fellini blickte in DIE CLOWNS auf eine besondere Verbindung des Grotesken mit dem Alltäglichen, und er betrachtete seine Clowns mit dem Abschiedsblick auf eine versunkene Welt des Spektakels. Bei alledem war in der bürgerlichen Kultur der Clown noch viel furchtbarer als sein proletarisch-bäuerlicher Vorläufer geworden, nämlich ein Bild des Sterbens und des Scheiterns. Dave Davies hatte mit *Death of a Clown* einen eher unspezifischen Kinks-Hit, und Smokey Robinson sang von den *Tears of a Clown*, Johannes Mario Simmel ließ seine genetische Gruselmär *Doch mit den Clowns kamen die Tränen* in einer Zirkusvorstellung kulminieren, als letzte Erscheinungsformen des Menschlichen tauchen die Clowns im absurden Theater auf. Traurige Clowns in Kaufhaus-Kunstdrucken und echten oder nachgemachten Jean-Dubuffet-Gemälden verschönerten das Bürgerhaus. Und mit Patch Adams und seiner Darstellung durch, wen sonst, Robin Williams, wurde der Clown schließlich zum therapeutischen Begleiter kindlicher Patienten, lebensmutig und gütig, auch in Todesnähe.

Auch die Clownspuppen im Kinderzimmer und die Karnevalsmasken hatten ihre Ambivalenz weitgehend verloren. Jerry Lewis erzählt in seinem nie veröffentlichten Film THE DAY THE CLOWN CRIED von einem Clown im Konzentrationslager. Vom archaischen Täter-Opfer-Gemisch ging die Reise zum bewussten Opfer. Die Trauer des Clowns musste aus der Tatsache entstehen, dass er von der Welt, die über ihn lacht, ausgeschlossen war. Und aus seiner reinen Körperlichkeit von einst war nun eine reine Zeichenhaftigkeit geworden.

Hinter der Maske des fröhlichen Clowns verbirgt sich eine große Trauer, oder, andersherum, die Maske des Clowns dient, wie bei Heinrich Böll (*Ansichten eines Clowns*), als Vehikel von Dissidenz und Scheitern. Von dieser Sentimentalisierung und Metaphorisierung erholte sich die Clownsfigur nur langsam. Nicht indem sie zu ihrer Ambivalenz zurückkehrte – wie sollte das auch gehen? –, sondern indem gegen den klischeehaften traurigen, guten Clown sein unverschämter und geschmackloser Schatten ins Rennen geschickt wurde, der Mr. Bungle aus der *Pee-wee Herman Show* zum Beispiel, der amerikanischen Highschool-Kids vormachte, wie man lustvoll verkommt. 1985 nannte sich eine lärmende Band aus Kalifornien nach dieser Figur. Seitdem tauchen immer wieder Clownsmasken bei Rockbands auf, nicht mehr so nett wie bei Leo Sayer (*The Show Must Go On*). In dem Film TERROR ON TOUR war schon 1980 eine Band namens The Clowns unterwegs, deren Horrorshow fatale Folgen bei einem Fan zeitigen. Bei der Metalband Slipknot ist es der Perkussionist, der in der Maske des Clowns auftritt. Und natürlich erfüllte Krusty the Clown bei den Simpsons alle derben Klischees eines Showbusiness-Zynikers, der sein Publikum nach Kräften verarscht. Diese Figur hatte ebenfalls Jerry Lewis in seiner Erbschafts-Groteske DAS FAMILIENJUWEL schon 1965 skizziert: Der Clown, der sein Publikum verachtet und betrügt, war eine konsequente Geste gegen die Sentimentalisierung und Überhöhung. (Lewis decodierte dabei im Übrigen auch die emblematischste aller Einstellungen vom traurigen Clown, die es noch beim späten Chaplin gibt: den Blick des Clowns beim Abschminken in den Spiegel.)

Ein weiteres Element im Mythos, das die Unheimlichkeit der Figur ausmacht, ist ihre Unbestrafbarkeit. Der Clown kommt mit allem durch; er entzieht sich nicht nur der Gerichtsbarkeit, sondern auch der semantischen Moralität. So wie er im Zirkus jene Figur ist, die die Grenzen zwischen der Manege und dem Publikum missachtet, so ist er in seinen narrativen Widerspiegelungen die Figur, die die Grenzen zwischen Auftritt und Leben, zwischen Maskerade und Alltag missachtet. Darin steckt eine Voraussetzung für die Wiedergeburt des Clowns als Killer.

Eine Vorahnung davon gibt im Jahr 1989 der Film CLOWNHOUSE, wo eine Gruppe von paranoiden Mördern in Clownskostümen in das Haus von drei Brüdern einfallen, deren Eltern nicht zu Hause sind. Ein Jahr später erzählt die erste ES-Verfilmung vom Bösen in der klassischen King-Kleinstadt, das unter anderem die Gestalt des Clowns Pennywise annimmt. In SHAKES THE CLOWNS von 1991 ist ein Teil der Hinterwäldlerwelt von diversen Clowgangs besetzt, die untereinander Krieg führen. In KILLJOY (2000) ist der Killerclown gleichsam die Gestalt gewordene Rache eines Mannes an seinen Mördern, in VULGAR aus demselben Jahr rächt sich ein Vergewaltigungsopfer in Clownsmaske, und in SLASHERS (2001) werden Menschen für eine grausame TV-Show der nahen Zukunft von Killern in Clownskostümen gejagt. Kurzum: Der Killerclown war bis dahin eher eine Figur des Trashsektors, was sich auch in einem Crossover wie DEAD CLOWNS (2004) nicht änderte: Die Clown- und die Zombie-Gestalt verbinden sich zu einem Gespensterwesen aus dem Wasser, immer noch ein eher leeres Symbol. Erst in DRIVE THRU (2007), wo, in direkter Anspielung auf Ronald McDonald, das Maskottchen einer Fastfood-Marke seinen angestammten Platz verlässt, um seiner mörderischen Wege zu gehen, beginnt man das metaphorische Potenzial der Figur zu entdecken. Die Coultrophobie ist direkt Thema von HOUSE OF FEARS (2007), wo die Protagonisten mit ihren jeweils größten Albträumen konfrontiert werden. In FRAYED (2007) ist der Killer in der Halloween-Maske des Clowns unterwegs, und in AMUSEMENT (2008) rächt sich wieder einmal jemand an den Peinigern aus seiner Jugendzeit in der Clownsmaske. Die phobische Erscheinung wird in diesen Jahren immer deutlicher. Der

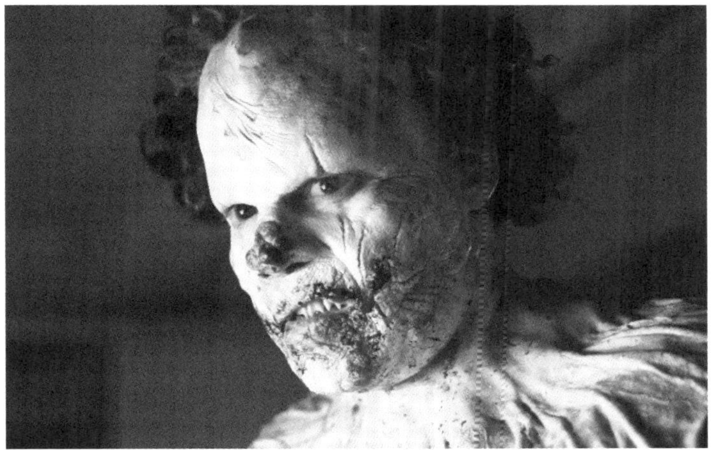

Hinter der Maske des Bürgers kommt der Mörderclown zum Vorschein: CLOWN

Clown wird von einem eher beliebigen Maskenträger mehr und mehr zum Revenant einer verlorenen Kindheit, wie in Joe Dantes THE HOLE (2009), der den Ursprung der Clownsphobie in den achtziger Jahren verortet, und auch MAD CIRCUS von Álex de Iglesias (2019) führt in die traumatischen Gewalterfahrungen der Kindheit zurück. Und wie vormals BAD SANTA von einem kaputten Wrack im Weihnachtsmannkostüm erzählt STITCHES 2012 von einem drogenkranken Mann, der sich seinen Lebensunterhalt als Clown auf Kindergeburtstagen verdient. Aber die Kids sind nicht alright, und so kommt er bei einem ihrer Streiche ums Leben. Natürlich nur, um als mörderisches Gespenst zurückzukehren. In *Freak Show* (2015), der vierten Staffel der Fernsehserie *American Horror Story*, ist der Horrorclown ein verunstalteter Mann, der versucht hat, sich selbst mit einer Schrotflinte zu töten.

In dem Film CLOWN (2014), dem Eli Roth die Weihen als Produzent gab und in dem er eine kleine (Clowns-)Rolle übernahm, stürzen einige Elemente des Mythos ineinander: Weil ein Mietclown abgesagt hat, übernimmt ein Familienvater selber die Aufgabe, seinen Kindern und ihren Freunden eine komische Nummer zu bieten, und schlüpft in die Clownsrolle mit einem auf dem Dachboden gefundenen Kostüm. Doch dann kommt er aus dem Kostüm nicht mehr heraus, alle Versuche enden in Schmerz und Verletzung (eine eigenwillige Erklärung für die »zerrissene« Form des Clowns), und dabei verändert sich seine Persönlichkeit rapide. Der Familienvater in der Clownsmaske wird zum Kinderjäger. Ein tieferliegendes Problem in dieser Verwandlung ist einigermaßen offensichtlich: In CLOWN kehrt sich der Blick, den wir uns angewöhnt haben, nämlich jener, der hinter der Maske des Clowns den bürgerlichen Menschen mit all seinem Kummer und seinen Widersprüchen erkennt, genau um: Hinter der Maske des Bürgers kommt durch seinen Wunsch eines zeitweiligen Rollenspiels der Mörderclown zum Vorschein.

Wo der Zombie in der schönen neuen Welt des Finanzkapitalismus die Masse der Abgehängten, Überflüssigen, der Verlierer und des »Abschaums« repräsentiert, da ist der Horrorclown das atomisierte, instabile und unkontrollierbare Subjekt. Der Protagonist von CLOWN ist ein Immobilienmakler am Rand des Nervenzusammenbruchs, der in der Titelrolle zunächst glauben darf, durch seinen improvisierten Auftritt nicht nur die Party des Sohnes, sondern seine Ehe und seine Familie zu retten. Aber dann verwächst der Mensch mit der Maske und wird zur Bedrohung für seine Umwelt.

Die Maske also ist das Problem. Ebenso gern wie in der Kostümierung früherer US-Präsidenten überfallen Räuber Banken mit Clownsmasken, und sie beginnen damit auch, wie Jean-Paul Belmondo in DER BOSS (1985), ein höchst eigenes Spiel mit Identität und Spur. In Rom spielt dieser Bankräuber Nino Rotas Musik aus Fellinis LA STRADA (1954), dem Film, in dem der traurig-böse Clown nur ermordet werden konnte. (Und das erinnert uns daran, dass Musik ist, wo Clowns sind. Und wir nicht wissen, ob das Clowneske das süße Gift der Musik ist oder umgekehrt.)

Denn natürlich hat der Clown noch eine ganz andere Seite, die man als die poetische oder kreative begreifen kann. Eine seiner Fähigkeiten besteht ja darin, die Dinge zu betrachten, als sähe er sie das erste Mal. Daher macht er von ihnen einen überraschenden Gebrauch. Der Clown ist einer, der Fantasie an die Stelle von Erfahrung setzt. Unglücklicherweise kommen ihm dabei freilich immer auch die Grenzen zwischen dem Dinghaften und dem Lebendigen durcheinander; der Clown behandelt Sachen, als wären es Lebewesen, und Lebewesen, als wären es

Entspannungsübung: *No Face Day* in China

Sachen. Am Rande der Erkenntnis lebt es sich für ihn wie für die anderen daher gefährlich. Der Körper ist ihm wie eine Maschine, die man aus Neugier auseinandernimmt. Und nie wieder zusammenbekommt.

Was wir indes wissen, ist, dass hinter der Maske eine gefährliche Freiheit lauert. Claude Lévi-Strauss hat zu Beginn der sechziger Jahre den Weg der Masken beschrieben und uns auf die Funktion hingewiesen, durch die der Mensch zeitweise seiner sozialen Abhängigkeit, der Kontrolle durch die anderen entgeht. Die Clownsmaske ist der Höhepunkt der bereits erwähnten Paradessenz: Sie drückt drastische Gefühle aus und verbürgt zugleich die Gefühle des Trägers. Früher, tja, früher, da war das Maskentragen eine Sache des Ritus, an Zeiten und Orte gebunden, wie noch im Karneval und im zentralen Fest der puritanischen Angstkultur, Halloween, mittlerweile indes ist es zu einer sozialen Praxis geworden.[3] Chinesische Firmen erlauben seit 2015 den *Relaxation Day* oder auch *No Face Day*, wo man zur Arbeit mit einer Maske erscheinen darf, damit die anderen nicht mehr sehen müssen, wie man sich dabei fühlt. So konnte man sich nicht allein an eine kommende Robotisierung der Dienstleistungen gewöhnen, sondern auch daran, dass man gelegentlich sein Unglück bei der Arbeit nicht mehr physiognomisch verbergen muss. Die anderen müssen nicht wissen, wie einem zumute ist. Dass die Mehrzahl der Mitarbeiter*innen die Guy-Fawkes-Maske der Occupy-Bewegung oder wenigstens des Hollywoodfilms benutzten, erzählt etwas vom Wesen der Paradessenz in der Kultur des Neoliberalismus. Die Wahrheit der Maske und die Wahrheit hinter ihr kreisen umeinander. Und der wahre Horror, damit sind wir wieder beim Film CLOWN, besteht darin, dass Innen und Außen miteinander verschmelzen, schmerzhaft und böse, und dass alle Versuche, Maske und Gesicht in soziale und ästhetische Ordnungen zu bringen, vergebens sind. Der Horrorclown ist das Gespenst einer Gesellschaft, die nicht mehr mit den Masken umgehen kann, so wie einer seiner Vorgänger, der Flasher, das Gespenst einer Gesellschaft war, die nicht mehr mit dem Körper umgehen kann. In einer durch und durch karnevalisierten Gesellschaft, in der man sich zugleich zu Tode arbeiten und amüsieren soll, ist der Gruselclown eines der Trashprodukte, die wiederkehren müssen, weil in der manischen Mythenproduktion kultureller Abfall nicht mehr entsorgt und nicht mehr recyclet werden kann.

Eine Rückkehr zum »guten Clown« gibt es nicht mehr

Entgrenzung und Paradessenz sind das Wesen des Clowns. Das macht die Figur durchaus zeitgemäß. Es ist der Wandel der Karnevalisierungen, der uns da beschäftigt. Denn was die ambivalente Clownsfigur mit ihren festgefügten Nummern und Riten an Angstlust erzeugen konnte, war bislang codiert. Das Leben, so suggerieren es schließlich Medien und Werbung, hat sich in einen immerwährenden Karneval verwandelt. Damit gehen schließlich die zwei großen Ordnungsprinzipien der karnevalistischen Entlastung buchstäblich zum Teufel: die temporäre Begrenzung und die Repräsentation. Semantisch könnte man den Horrorclown wohl als Vermischung des europäischen Karnevals mit dem amerikanischen Halloween ansehen, bei dem das Erschrecken ja Sinn der Inszenierung ist. Als Subjekt freilich ist er einer, der Angst machen will, um die Angst in sich zu übertönen. Er ist gewissermaßen eine Softversion des Amokläufers und Selbstmordterroristen, einer, der seine Soziopathie karnevalisiert. Die drei wesentlichen Motoren des Phänomens sind rasch benannt die medialen Vorbilder, die Selbstverstärkungsmaschinen der sozialen Netzwerke und, nicht zuletzt, das übergriffige Kunstwerk. Einige der ersten öffentlichen Auftritte von Horrorclowns in den USA fanden im Rahmen urbaner Kunstinstallationen statt, in denen es nicht so sehr um das Angstmachen als vielmehr um das Auftauchen absurder Zeichen und Masken an unerwarteten Stellen ging. Eine Art lebender Graffito, eine Geste der Wiederbesetzung des öffentlichen Raums, eine Parodie auf Testimonials – viel konnte mit der »unerklärlichen« Präsenz von Clowns assoziiert werden. Erst die digitale Verbreitung machte daraus einen Aufmerksamkeitswettbewerb, der zwangsläufig zur Steigerung des Schockelements führte. Einer der »Propheten« der Gruselclownbewegung, der in Wasco in Kalifornien als eher harmlose Ronald-McDonald-Paraphrase unterwegs war, brachte es auf Instagram zu Ruhm. Unter dem Hashtag #wascoclown werden Clowns-Fotos aus den gesamten Vereinigten Staaten gepostet.

Auch in den Genrebildern der populären Kultur waren die Gruselclowns zunächst ja nicht einfach nur Schockbilder um ihrer selbst willen. Sie waren aufgetaucht gleichsam als Entfremdungsmetaphern, die dem narrativen und ikonografischen Gefängnis dieser Kultur entkamen. Nicht nur Stephen King empörte sich über die sozialen Nachahmungstäter seiner Figur. In der bereits erwähnten 4. Staffel der Serie *American Horror Story* taucht die Figur des mörderischen Clowns Twisty auf (er lockt seine kindlichen Opfer in einen Schulbus und ermordet sie dort mit einer Schere). Damals waren Gruselclowns im öffentlichen Raum zwar noch nicht bekannt, aber die medizinische Legende der »Coulrophobie« bereits verbreitet. So sah sich der Präsident der Organisation Clowns of America International, Glenn Kohlberger, zu einem Protest über die Serie veranlasst: »Wir unterstützen in keiner Weise oder Form irgendwelche Medien, die Coulrophobie ausschlachten oder zu ihrer Ausbreitung beitragen.«

Die Figur hatte einen entscheidenden Wandel erlebt. 1989 in CLOWNHOUSE beispielsweise war es noch klar, dass die Maske des mörderischen Clowns nur durch einen Wahnsinnigen okkupiert worden sein konnte. 2004, in FEAR OF CLOWNS, ist Coulrophobie bereits eine Eigenschaft: Ein Maler, der unter der

»speficic phobia« code 300.29 leidet, wird von einem Killerclown verfolgt, der seiner eigenen künstlerischen Fantasie entsprungen scheint. Längst vorbei die Zeit der KILLER KLOWNS FROM OUTER SPACE (1988). Diese Figur kommt nicht mehr von außen, sondern von innen, sie ist nicht mehr nur Maske, sondern Wesen. Der Joker bei Batman verkörpert nicht mehr den Wahn, der sich auch im Arkham Asylum nicht sicher einsperren lässt, sondern den Wahn des Systems. Er greift direkt Kapitalismus und Demokratie an, indem er ihre Widersprüche gegeneinanderstellt; der Joker als Inbegriff des clownesken Bösen erklärt die Gesellschaft zum sehr schlechten Witz. In ihm lacht die Ordnung von Macht und Geld über ihre Opfer. Das ist das Wesen des Gruselclowns: Er revoltiert nicht gegen diese Ordnung, im Gegenteil, er macht sie deutlich. Er lebt aus, unsortiert und unkontrolliert, was in ihr verborgen ist. Natürlich »weiß« er nicht, was er da tut (sehen wir vielleicht von einigen frühen Kunst-Aktionen ab), er findet es einfach geil, er langweilt sich sonst zu Tode, und sonst beachtet ihn ja keiner, vielleicht will er ja sogar nur seinen besten Kumpel ein bisschen erschrecken, den, der immer damit angibt, dass ihn vor gar nichts graust, vielleicht will er nur ein besonders wirkungsvolles Selfie schießen.

Wo Gefahr ist, da antwortet sofort das noch Gefährlichere. Gruselclowns als Ventil und Vorstufe für Amoklauf, Terroranschlag, erweiterten Suizid, als Ableitung von exhibitionistischem Drang (anstelle der einfachen Entblößung eine Fetisch-Maske) riefen, Wirklichkeit hin und her, nicht allein die räsonierende Presse auf den Plan, sondern auch den Wehrwillen des gesunden Volks. Leichter als einen Gruselclown bekommt man Bürgerpatrouillen auf der Suche nach ihnen zu Gesicht, aus den Jägern sind längst die Gejagten geworden. Was uns auf ein zweites Element dieses Phänomens bringt: Natürlich kann sich ein Gruselclown sadistisch an der Angst weiden, die er anderen macht. Aber andererseits steckt er nun eben auch in seinem Kostüm drin. Indem er anderen Gefahr signalisiert, setzt er sich auch selber einer enormen Gefahr aus.

Die Frage also, warum nun gerade in unserer Zeit so ein Phänomen auftritt wie der »Horrorclown«, ließe sich leicht beantworten: Weil schon alles egal ist. Der Horrorclown ist damit die analoge Wiederkehr jener anonymen Aggression, der wir bei jedem zweiten Click im Internet begegnen, eine gespielte Hassmail auf den Straßen und in öffentlichen Verkehrsmitteln, die softe Version eines Amoklaufes oder Terroranschlages, das aus dem Ruder gelaufene Selfie. Und es entspricht der Lust an der Paradessenz im kapitalistischen Surrealismus, der Mehrfachbedeutung von Inszenierungen und Masken, die den Widerspruch nicht mehr mythisch aufheben, sondern gerade herauskitzeln wollen. Das Widersinnige und Sinnlose wird in solchen Ereignissen zum unschlagbaren Effekt. Jedermann sein eigenes Event. Doch besitzt auch diese Geste der Soziopathie ihren Wahrheitsgehalt. Sie wendet sich nicht allein gegen die Mitmenschen, sondern auch gegen den Mythos selbst.

Die Inflation des Clownesken war ja schon vorher sozusagen im Guten inszeniert. Clowns als Sympathieträger, als Benefiz-Testimonials, Clowns in Kindergärten und Krankenhäusern, nicht zuletzt und mehr, als eine ikonische Figur vertragen kann: Clowns als Werbeträger und Markenzeichen. Noch in den nuller Jahren hätte man bei Clowns im öffentlichen Raum nicht gefragt, ob sie Böses im Schilde führen, sondern nur, was sie uns nun schon wieder verkaufen wollen. Der Clown war aber auch als Kümmerer und Tröster, als Pädagoge und Moralist unterwegs. Immer in guter Absicht, oft mit zweifelhaftem Erfolg. Es gäbe wohl keine bösen Clowns, wenn es keine »guten Clowns« gäbe. Der böse Clown ist eine zynische Geste gegen das Gute in der Welt, der Gegenentwurf zu Patch Adams, dem ersten Krankenhausclown.

Den Zynismus, den das System im Umgang mit dem Clownsbild entwickelte, macht wohl kaum etwas so deutlich wie der durchaus geschäftstüchtige Kindermörder John Wayne Gacy, der in seiner Todeszelle, nun, eben Clownsbilder malte und die zu Preisen um die 20.000 Dollar verkaufte. Erst 1994 wurde er hingerichtet; es sind eine Menge Bilder entstanden, und Absatzschwierigkeiten hatte er nie. Will sagen: Die »gute Gesellschaft« hatte den Kult des bösen Clowns durchaus schon in sich. Die im Vergleich damit nun wirklich eher harmlosen Gruselclowns als Freizeitsportler des kapitalistischen Surrealismus machen nur sichtbar, was unter der Oberfläche liegt. Die Vertreter der »guten Clowns«, die ihre moralische Ökonomie infrage gestellt sahen, taten den Gruselclowns und vor allem ihren Fans überdies den Gefallen, in gewundenen und oft wirren Erklärungen ihre

Empörung auszudrücken. Der »Dachverband Clowns in Medizin und Pflege in Deutschland« etwa fordert eine begriffliche Abgrenzung, mit der Begründung, es seien »wirre Menschen, die ihre destruktiven Neigungen nur auf diese armselige Art ausleben wollen«, und schlug vor, bei Berichterstattung und Verfolgung den Begriff »Grinsefratzen« zu benutzen. In Anlehnung an die Black-Lives-Matter-Bewegung wurde allen Ernstes eine #ClownLivesMatter-Kampagne ins Leben gerufen.

Die Gruselclown-Auftritte gerieten in absehbarer Zeit wieder aus der Mode, oder wenigstens verloren die Medien ihr Interesse daran, eine Rückkehr zum »guten Clown« aber wird es wohl nicht geben. Wir wurden sozusagen Zeugen der symbolischen Ermordung einer mythischen Figur und ihres sozialen Gebrauchs. Die Mitgliederzahl bei Clowns of America International ist innerhalb von zehn Jahren von 3500 auf 2500 Mitglieder gesunken.

Der böse Clown ist also weniger ein transformierter als vielmehr ein entkommener. Aus der Maske wird er zum Subjekt, so wie er seinen Adressaten zum Objekt macht, zu einem Ausgelieferten. Wie das Opfer seiner Scherze im Zirkus wird dieser auf der Straße erst einmal isoliert, in den Zustand einer radikalen Ohnmacht versetzt (auch hier scheint eine Verwandtschaft mit dem Terroristen zu bestehen). So ist der Gruselclown nicht allein Metapher der verdrängten Bosheit, sondern vor allem der Unsicherheit in den Transit- und Verkehrsräumen der Gesellschaft. Niemand ist sicher, nirgendwo. Auf die Paradessenz folgt die Atopie. Der Horrorclown tritt, wie man so sagt, in der Öffentlichkeit hervor. Aber das ist irreführend, denn auf einem öffentlichen Platz könnte ein Horrorclown seinen Effekt wohl kaum entfalten. Stattdessen liegen ihm jene Transiträume, in denen man ohnehin nur »getrieben« und einsam sein kann. Wo man allein, aber nicht bei sich ist, zusammen, aber nicht gemeinsam. Praktische Kritik der post-urbanen Räumlichkeit, wenn man so will.

Die Gruselclowns gibt es zumindest in den USA seit den achtziger Jahren, nicht nur zu Halloween. Seit etwa 2010 finden sich auch Nachahmungen in verschiedenen europäischen Ländern. Kleinere und nicht mehr ganz so kleine ernsthafte Zwischenfälle und Verletzungen (der Opfer, aber auch der Clowns selber) hat es immer wieder gegeben. Im Internet kursieren entsprechende Bilder und Filme seit geraumer Zeit. Doch erst in den zehner

Jahren wurde das Thema zum Medienhype; die Fälle, die dafür den Anlass gaben, waren nicht signifikant drastischer als jene, die vordem unter vermischten Nachrichten als alltägliche Kuriositäten abgehakt wurden. So musste dieses Bild vom abgerissenen Clown als öffentliche Gefahr offenbar so erzeugt wie erwartet sein. Natürlich können wir es uns auf eine sehr analoge Weise als Spiegelbild dessen vorstellen, was als »Zirkus« in Politik und Wirtschaft aufgeführt wird. Wenn der Hofnarr einst einer war, der dem Souverän »die Wahrheit« sagen durfte, die niemandem schmeichelte, auch den Beherrschten nicht, so ist dieser Clown als einer seiner vielen Nachfahren einer, der einem anderen Souverän eine andere Wahrheit sagt, die von der kannibalischen, gewalttätigen und zerstörerischen Natur seiner Umwelt. In der »Transparenzgesellschaft« taucht die Maske (im Zustand ihrer Zersetzung) als Skandal auf. Die Maske selbst macht Angst, denn sie zeigt keine wirklichen Regungen und keine Reaktionen. Ihre Starrheit ist ein Stück Tod. Aber was verbirgt sich dahinter? Ein Mensch mit Absichten und Interessen, und seien diese böse? Im Jahr 2013 registrierte die Metropolitan Police in London 117 »clowneske Vorfälle«, ein nicht unerheblicher Teil davon fiel auf Raubüberfälle oder gezielte tätliche Angriffe durch kostümierte Personen. Das Prickeln in der Erzählung von den Horrorclowns stammt daher, dass die Grenzen zwischen geschmacklosem Scherz und kriminellem Ernst vollkommen offen sind. So wie in der Wahrnehmung die Grenzen zwischen dem Materiellen und dem Magischen. Ist es nicht vielleicht doch die Wiederkehr des Wahnsinns, den wir codiert und vermessen glaubten, ungeordnet? Oder ein Monster, eine Ausgeburt der Hölle? Oder aber, dritte Möglichkeit des Grauens, ein Mensch im Zustand der Transition, der Verwandlung, des Zerfalls? Oder einfach: nichts? Ein heulendes Kind, wie hinter der Mördermaske in HALLOWEEN? Ein Nachbar, der sich über Hundescheiße auf dem Rasen ärgert? Dass die Gewalt an keinen Ort, an kein Subjekt und kein Objekt, an kein Ziel und keine Gestalt gebunden ist, davon handelt der Angriff des Gruselclowns. Von einer nicht bewältigten Kindheit, auf der einen wie auf der anderen Seite der Maske. Davon, dass es keinen Unterschied zwischen Alltag und Karneval, Symbol und Praxis, Freizeitvergnügen und sozialer Kommunikation, privater Obsession und öffentlichem Raum gibt. Es ist die Rückkehr der

Maske in ihrer ursprünglichen, dämonischen Gestalt, aber zugleich das Schauspiel einer grässlichen Demaskierung. Der Clown ist immer noch die Figur von einem, der zu weit geht. Aber was Zu-weit-Gehen bedeutet, ist eine Frage des Zusammenhangs. Aus einer sehr ambivalenten und darum märchenhaft grenzgängerischen Figur wurde eine von Versöhnung, Heilung und Unschuld, und aus dieser eine des Zerfalls, der Entfremdung und der Bedrohung. Was an Wahrheit will man mehr?

Anmerkungen

1 Dietmar Kammerer: Andere Zeiten, andere Feindbilder. Interview mit Wes Craven. In: Spex, 4/2006, S. 75.

2 Heiner Effern / Ulrike Heidenreich / Anna Hoben / Melanie Staudinger: Horror-Clowns sind Tagesgespräch an Münchner Schulen. In: Süddeutsche Zeitung, 28.10.2016.

3 Erst recht zur globalen sozialen Praxis wurde das Maskentragen – in anderer Form, aus anderem Antrieb – bekanntlich während der Coronapandemie. Hierzu und zur Verklärung des Maskenverzichts zum Widerstand vgl. Georg Seeßlen: Coronakontrolle, oder: Nach der Krise ist vor der Katastrophe. Wien 2020.

Vom Untergang der Kleinbürgerklasse

»Je älter ich werde, umso linker werde ich«
Willy Brandt

»Die Kinder sollen es einmal besser haben«

Der Neoliberalismus hat Klassen zerstört und neue Klassen geschaffen. Aus der Oberschicht wurde die Kaste der Superreichen, nebst ihrer Entourage, eine kleptokratische, vulgäre Oligarchie, die sich nicht mehr die Mühe macht, andere Legitimation als eben ihren Reichtum zu suchen. Aus dem Proletariat und der unteren Mittelschicht bildete sich ein Prekariat, herabsehend auf eine »neue Unterschicht«, der eine laute, obszöne (Un-)Kultur zugeschrieben wurde, eine elende Identifikation mit Reichtum, Wachstum und dem kapitalistischen Surrealismus der inszenierten Widersinnigkeiten, die Aufhebung des Widerspruchs von Luxus und Elend, von der in diesem Buch immer wieder die Rede ist. Und die vielzitierte Mittelschicht, deren Erosion allenthalben beklagt wird, als wäre sie der Schlüssel zu allem? Es ist vor allem ein gefühltes Verschwinden; ökonomisch hat diese Schicht kaum an Bedeutung verloren: Sie ist es vor allem, die zugleich den Konsum- und den Arbeitsmotor am Laufen hält. Sie ist es, die sich verausgabt im Bemühen, sich zugleich zu Tode zu arbeiten und zu Tode zu amüsieren. Aber in ihr bewegt sich nichts mehr, weder nach vorn noch nach oben. Diese Klasse hat, rundheraus gesprochen, ihre Attraktivität verloren, weshalb sich ihre Kinder zugleich nach oben und nach unten orientieren und dabei blöde und krank werden müssen.

Vor allem im oberen Segment der Mittelschicht war dieser Generationenvertrag, der an den Kapitalismus mit seinem Wachstumsversprechen und die Demokratie mit ihrer Liberalität gebunden war, dieses Versprechen, dass »die Kinder es einmal besser haben werden«, das heilige Zentrum der westlichen Nachkriegsgesellschaften. Diese große Erzählung ist an einen Kipppunkt angelangt:

> »So wurden aus Kleinbauernkindern einst Fabrikarbeiter, aus Arbeitersöhnen wurden Unternehmer oder Lehrer, aus Lehrertöchtern wurden Ärztinnen, und aus Ärztinnensöhnen wurden, naja, Dramaturgen, abgebrochene Juristen, Junior-PR-Consultants mit Jahresvertrag, Unternehmensberater mit Burn-Out, Architekten und Start-Up-Gründer, die seit Jahren kurz vor dem Durchbruch stehen.« (Max Scharnigg)[1]

In den schlimmsten Fällen schaffen es die Kinder nicht einmal mehr, das Elternhaus zu verlassen und einen eigenen Hausstand zu gründen. Groteskes Beispiel: Ein rechtsextremer, rassistischer Aktivist in den USA wird bei einem Interview mit gewogenen Medien vom andersdenkenden Vater unterbrochen, der ihm bedeutet, verflucht noch mal wenigstens das Zimmer aufzuräumen, wenn er sich schon nicht auf eigene Beine stellen kann.[2] Die Häme im Internet im August 2018 täuscht darüber hinweg, dass dies womöglich eine verdichtete Erzählung von der depravierten Mittelschicht wiedergibt: Deren Kindern geht es nicht besser, doch statt zu einer Gegenbewegung auszuholen, igeln sie sich ein und suchen das Seelenheil in Rassismus, Faschismus und Xenophobie. Auch wenn man nicht gleich die Verlierer und Aussortierten oder einfach Verweigerer zum Objekt nimmt, bleibt neben dem Absteigen auch das Steckenbleiben ein Klassenschicksal, das unter den gegebenen Umständen auch innerlich nicht zu akzeptieren ist. Der Aufstieg wird nicht allein durch eine Abwertung der Arbeit und die Prekarisierung der Arbeitsplätze behindert, sondern auch durch eine Immobilienwirtschaft, die das Wohnen so oder so extrem teuer macht, durch eine Freizeitindustrie, die einen nicht unbeträchtlichen Teil des Einkommens zur Sinn- und Inhaltsproduktion eines Lebens im Zeichen der Kränkung absaugt, und zu guter Letzt sind Alters- und Krankheitsvorsorge dadurch erschwert, dass die Politik des billigen Geldes jede Art von Sparsamkeit bestraft. Dabei geht es gewiss nicht allein um den materiellen Wohlstand und sein Schrumpfen, es geht vor allem um zwei gebrochene Verträge und die damit verbundene Demütigung, den politischen wie den privaten Pakt. Wie im erwähnten Beispiel des nicht mehr ganz jungen rechtsextremen Hetzers, der noch bei den liberalen Eltern wohnt, führt vielleicht gerade die länger anhaltende private Abhängigkeit (wie viele Menschen in der

Mitte der Gesellschaft und in der Mitte ihres Lebens sacken nur deswegen nicht vollständig ab, weil die Familie sie unterstützt?) zum politischen Bruch. Demokratie, Liberalität Streitkultur, Toleranz, »Zivilisiertheit«, moderate Linkstendenz, humanistische Solidarität – all das, was die Eltern sich leisten konnten und worauf sie offensichtlich noch stolz sind, wird nun zum Objekt der Verachtung. Weder in dieser Gesellschaft fühlt man sich aufgehoben noch in der Erzählung, in der man selbst nach Vorsorge und Plänen für die Zukunft noch genügend Energie hatte, um »sein Leben zu gestalten«. Die nächste Generation ist nicht einmal mehr Herrin der eigenen Biografie.

In den achtziger Jahren beschenkten die Regierungen, um Krisen abzumildern, die »Arbeitgeber« mit Gesetzen, die die Rechte der »Arbeitnehmer« einschränkten, ihre »Arbeitsplätze« unsicherer und die Macht der Unternehmen vergrößerten. In der Bundesrepublik Deutschland war etwa das »Beschäftigungsförderungsgesetz«, das Helmut Kohl und Norbert Blüm im Jahr 1985 lancierten und das unter anderem befristete Arbeitsverträge ohne besonderen Sachgrund ermöglichte, eine bedeutende Etappe auf dem Weg zu einem fundamentalen Sieg des Kapitals über die Arbeit; und das zu einem Zeitpunkt, an dem man glaubte, endlich den Status und den sozialen Frieden genießen zu können, wofür man lange gekämpft hatte. Es gab keine politische Bewegung, die sich gegen diese Transformation zu stellen imstande war, und mit dem ökonomischen, dann dem politischen kam bald auch ein sozialer Prozess der Abwertung.

Aus dem Generationenvertrag des mehr oder weniger sicheren Aufstiegs wurde das exakte Gegenteil: Die jungen Menschen, die ins Arbeitsleben treten, sehen die älteren vor sich, die noch Privilegien aus der Zeit vor der neoliberalen Wende des Arbeitsmarktes genießen, die mehr verdienen, besser abgesichert und weiter alimentiert sind.

Und auch wenn Untersuchungen wie etwa des Instituts der Deutschen Wirtschaft versichern, dass es der Mittelschicht nicht wirklich schlechter geht als zuvor und dass sie auch quantitativ nicht schrumpft, wie es andere Modelle nahelegen, so verschwindet es doch, das gehobene Kleinbürgertum, nämlich als kulturelle Einheit und als identitätsstiftende und für Integration sorgende Zone. Es verschwindet nicht zuletzt als ästhetische Konstante. Dieses transmittierende Kleinbürgertum war besonders für Deutschland, Österreich und die Schweiz stets ein entscheidender Faktor. Im Guten und, sehr viel häufiger, im Schlechten. Auch die angeblich sozialistische DDR war in Wahrheit kein Land der Arbeiter und Bauern, sondern eines, in dem das Kleinbürgertum herrschte (was uns im Übrigen noch einen Hinweis darauf gibt, warum es gerade dort ein so ausgeprägtes »nationales« und »völkisches« Potenzial gab). Ohne das Kleinbürgertum gibt es in allen diesen Ländern keine »integrierte Gesellschaft«.

Die Auflösung des Kleinbürgertums im kapitalistischen Surrealismus ist mithin ökonomisch gesehen ein Mythos, der aber vor allem dafür sorgt, dass diese Klasse mehrheitlich wieder in ihr gewohntes Krisenverhalten verfällt: die larmoyante Selbstviktimisierung, die Hysterie und den Hass auf alles andere, was immer es sein mag, das »Radfahrer«-Verhalten des Nach-oben-Buckelns und Nach-unten-Tretens. Ganz offensichtlich, und zum Schrecken vieler Kommentatoren in den Leitmedien, war diese Mittelschicht nicht geeignet, einer demokratischen Zivilgesellschaft Heimat und Milieu zu geben. Die Spaltung der Gesellschaft, die durch die »Flüchtlingsfrage« so enorm forciert schien, während sie zuvor längst im Rezenten lauerte, in eine solche demokratische Zivilgesellschaft und einen halbfaschistischen, antidemokratischen Populismus entspricht vor allem einer Spaltung dieses Kleinbürgertums. Dieses Kleinbürgertum, das sich bedroht sieht, das sich vor allem von den eigentlichen Beutezügen des Neoliberalismus ausgeschlossen wähnt und dem genommen wurde, was es im Innersten zusammenhielt, die *Sicherheit*, für die es das eine oder andere zu opfern bereit war, wird von irrationalen Ängsten, aber natürlich auch von der abstrusen Geldpolitik der EU geradezu dazu getrieben, nach den identitären Strohhalmen oder Phantasmen zu greifen. Der »Gutmensch« ist deshalb schon Feindbild des neuen halbfaschistischen (deutschen) Kleinbürgertums, weil man ihm unterstellt, einer zu sein, der sich das leisten kann. Und in der Homophobie, dem Hass auf das Effeminierte und Unmännliche als Zeichen der Elite, verbünden sich Kleinbürger- und Ghettokultur, die beide etwas zum Verachten brauchen, wenn auch aus verschiedenen Gründen.

Alle demokratischen Parteien zu Beginn der Postdemokratie strebten in die »Mitte«. Nur dort, das war das Credo, ließen sich

Wahlen gewinnen. Erst nach und nach – viele Vertreter dieses Prinzips taten es auch nie – registrierte man das Phantomhafte dieser Mitte. Der Kern der spätkapitalistischen Gesellschaft befand sich bereits im Zustand der Spaltung, als die Politik in ihm das Wesentliche zu erkennen vermeinte. Genau diese Mitte, auf die das alles hinauswollte, die gleichsam ideologisch herbeikonstruiert wurde, die gibt es nicht. Sie ist nur ein statistischer Brei des nicht zu Ende vollzogenen Prozesses von Demokratie und Liberalität. Die »Mitte der Gesellschaft« war ein schlechter Ersatz für »das Volk«; der Rückschlag erfolgt prompt: Diese Mitte will wieder das Volk werden. Ja, eben dieser Begriff der Mitte wird nun »völkisch« besetzt.

Zweifellos war die strukturelle und ökonomisch offenbar lukrative Entkultivierung und Neu-Füllung mit den Produkten der Unterhaltungs- und Sinnindustrie und der neoliberalen Lebenswelten mit ausschlaggebend für diese völkische Neubestimmung der Mitte. Sie nämlich trug das ihre dazu bei, dass lange Zeit die Leere an diesem einerseits (kulturell) virtuellen und andrerseits (materiell) sehr realen Ort nicht bemerkt wurde. Die Angst der Mittelschicht davor, ökonomisch zu verschwinden, ist daher möglicherweise vor allem eine Projektion der Angst davor, dass sie kulturell und politisch entmachtet und entwertet ist. Die Kultur des Neoliberalismus, der digitalen Kommunikation, der neuen Realitys, der Markenwelten bedeutete nichts anderes, als dass dieser Prozess der Entmachtung, Entwürdigung und Entleerung von ihr selber betrieben, auch selber finanziert wurde.

Im internationalen Vergleich, auch im Vergleich mit anderen europäischen Ländern, geht es der deutschen Mittelschicht immer noch recht gut. Sie hat immer noch Besitz, sie überschwemmt in ihrer Freizeit die Welt mit ihren Ansprüchen, »bespaßt« und »bedient« zu werden; die Gesetzgebung dient immer wieder der Mitte weit mehr als dem Unten, die großen Verteilungs- und Versorgungssysteme, Rente, Krankenkassen, Altersvorsorge, Steuergestaltung, sind in Deutschland zweifellos »mittelschichtsorientiert«. Denn eben dies war das große Projekt des Wohlfühlkapitalismus: die Stärkung der Mitte bis zu einem Grad, an dem die Ränder vernachlässigbar und sich selber zu überlassen wären. Natürlich hat der Neoliberalismus diesen Prozess ins Stocken gebracht. Der neue Reichtum aus der Managerklasse und die anarchokapitalistische Hipster- und Schnöselkultur drängten mit Macht nach vorn, und paradoxerweise gewann auch die Unterschicht, nicht nur durch ihre Ausweitung und nicht nur durch ihre Sichtbarkeit, an Einfluss, sondern auch als Phänomen der kulturellen Selbstverständigung. Zumindest was ihre mediale Repräsentation, gewiss aber auch in Teilen die konkrete Lebenswirklichkeit anbelangt, erschienen die Menschen aus der neuen Unterschicht selbstbewusster, unverschämter, lustvoller und unbekümmerter als die der verängstigten Mittelschicht. Dabei, wie gesagt, kommt es auf die Wirklichkeit gar nicht so sehr an wie auf die mediale Repräsentation. Es wurde ein Sog erzeugt; für die angestrengteren und überforderten Mitglieder der Mittelschicht musste es wie eine Erlösung erscheinen, in dieser Unterschicht zu landen (jedenfalls wenn man jung, männlich und weiß ist).

Wie anders hätte diese Mittelschicht auf ihre seltsame Stagflation reagieren sollen als mit neuerlichen Spaltungen: die panischen Abwehr- und Distinktionsrituale, in denen man auf Teufel kommt raus beweisen muss, dass man was Besseres ist. Die Suche nach Sündenböcken und die Verlagerung der unbestimmten (nun eben: »kulturellen«) Abstiegsängste auf die Inszenierung von Selbstmitleid und die Forderung nach mehr »Zuwendung« (im doppelten Sinn). Das Abtauchen in scheinbar entpolitisierten Fiktions- und Ritualwelten. Die Sexualisierung und Religiösierung von Abgrenzungs- und Projektionsritualen. Die Verabschiedung einer wenn auch noch so ambivalenten oder bigotten Klassenmoral von Fleiß, Wohlverhalten und Vertrauen zugunsten einer rigiden Wettbewerbshaltung, die Abschaffung der Solidaritätsverpflichtung. Vor allem aber erzeugt die Mittelschicht in der Krise ein neues Selbstbildnis, das sie von aller Verantwortung entlastet. Man sei, so erklärt dieses Selbstbildnis, zugleich jene Schicht, der immer mehr Lasten aufgebürdet würden, die für Gegenwart wie für die Zukunft zu sorgen habe und der zugleich immer mehr genommen werde, während die Oberschicht (man nennt sie nun: die »Elite« oder das »Establishment«, beides natürliche hanebüchene, bewusste Verkennungen) sich die Taschen vollstopft und die Unterschicht schmarotzt und sich's gutgehen lässt. Wenn dann noch »Flüchtlinge« kommen, die ebenfalls noch »durchgefüttert« werden müssen, könne das Fass nur überlaufen.

»Die Mittelschicht dramatisiert ihren vermeintlichen Niedergang«, sagt der Soziologie Stephan Lessenich »Das ist ein selbsthypnotischer Diskurs.«[3] Dass dem so ist, das lässt sich anhand von Zahlen ebenso belegen wie durch die Blicke auf Lebensumstände und Verhaltensweisen der Mittelschicht selbst. Schwieriger ist die Antwort auf die Frage, warum das so ist. Ein größeres Stück vom Kuchen, das ist die einfachste Antwort, ist nun eben nicht mehr durch eine weitere Steigerung von Fleiß und Wohlverhalten zu bekommen. Die Atomisierung führt dazu, dass zwar die Schicht als Ganzes möglicherweise stabiler bleibt, als es den Anschein haben mag, die Einzelnen aber immer weniger Garantien haben, in ihr zu bleiben und von ihr aufgefangen zu werden. Es kommt mithin eine gehörige Portion Selbsthass der Mittelschicht zustande, und auch das scheint zu einer Neid-Projektion zu führen: Die anderen, die man nun fürchten und hassen darf, die haben, wie es scheint, mehr Zusammenhalt, mehr Solidarität, mehr Familiensinn, mehr Miteinander, mehr Wärme, ja vielleicht sind sie einfach mehr Mensch. Im »Gutmensch«-Geblöke kommt genau das zum Ausdruck, nämlich dass man die anderen nicht hasst, weil sie böse sind, sondern im Gegenteil, weil sie das haben, was einem fehlt.

Dass der emotionale und kulturelle Neid so gnadenlos ökonomisiert werden konnte, kann nur durch den kapitalistischen Surrealismus erklärt werden. Der Ausländer entwertet die eigene Wohngegend, und warum tut er das? Weil er selber vorher entwertet wurde (diesen Immobilien-Rassismus kennen wir seit Langem aus den USA und anderen Gesellschaften). Dahinter steckt allerdings auch eine längerfristige Geschichte der Selbstidentifikation: Die Mittelschicht versteht ihren bescheidenen Wohlstand einerseits als gerechten Lohn für Fleiß und Wohlverhalten (das ist universal verständlich, aber in gewissen Gesellschaften wie der deutschen besonders ausgeprägt), was nur funktioniert, wenn die »proletarische« Arbeit, die ja offensichtlich mindestens genau so anstrengend, verantwortungsvoll und notwendig ist, herabgewürdigt wird. Zur Herabwürdigung einer Form von Arbeit (sagen wir: der körperlichen, sagen wir: der sozialen) Arbeit zugunsten einer anderen (sagen wir: der administrativen, sagen wir: der ökonomischen) bedarf es kultureller Techniken. Die Mittelschichtskultur, die es immer in einer linken und einer rechten Variante gibt, war stets darauf ausgerichtet, diese eigene Arbeit nebst dem dazugehörigen Verhalten auf- und die andere abzuwerten. Dies kann in unendlichen Maskeraden geschehen; wir nennen das: eine visuelle Ideologieproduktion, die noch in jede Soap-Opera, in jeden Popmusik-Act und jeden Kriminalroman reichen kann.

Der andere Mythos, in dem der bescheidene Wohlstand der Mittelschicht nun gegen Zumutungen von oben gerechtfertigt wird, ist die Stabilität. Recht platt ausgedrückt besagt er: Wir begnügen uns mit einem etwas kleineren Anteil am Kuchen, weil wir dafür Sicherheit nicht nur für die Gegenwart, sondern auch für die Zukunft erhalten. Die Mittelschicht-Existenz wird also nicht nur durch die Stabilität der Familie, sondern umgekehrt die Stabilität der Familie auch durch die Mittelschicht-Existenz gewährleistet. Nicht zuletzt definierte sich das Kleinbürgertum über das maßvolle Verhalten zum Geld: Zu wenig davon zu haben ist die größte Furcht, zu viel aber ist irgendwie unmoralisch und macht ohnehin unglücklich (so erzählen es noch heute Romane und Serien).

Der dritte Mythos der Mittelschicht schließlich besteht in der Vorstellung des stetigen, vernünftigen, aber verlässlichen Wachstums. Die Kinder, wie gesagt, sollen es einmal besser haben. Und deren Kinder sollen es noch besser haben. Der Bruch dieser Kette macht nicht nur Unsicherheit aus, sondern erzeugt Schuldgefühle. Denn aus allen drei Mythen, dem vom moralischen Selbstwert, dem vom vernünftigen Tausch des »rasenden« in den »bescheidenen« Wohlstand in Form von Sicherheit und Stabilität und schließlich dem vom stetigen und vernünftigen Wachstum, der auf gesicherte Weise von Generation zu Generation weitergegeben werden kann, ist mehr als Ideologie geworden: eine Welterzählung, eine Bilderwelt, eine Alltagsrationalität (auch in Gramscis Sinne).

Die Restaurierung der Mittelschicht im Geist der Kränkung

Nicht so sehr die ökonomische Basis als vielmehr der ideologische Überbau der Mittelschicht scheint hierzulande wie global zusammenzubrechen. Auch wenn das Leben durchaus funktioniert, passen seine Einzelteile nicht mehr zusammen. Die Mittelschicht war, beinahe überall, wenn auch mit großen Unterschieden, im vergangenen halben Jahrhundert mit drei großen Prozessen beschäftigt, die zu ihrer Erhaltung notwendig waren, die aber auch einen großen Teil ihrer inneren Legitimation beeinflussten: zum Ersten mit der Mobilität und Flexibilisierung, die der deregulierte Arbeitsmarkt verlangte; zum Zweiten mit dem mehr oder weniger fundamentalen Umbau der Geschlechterordnung und der Familienstruktur und zum Dritten mit dem Verlust einer ästhetischen Einigung, die in Kultur, Bildung, Unterhaltung einst eine bürgerliche Identität erzeugte und eine Form der kultivierten Kommunikation ermöglichte.

Alle drei Bewegungen waren mit dem Versprechen von Freiheit und Lust gekoppelt, brachten dem Individuum mehr Möglichkeiten, während sie die Klasse, oder nun die »Klasse«, als Ganzes entwerteten. In den großen Tagen dieser Befreiung, die sich nun von einer ökonomisch-kulturellen Boomphase zur anderen Krise wiederholten, waren Begriffe wie »Mittelschicht« oder »Kleinbürgertum« für das einzelne Subjekt einfach kein Thema mehr. Wenn der Wohlfühlkapitalismus versprochen hatte, dass mehr oder weniger alle Menschen an den ökonomischen und kulturellen Segnungen der Mittelschicht teilhaft würden, dann versprach der Neoliberalismus als Ideologie, das Subjekt werde alle Klassenschranken abwerfen, jeder sei seines Glückes Schmied (mach dir weiter keine Gedanken über Eisen, Feuer, Hammer und Amboss). Erst als die Versprechungen des Neoliberalismus sich als Illusionen erwiesen hatten oder der wahre Preis für die subjektive Emanzipation erkannt wurde, entsannen sich die Menschen, dass sie vordem Teil einer Schicht oder einer Klasse gewesen waren. Und es blieb ihnen nichts als die Rückkehr zu den vormodernen Formen der Identität: das »Volk«, die Ordnung von Mann, Frau und Familie, die »Rasse« gar.

Nun also ist die Mittelschicht wieder bei sich selbst und erkennt, dass sie die einzige ist, die dran glauben muss. Die innere Verfasstheit dieser Klasse verdammt sie dazu, den Heilsversprechungen des Kapitalismus entweder zu glauben oder sie radikal infrage zu stellen. Die Kehrseite dieser Identifikation ist die direkte Verbindung von ökonomischer und moralischer Krise. Stagnation bedeutet nun nicht mehr nur Furcht, sondern auch Schuld; eine Zuflucht zur Kultur, wie sie das alte Kleinbürgertum gerne nahm (mochte der Freigeist darüber auch gespottet haben – es handelte sich bei ihm selbst in der Regel um einen dissidenten Kleinbürger), war nicht mehr möglich: Wenn der Kleinbürger, für den es nicht mehr weitergeht, in den Fernseher sieht, dann sieht er im Zerrspiegel seinen eigenen weiteren Niedergang. Aber kann er deswegen davon lassen?

Der kapitalistische Surrealismus ist ohne diesen Zerfall sowohl der klassischen als auch der dissidenten Kleinbürgerkultur nicht zu denken. Denn der Zerfall betraf ja nicht nur den liberalen Konservatismus, der Wachstum (auch durch Neugier, Innovation, Veränderung) mit Stabilität zu verbinden versucht hatte, sondern auch den notwendigen anderen Teil, die Kritik, die Subversion, die Avantgarde, die Boheme. Kapitalistischer Surrealismus bedeutet die Errichtung einer rigiden ökonomisch-subjekthaften Ordnung auf den Trümmern einer kulturell-moralisch grundierten Selbstidentifikation einer Schicht, die sich immer als Motor und Garant sehen musste, der Ordnungen wie des Fortschritts. Dass dieser Widerspruch einerseits die Dynamik der Klasse, andrerseits aber auch ihre Gefährdung ausmachte – ihre Affinität zum Faschismus zum Beispiel –, entspricht einer längeren Vorgeschichte.

Ob es der Mittelschicht, insofern sie es noch anders denn als statistisches Maß für Einkommens- und Besitzverhältnisse gibt, objektiv gesehen »gut geht« oder nicht, ist also nicht der wesentliche Punkt in der allfälligen Erzählung von ihrem Niedergang. Vielmehr geht es darum, dass sie ganz einfach überflüssig wird. Sie kann (und darf man sagen: soll) ihre beiden widersprüchlichen Hauptaufgaben nicht mehr erfüllen: für Stabilität sorgen und für Wachstum (also Veränderung) sorgen. Eine der seltsamen Verwerfungen der Ideologieproduktion wird deutlich, wenn etwa deutsche Politiker oder Politikerinnen mit Blick auf unruhige und verfehlte, ausreichend weit entfernte Staaten davon träumen, dass eine stabile Mittelschicht, die bislang so bitter fehle, dort für die Wende zum Besseren sorgen könnte, während sie im eigenen Land diese Mittelschicht sehenden Auges auflösen. Sie kann hier also nicht mehr als mehr oder weniger in sich geschlossene Sphäre angesehen werden, sondern nur noch als Transitraum. Der Aspekt von Wachstum verwandelt sich in ein hemmungsloses Aufsteigenwollen, denn wirklich »sicher« ist man erst jenseits des Kleinbürgertums, sogar jenseits des »relativen« Wohlstands, dort, wo das wirkliche Geld und die wirkliche Macht zu finden sind; der Aspekt von Stabilität aber verwandelt sich in pure Regression oder Reaktion. Die Auflösung der Kleinbürgerklasse, oder schon ihre Androhung, führt unter anderem zu jenen Faschisierungstendenzen, denen die verbliebene demokratische Zivilgesellschaft so fassungslos zusehen muss.

Der Wohlfühlkapitalismus und seine Demokratie standen einst im Dienst der Mittelschicht, zumindest konnte diese Empfindung allgemein verbreitet werden. (Übrigens war wohl auch diese Garantie eine Voraussetzung dafür, eine oder zwei Generationen in ihr hervorzubringen, die radikale Veränderungen oder wenigstens spürbare Liberalisierung verlangten – und in modifizierter Form auch erhielten.) Das war der Grund dafür, dass die Mittelschicht so mehrheitlich Kapitalismus und Demokratie bejahte. Dieser Pakt zwischen Kleinbürgertum, Kapital und Demokratie wurde vom Neoliberalismus aufgelöst, zunächst schleichend, dann zunehmend heftig. Das war so lange kein Problem, wie die Vorteile für die Subjekte die Nachteile für die Schicht überwogen. Wer braucht schon die Zugehörigkeit zu einer Klasse oder einer Schicht, wenn er alles hat, was er sich wünscht, und das Leben ein großes Spektakel ist?

In den großen Krisen aber häuften sich die Niederlagen, die Abstiege, die Verlierer, die Prekären, und man musste wieder Zuflucht suchen, manchmal ganz direkt in der Familie (und das bedeutete in der Regel auch: im Milieu, in der Ideologie, der Identität, der Moral), manchmal in Wohngegenden, in Lebensformen, in Berufen, in denen man sich aber kaum von dieser Identifikation befreien konnte. In der Finanzkrise, die sich als Dauerzustand erweisen sollte, restaurierte sich die Mittelschicht sozusagen ex negativo, und sie tat es aus dem Geist von Niederlage und Kränkung. Die drei großen Kränkungen, die es in der restaurierten Mittelschicht zu bearbeiten galt, sind die Zerrbilder der ursprünglichen Legitimationen:

Zunächst lässt es der Staat, wie es scheinen mag, an Zuwendung fehlen: Er »kümmert sich zu wenig um uns«, er »zieht die anderen vor«, die Fremden, die »Assis«, die Bankheinis. Diese Empfindungen sind durchaus »familiär« geprägt: Wer Angela Merkel eine »Volksverräterin« heißt, weil sie behauptet hat, man »schaffe das« mit den Flüchtlingen, der fühlt sich offensichtlich von einer Mutter gekränkt, die zu viel Liebe an fremde Kinder verschwendet. Die erste Kränkung ist also eine ökonomisch-soziale, und natürlich hat sie eine durchaus reale Ursache: Der neoliberale Staat schiebt den Menschen vor allem der statistischen Mittelschicht die Sorge für ihr Alter und ihre sonstigen Vorsorgen zu und nimmt ihnen mit der anderen Hand – man denke an die bereits erwähnte Niedrigzinspolitik – die Möglichkeiten dafür auch wieder weg. Mit anderen Worten, er zwingt die Bewohner der Mittelschicht, das Spiel der Reichen zu spielen, in Aktien oder andere Finanztransaktionen zu investieren, Risiken einzugehen, kurzum die ursprüngliche moralische Gleichung von Fleiß und Wohlverhalten, die zu bescheidenem Wohlstand führen, aufzugeben. Jeder Verlust wird daher nicht allein als ökonomische Niederlage betrachtet, sondern auch als Fortsetzung der Kränkung; der Gewinn indes ist mit Schuld behaftet.

Die zweite Kränkung betrifft die Garantie der Stabilität. Der demokratische Staat, so scheint es, kann »seine« Mittelschicht nicht mehr wirklich schützen. Nicht gegen die Machenschaften der Ökonomie, nicht gegen den Terrorismus, nicht gegen die Gewalt, die von unten oder sonst woher kommt, nicht gegen die Zerstörung von Umwelt und Soziotopen, nicht einmal gegen absurde Forderungen eines sonderbaren postdemokratischen und zugleich postnationalen Gebildes namens Europa. So hat er den Pakt der Sicherheit ebenso wie den des stabilen (bescheidenen) Wohlstandes gebrochen.

Die dritte Kränkung ist der Verlust dessen, was einst mittelständische Kultur war und was gern mit »Öffentlichkeit« verwechselt wird (denn die Mehrheit aller »öffentlichen Einrichtungen« waren solche, die vor allem der Mittelschicht dienten). Immer wenn ein städtisches Schwimmbad schließt und ein privates Erlebnisbad aufmacht, ist das zugleich megageil und tief kränkend. Denn Privatisierung heißt vielerorts auch Entkleinbürgerlichung, Verlust von Sicherheit und Bescheidenheit. Der Gewinn an subjektivem Spaß ist direkt proportional dem Verlust an sozialer Sicherheit. Und der subjektive Spaß (der in der Werbung nimmermüde als »Freiheit« verkauft wird) kostet mehr, als die Stabilitätsforderung ertragen kann.

In der großen Erzählung also – sie mag sich episodisch auffächern und gelegentlich panoramatisch unscharf sein – gibt es einen großen Umschwung: Der Wohlfühlkapitalismus inszenierte sich als Medium der Mittelschicht, und er versprach allen, Teil der Mittelschichtskultur werden zu können (sieht man von »Abschaum« und »Fremden« einmal ab). Der Neoliberalismus dagegen inszeniert sich als Medium des »gierigen Subjekts« – der Wertewechsel wird entsprechend auch in einer mitteleuropäischen Gesellschaft wie der deutschen anders gesehen als, sagen wir, in der US-amerikanischen oder in den Nachfolgestaaten des »real existierenden Sozialismus«. Statt, wie vielleicht hier und dort erhofft, die gesellschaftliche und also klassen- und schichtenorientierte Organisation vollkommen in ihm aufzuheben, sorgt der Markt in seiner Krisenanfälligkeit für eine reaktionäre und regressive Rekonstruktion von Klassen und Schichten im Zeichen von Verlust und Kränkung. Die harmloseste Reaktion der rekonstruierten Mittelschicht (rekonstruiert gewiss auch im Sinne einer gewissen Fiktionalisierung) ist eine nostalgische Sehnsucht nach dem einstigen Wohlfühlkapitalismus, der sozusagen im eigenen Sinne verklärt wird. Mehr und mehr aber, und militanter, richten sich die Impulse auf eine vollkommen im mythischen Konstrukt vernebelte, vormoderne, vordemokratische, nationale und völkische Vergangenheit. Ein neuer Faschismus dämmert herauf, egal ob man ihn nun so nennt oder so verzweifelt einen neuen Begriff sucht wie für das meiste, das uns in diesem Jahrhundert geschehen muss.

Es verhärtet sich die Anschauung: Nur als Volk kann die Mittelschicht in der Marktgesellschaft überleben, das heißt: die Privilegien außerhalb der ökonomischen Prozesse zurückfordern; nur als Nation kann die Mittelschicht in der Globalisierung überleben, das heißt: Privilegien einfordern, die nicht durch den internationalen Wettbewerb gedeckt sind. Rassismus und Nationalismus, die nach allerlei Studien und Umfragen, von Wahlergebnissen und Diskursen ganz zu schweigen, in der Mittelschicht zunehmen, hängen zwar einerseits mit den emotionalen und ideologischen Kränkungen zusammen, sie sind andererseits aber auch »knallhart« ökonomisch motiviert.

Als gesellschaftliche Konstante – mit allen Vor- und Nachteilen für ein funktionierendes Staatswesen – gibt es im globalen Neoliberalismus keine Mittelschicht mehr. Alle dystopischen Bilder der weiteren Entwicklung weisen in die Richtung einer drastischen Dualität von oben und unten. Kleptokratische Oligarchie, besinnungslos Arbeitende und Konsumierende, alles darunter: unnütze Menschen. Ob sich nun also die Mittelschicht durch Faschisierung gegen ihren Untergang zur Wehr zu setzen versucht (natürlich mit dem absehbaren Erfolg, ihn zu beschleunigen) oder ob sich umgekehrt im Abstiegskampf aller arbeitenden Menschen ein ideologischer Knoten namens Mittelschicht (ist gleich Volk und Nation) bildet, der künstlich Legitimation für die Forderung nach Schutz und Privileg bildet, kann dahingestellt bleiben. Der Effekt ist mehr oder weniger derselbe.

Entscheidend ist, dass diese »Mitte«, die nicht eine ist, vor allem ideologisch und »kulturell« erzeugt wird. Daher ist ein Helene-Fischer-Konzert eben auch genau dies: eine kollektive Feier, bei der »Mittelschicht« erzeugt wird. Und zwar mit den Mitteln des kapitalistischen Surrealismus, denn dieses Helene-Fischer-Konzert ist zugleich die große Feier des radikalen Eklektizismus, der Selbstwidersprüche, des Narzissmus und der ästhetischen Gleichgültigkeit. Als kultureller Überlebenskampf des – nationalen, völkischen – Kleinbürgertums ist der kapitalistische Surrealismus zugleich Mainstream-Feier der Un-, gar der Anti-Authentizität.

Die Mitte existiert also nicht, sondern ist der Punkt, auf den sich (mehr oder weniger) alle beziehen, den alle anstreben. Die Mitte existiert nicht, aber was nachweisbar existiert, ist das Bestreben, dorthin zu gelangen, diesen Punkt zu besetzen. Ein panischer Satz der linksliberalen Verteidigungslinie besagt, dass der neue Faschismus, dass Rassismus und Nationalismus »bis in die Mitte hinein« salonfähig seien. Wie, wenn es sich genau umgekehrt verhielte, dass der neue Faschismus, dass Rassismus und Nationalismus diese Mitte erst (wieder) erzeugten?

Eine aufgeklärte und humanistische Idee von Gesellschaft und Politik kann an »die Mitte« nicht glauben. Denn sie wäre ja automatisch jenes, das sich gegen unten wie gegen oben abgrenzen müsste und damit schon, direkt oder indirekt, gegen die Idee von Menschen- und Bürgerrechten gesetzt wäre. »Die Mitte«, schreibt Stephan Lessenich, »ist soziologisch selbst eine radikale Position, weil sie ausschließen muss.«[4] Das Ausschließen ist wohl sogar der kulturelle Kernfaktor der gesellschaftlichen Mitte (was sie im Übrigen zum Hauptadressaten von Kultur und Ideologie

Mainstream-Feier der Anti-Authentizität: Helene Fischer

macht – man könnte wohl sagen, dass es nie so etwas wie »Massenmedien« gegeben hat, sondern immer nur »Mittelschichtsmedien«). Nur wer ausschließen kann, kann auch zur Mitte gehören. Daher wird verständlich, dass die Forderung danach, niemanden auszuschließen, zur tiefen Kränkung jeder Mittelschichtsidentität wird. Demokratie, wenn sie ernst genommen wird (was freilich selten genug passiert), ist ein Affront gegen die Mittelschicht. Aber zur gleichen Zeit ist Demokratie, wenn man sie eben nicht allzu ernst nimmt, in »guten Zeiten« das ideale politische Medium der Mittelschicht, denn in ihm kann sie die grandiose Dialektik aus Stabilität und Dynamik am besten in Produktivität und »Kreativität« umsetzen.

Populistische Politik, also das Projekt der Demokratie-Überwindung, beginnt damit, dass dieser (fiktiven, aber wirkmächtigen) Mitte Opfer gebracht werden. Denn sie soll, wenigstens ideologisch, durchaus am Leben erhalten werden, der Stabilität wie des Wachstums wegen, insofern auch der postdemokratische Staat davon noch ein Quantum benötigt (bevor er endgültig in den ökonomisch-politischen Indifferenzzonen aufgelöst wird). Dass sich diese Opfer nach unten leichter bringen lassen als nach oben, liegt auf der Hand. Jede Brutalität gegen die Verlierer*innen, die Hartz-IV-Empfänger, die Arbeitslosen, Flüchtlinge und »sozial Schwachen« ist nur einerseits der fiskalischen Gier und dem Trend zum »Sozialabbau« geschuldet; sie ist immer auch performative Demonstration für die transformierte Mittelschicht. Ihr Zentralorgan, die *Bild*-Zeitung, übernimmt es, solche Opfer, meistens nach unten, ganz gelegentlich, als leichtes Symbol, auch nach oben, zu fordern, zu begleiten und zu bejubeln. Dann lieben es die fiktiven Mittelschichtler auch, was sie sonst weniger schätzen: als »kleine Leute« angesprochen zu werden.

Die Kultur der (wie gesagt: ideologisch rekonstruierten) Mittelschicht muss sich gegen zwei konkurrierende Gesellschaftskonstruktionen durchsetzen. Die eine ist die rein lineare Vorstellung des fundamentalen neoliberalen Kapitalismus: Aufsteigen oder herunterfallen, dann vielleicht einen neuen Aufstieg beginnen, und immer so fort. Jeder greift jeden an, jeder verteidigt sich gegen jeden; alle aber sind sich in der Verteidigung des Konstrukts selbst einig. Das andere ist die »linke« Utopie einer inklusiven Gesellschaft, jeder kooperiert mit jedem, jeder ist des anderen Helfer, nicht Wachstum, sondern Glück wäre das höchste Ziel. Das Konzept Mittelschicht dagegen besagt, dass es einen bevorzugten Platz in der Gesellschaft gibt, an dem man einerseits vor den schlimmsten Zumutungen des radikalisierten Wettbewerbs geschützt ist, an dem man sich aber andererseits auch soziale und kulturelle Verpflichtungen, etwaige neue Mitglieder, die als Freunde kommen und dann doch gleich Wettbewerber werden, vom Hals halten kann. Mittelschicht bedeutet mit einem Wort: Privilegierung und Ausgrenzung.

Für Privileg und Ausgrenzung müssen nur immer wieder die richtigen Objekte und Begriffe gefunden werden, also ein »natürlicher« oder »historischer« Grund für das Privileg (etwa die Transformation von »Weil wir es uns verdient haben« zu »Weil wir Deutsche sind«) und ein »historischer« und »politischer« Grund für die Ausgrenzung (»Die waren schon immer anders«, »Die verändern unsere Gesellschaftsordnung«), und diese Begründung muss nur, nach der bekannten Steigerungslogik, durch Erzählungen und Bilder verschärft werden, um den Pakt von Mittelschichtskultur und rechtspopulistischer Politik zu beschleunigen.

Die Mittelschicht, so wie wir sie kennen, also eine politisch-ökonomische Zone, in der gewisse Privilegien und gewisse Ausschlusskriterien über die Verbindung mit Fleiß, Moral und Wohlverhalten einhergehen mit der Akzeptanz von Rechtsstaat, Demokratie und Liberalität, ist ein historisches Produkt; es gibt für sie keine Bestandsgarantie, es hat sie in einer Zeit vorher und woanders nicht gegeben. Nicht ihre Existenz als solche, sondern ihr Pakt mit der Demokratie und mit dem Kapitalismus waren der »Glücksfall« für etliche Jahrzehnte, in denen in von ihm betroffenen Gesellschaften wie der unseren Dynamisierung (Wachstum) und Stabilität (Sicherheit) einigermaßen miteinander verbunden werden konnten. Das Ende dieses Paktes ist gekommen, und es sieht alles danach aus, dass eine Mehrzahl der Mittelschichtsmenschen sich nicht gegen den Kapitalismus, sondern gegen die Demokratie entscheidet.

Der kapitalistische Surrealismus reflektiert zumindest diesen Trend, natürlich indem er dessen politische Impulse negiert. Der kapitalistische Surrealismus gibt offen zu erkennen, macht sich Effekt und Lust daraus, dass es eine Kultur der Mittelschicht nicht weiter mehr geben kann. Aber er enthält darüber hinaus keine Wegweiser, keine Argumente, keine Ideen, was anderes als die endlosen Produkte des Zerfalls an ihre Stelle treten könnte. So stehen sich, wie in den Gemälden, die uns als Referenz dienen mögen, die (re)konstruierte Klassenkultur und das lustvoll-panisch zersetzte Subjekt gegenüber. Der kapitalistische Surrealismus ist die Kultur der Mittelschicht im Zustand der Implosion. Die Fetzen fliegen, aber sie fliegen nicht weiter hinaus, sondern tiefer hinein in die ökonomisch-politischen Maschinen, und sie entwickeln eine furchtbare Sogwirkung. Faszinierend ist das schon, hier und da. Aber nichts davon weist in die Zukunft; nichts davon verheißt Beständigkeit. Nichts wird bleiben. Und nichts wird sich verändern.

Anmerkungen

1 Max Scharnigg: Am Ende der Leiter. In: Süddeutsche Zeitung, 19/20/21.5.2018.

2 Christian Lange: Vater blamiert rassistischen Sohn während Live-Interview. In: GMX News, 16.8.2018, www.gmx.net/magazine/panorama/anschlag-muenster/vater-blamiert-rassistischen-sohn-waehren-live-interview-33118526 [6.10.2021].

3 Sonja Zekri: Der eingebildete Abstieg. Soziologe Stephan Lessenich über die Mittelschicht (Interview). In: Süddeutsche Zeitung, 16.6.2016, www.sueddeutsche.de/kultur/soziologe-stephan-lessenich-ueber-die-mittelschicht-der-eingebildete-abstieg-1.3037190?reduced=true [6.10.2021].

4 Ebenda.

Neue Klassen, alte Ausbeutung

Die Abschaffung der Gesellschaft

»There is no such thing as society.« Das berühmte Wort von Maggie Thatcher bedeutet nicht allein die Abschaffung von Gesellschaft als den Bereich des Zusammenlebens, in dem Diskurse über die Formen, Absichten, Ästhetiken, Grenzen dieses Zusammenlebens verhandelt werden und in denen die Interessen der Einzelnen mit den Interessen des Staates koordiniert werden. Wenn es keine Gesellschaft gibt, dann kann es entweder nur einen totalen Staat geben, oder etwas anderes tritt an die Stelle von Gesellschaft als intermediärem Sektor, und jemand wie Thatcher kann damit gewiss nichts anderes als »den Markt« gemeint haben. Die Abschaffung der Gesellschaft bedeutet dann auf indirekte Weise auch die Abschaffung des Staates oder doch seine fundamentale Umwandlung. Er ist nicht mehr der Hobbes'sche Leviathan, der eine Ordnung in allen Beziehungen garantiert und dem Kampf aller gegen alle ein Ende bereitet, nicht einmal der »Nachtwächterstaat« des klassischen Kapitalismus. Die Macht verteilt sich stattdessen auf sehr unterschiedliche Instanzen zwischen Politik, Ökonomie und Medien. Der Staat bleibt indes weiter ein Instrument der Entwicklung ökonomischer und technischer Potenziale, auch in der globalen und digitalen Variante des Kapitalismus gehen entscheidende Impulse (nehmen wir das Internet als Beispiel) immer noch von den Staaten aus. Aber es sind andere Staaten als die des 19. und die des 20. Jahrhunderts. Sie zeigen mittlerweile einerseits auch Züge eines gewaltigen Unternehmens, verstehen sich andererseits aber auch als »nationale Gemeinschaften«, also als große Variante dessen, was ein Staat eigentlich zusammenfassen, abstrahieren und ordnen sollte. Dem Zerfall einer Nation in verschiedene Gemeinschaften, der in Bürgerkriege und Separationen mündet, begegnet der postdemokratische Staat, indem er sich selbst als eine solche Gemeinschaft inszeniert. Der populistische Quereinsteiger, der zugleich die Interessen der ökonomischen Machthaber und das Phantasma der »magischen Gemeinschaft« vertritt, ist, von Berlusconi bis Trump, die ideale Charaktermaske für diese Umwandlung. In der zweiten Phase der Entwicklung, die den Aufstieg der Rechtspopulisten in Europa und in Amerika mit sich brachte, verwandelten sich auch die Vertreter der »alten« politischen Klasse in solche Masken des neoliberalen Populismus, was ihnen durch die allgemeine Paranoia der »Flüchtlingsflut« leicht gemacht wurde. Der Staat im Neoliberalismus wird also von zwei nur scheinbar widerläufigen Kräften geformt, nämlich einerseits der Abschaffung seiner Fürsorge- und Ordnungspflichten, andererseits der wachsenden Aggressivität nach innen wie nach außen. Dazu gehört auch die Besessenheit von Grenzen und Mauern, die den Staat wieder als Gemeinschaft umschreiben sollen, die »uns« und »die anderen« unterscheiden, die das zu Beschützende als Höherwertiges etablieren. Aus dem neoliberalen Staat wird ein hochmodernes Wirtschaftsunternehmen und zugleich ein tribalistisches Konglomerat. Der »Wirtschaftskrieg« à la Trump ist sein perfekter Ausdruck; die durch den neuen Tribalismus von Zerfall und Delegitimierung bedrohten Staaten retten sich, indem sie selbst tribalistisch werden. Antonio Gramsci hat das bereits in der Vorzeit des italienischen Faschismus als den Trend »zurück ans Stammesfeuer« gedeutet. Die tribalistischen Tendenzen breiten sich sozusagen von unten her aus: Maggie Thatcher verneinte zwar die Existenz einer Gesellschaft, betonte aber zugleich den Wert von Zusammenschlüssen. Es war so etwas wie ein erklärtes Ende des verlorenen Kampfes um die individuelle Freiheit. Zwischen dem starken Staat, der formenden Gesellschaft und den Verlockungen des Marktes entstand in beständiger Auseinandersetzung ein Subjekt, das vom Markt abhängig, aber frei von Gesellschaft und Gemeinschaft schien. Alles, was diese Freiheit einschränkte, wurde als Zumutung empfunden, aber zugleich entstand eine Lücke. Die Simulationen der Zugehörigkeit in den Spiel- und Freizeitkulten waren so wenig in der Lage, diese Lücke zu füllen, wie eine tribalistische Organisation von Belegschaften und Mitarbeitern in Konzernen oder ihren Abteilungen. Denn beides war, im Gegensatz zur Vorstellung von alten, »gewachsenen« Instanzen der Identität, mobil und flüchtig, auch diese Ersatz-Gemeinschaften waren so sehr dem Geist des

Neoliberalismus verpflichtet, dass sie beständig mit »Sieg« locken und mit Ausschluss drohen mussten – und müssen.

Im Nachklang des Kalten Kriegs hätte man vielleicht von einer Sozialverträglichkeit des Kapitalismus sprechen können, nicht allein wegen des Versprechens, dass alles, was »der Wirtschaft« diene, auch der Gesellschaft, und damit mehr oder weniger allen, diene, sondern auch wegen der Übernahme sozialer und sozialpädagogischer Elemente ins Selbstbildnis der ökonomischen Eliten. Zur Ökonomie-Kultur der siebziger Jahre gehörte das »Management-Training«, das Dutzende von kleinen Unternehmen den (damals noch nicht so genannten) »Entscheidern« anboten, um sie vor allem in der »Motivation« (damals ein Zauberwort) ihrer Mitarbeiter voranzubringen. Nicht nur »autoritärer« Führungsstil war verpönt, sondern auch das Prinzip von Belohnung und Bestrafung galt als ausgesprochen motivationsfeindlich. In den Ratschlägen zur »Betriebspädagogik« wurde ausdrücklich dazu aufgefordert, familiär und schulisch erworbene Dogmen zu überdenken und sich auf eigene, freie Entscheidungen zu stützen.[1] Kurzum: Es ging darum, das Gesellschaftliche in die ökonomische Kultur zu integrieren. Mit dem Einsetzen der neoliberalen Reaktion auf die Krisen der achtziger Jahre kehrte sich dieser Prozess um; nun ging es darum, die Sphären von Arbeit und Entscheidung dem Zugriff des Gesellschaftlichen zu entziehen und es stattdessen zu subjektivieren. Das Management soll nun nicht mehr eine Art von sozialer Produktivität erzeugen, sondern das Größtmögliche aus dem einzelnen Mitarbeiter herausholen. Und so wie aus dem Prinzip von Belohnung und Strafe (einer Disziplinargesellschaft angemessen) über die »Motivation« (einer »sozialen Marktwirtschaft« entsprechend) nun das Prinzip des »Hire and Fire« (der Kontroll- und Krisengesellschaft affin) wurde, so wurde aus dem sozialen Umfeld eines Arbeitsplatzes ein Geflecht der subjektiven Beziehungen, die freundschaftlichen, schon fast intimen Umgang miteinander direkt (also wieder »surrealistisch«) gegen manische Konkurrenz und soziale Gleichgültigkeit setzten. Die Subjektivierung der Beziehungen und die Intimisierung der Sprache untereinander widersprechen nicht einmal oberflächlich der Soziopathie des Arbeitens und Entscheidens. Wenn es Mitte der siebziger Jahre für ein Unternehmen galt, möglichst viel Gesellschaft zu enthalten, so gilt es für ein Unternehmen der zehner

Guerilla-Marketing (und Audi-Product-Placement) in FAMILIE JONES

und zwanziger Jahre, möglichst viel Gesellschaft auszuschließen. Das Unternehmen ist eher eine Alternative als eine Widerspiegelung der Gesellschaft. Diese Entgesellschaftlichung setzt sich vom Arbeitsplatz in den Bereich der Freizeit fort, der ohnehin mit ihm immer weiter verflochten wird.

Im subjektiven Umfeld lässt die Abschaffung der Gesellschaft die Beziehungen zunehmend marktförmig werden: Sich selbst im Internet zu veröffentlichen ist in aller Regel die digitale Form eines unterschwelligen Verkaufsgesprächs, und was mit den nun schon längst wieder altmodischen »Tupper-Partys« begann, setzt sich fort in einer Art des gegenseitigen Guerilla-Marketings, wie es etwa der Film FAMILIE JONES – ZU PERFEKT, UM WAHR ZU SEIN beschreibt: Ein attraktives Vorzeigepaar, Steve (David Duchowny) und Kate Jones (Demi Moore) zieht in ein Haus in den Suburbs, offensichtlich glücklich in Beziehung, Beruf und (vor allem) im Konsum; und nur wir wissen, dass es sich um kein »echtes« Paar handelt, sondern um zwei Verkäufer, die durch ihre sozialen Kontakte, die scheinbare Analogie von schicken Waren und persönlichem Glück und das Anstacheln von Konkurrenz die Nachbarn zu Käufen verführen, die sie weder brauchen noch sich leisten können. »Keeping up with the Joneses«, mit den Jones' mithalten, ist übrigens eine umgangssprachliche Bezeichnung für den Impuls, mit Besitz, Konsum und Freizeit die soziale Umgebung zu übertrumpfen. Die Katastrophe ist auch hier abzusehen: Wie andere auch, so muss sich auch Steve Jones' (der natürlich ganz anders heißt) neuer bester Freund, um mit ihm mithalten zu können, verschulden und kommt aus der Falle nicht mehr heraus. Sagt ein Jones am »freien Tag«: »Wir könnten mal ins Kino gehen«, entgegnet der andere: »Was könnten wir da verkaufen?«.

Seit den Zeiten von Jeremy Bentham, mit wachsender und wandelbarer Drastik, erzeugt der Kapitalismus die Soziophobie: Jeder ist sich selbst der Nächste, mach dein Glück, gewinne den Wettbewerb, kein Mitleid mit den Verlierern. (Ein Mann wurde US-amerikanischer Präsident, nicht obwohl er als Geschäftsmann so erfolgreich war, weil er sich nie an Regeln und Codes hielt, jederzeit Partner, Mitarbeiter, Freunde opferte und über »Treu und Glauben« nur lachen konnte, sondern gerade deswegen.) Aber der Kapitalismus erzeugt dabei auch sein Gegenteil, den barbarischen Kommunitarismus. Die populäre Kultur träumt noch bis in die Trash-Genres wie die »Zombie-Apokalypse« davon, wie sich in einer zerfallenden Gesellschaft kleine Gruppen bilden, in denen sich alte Tugenden wie Zusammenhalt und Fürsorge, aber auch autoritäre Führerschaft und Misstrauen gegen alle Außenstehenden finden. Die Auflösung der Gesellschaften in atomisierte Wettbewerber auf unbarmherzigen, aber chancenreichen Märkten, die nach der längst vergangenen Utopie des »freien Marktes« zu einer Verbindung der Freien führen sollte, erzeugt eine Sehnsucht nach Gemeinschaft, die die Kultur des Neoliberalismus nicht einmal mehr in den engsten Zirkeln der eigenen ökonomischen Herrschaft durch Simulation und Surrogat erfüllen kann. Barbarische Kommunitarismen entstehen als neofaschistische Subkulturen ebenso wie als religiöser Fundamentalismus, als kriminelle Untergrund-Organisation ebenso wie als Ritus kultischer Opfer. Was wir als »asymmetrische Kriege« betrachten, scheint vor allem der Auseinandersetzung zwischen soziophobischen Marktinteressen und barbarischem Kommunitarismus zu entsprechen. Dabei haben sowohl die Soziophobie wie die barbarische Gemeinschaft derart paranoide Züge entwickelt, dass die einen eine Rückbindung an die Rationalität des *homo oeconomicus* so wenig noch erlauben wie die anderen eine Erinnerung an die versöhnenden Elemente einer Religion oder den republikanischen Gehalt des Nationalismus. Beide Seiten, so scheint es, können ihr Überleben nur im totalen Krieg gegen die andere sichern. Doch scheint es absehbar, dass beide Seiten, der soziophobe Marktradikalismus und der barbarische Neo-

Kommunitarismus, nicht aneinander, sondern an den je eigenen Widersprüchen zugrunde gehen. Nur ihr Krieg gegeneinander hält sie am Leben. Sie wären zur gemeinschaftlichen Wirkung nur durch eine neue Form von Faschismus zu zwingen (und die Rechtspopulisten dieser Welt erwidern: Wir arbeiten daran).

Das traditionelle Modell der Warenzirkulation, man mag es nach einem seiner Erneuerer das »Varian-Gesetz« nennen[2], geht vom »Gesetz der Nachfrage« aus, das, sehr vereinfacht, besagt, dass die Nachfrage sinkt, wenn der Preis erhöht wird. Ein Gut ist »normal«, wenn die Erhöhung von Einkommen wiederum zur Nachfrage nach ihm führt. Umgekehrt wird das Gut billiger, wenn ein Teil des Marktes gesättigt ist. Das »Varian-Modell« besagt nun speziell, dass ein Gut, das zu einem Zeitpunkt nur von Besserverdienenden konsumiert wird, nach etwa fünf Jahren in der Mittelschicht angekommen ist, wenn auch vielleicht in einer Form des materiellen und ästhetischen ›Downgradings‹. Ein Flachbildfernseher, der zunächst ein technologischer Luxusgegenstand war, wurde zum Massengut, als sich diese Technologie einmal durchgesetzt hatte. Natürlich gibt es Dinge, die diese Bewegung nicht mitmachen können: Eine eigene Insel oder eine Villa mit Meerblick kann auch bei anhaltender Lohnverbesserung kein Gut für die Mittelschicht werden. Und doch gibt es durchaus Ersatz dafür, die Traumreise oder die Balkonzierde. Und sogar für die sozialen Ausweitungen von Reichtum, das Herr- und Knecht-Verhalten, gibt es die Mittelschicht-Versionen, wenn auch nicht mehr in menschlicher, sondern in technischer Form (kein Dienstmädchen, aber ein Staubsaugerroboter) und in digitaler (alle Apps haben »Assistenten«, die Geräte verhalten sich wie »Master« und »Slave« zueinander).

Die Idee der sozialen Mobilität umfasst nun also auch den Prozess eines lustvollen Downgradings; in einem Automobil-Werbeblog wird der populäre TV-Entertainer Joko Winterscheidt gezeigt als einer, der sich nach seiner Fernsehkarriere einen Traum erfüllt und Tankstellenpächter wird.

Was war es noch, was Reiche hatten und die Mittelschicht nicht? Ja, es war das Kapital. Geld, das »arbeitet«, Geld, das investiert und riskiert wird. Das ist zugleich Versprechen und Drohung des Neoliberalismus, dass auch das Geld der Mittelschicht, vordem geteilt in Konsummöglichkeit und Vorsorge (Sparen), sich in Kapital verwandelt. Es kann nicht nur, es muss riskiert werden. (Dafür sorgen die Gesetze und Verordnungen des postdemokratischen Staates und die Abwertung der Arbeit gegenüber dem Kapital und seinem »Abfall«, den Boni, den Profitraten in Fonds etc.) Der zynische Satz »Sozial ist, was Arbeit schafft« enthüllte längst seinen wahren Kern, das genaue Gegenteil: Belohnt wird, wer Arbeit abschafft oder ihren Wert drückt.

Während also der klassische Vorgang bedeutete, ein Gut (oder eine Dienstleistung), um es in der Mittelschicht zu platzieren, technisch und sozial zu vereinfachen und ästhetisch zu vergröbern oder umzucodieren – es musste schlicht billiger werden, um Nachfrage zu generieren –, ist mit der Kapitalisierung eine andere Größe ins Spiel gekommen. Man bezahlt mit Information. Die Information, die der Assistent für den User verarbeitet, wird zugleich an eine Instanz der politisch-ökonomischen Indifferenzzone weitergeleitet. Der Assistent bestiehlt den User sozusagen strukturell und dauerhaft.

Man könnte also zugleich ein Gegenmodell zum Varian-Gesetz aufstellen: Jedes Gut und jede Dienstleistung, das und die von der Ober- in die Unterschicht wandert, trägt in sich einen neuen Aspekt der Ausbeutung und der Herrschaft. So wird der Flachbildschirm nicht nur wegen seiner Massenproduktion (und der verschärften »Rationalisierung« der Arbeit) für die Mittelschicht erschwinglich, sondern auch wegen seiner Eigenschaft als Informationsbeschaffer und als Werbemittel. Es geht zum einen um ökonomische Verschuldung, und zwar in Form von Geld und in Form von zu leistender Arbeit, zum anderen um Strukturierung und Anpassung: Das Ding bestimmt Alltag und Gesellschaft, ist Teil einer symbolischen Ordnung. Und drittens schließlich geht es um Information; man bildet zunächst statistisch-analog und dann digital den Markt als kontrollierbare »Maschine« zur Erhaltung des Kapitalkreislaufes. Während sich nämlich der Reiche mit der gleichen Dienstleistung und dem gleichen Gut Freiheit (Zeit, Distanz, Bewegungsmöglichkeit etc.) erwirbt, gerät man in der Mittelschicht damit immer weiter in Abhängigkeit und ist in der Unterschicht schließlich vollkommen machtlos (gegenüber dem Objekt wie gegenüber dem eigenen körperlichen Verlangen). Und, so konsequent wie widersprüchlich, ist in der Unterschicht das Ding, das zu Beginn noch Anreicherung versprach, in einen Zustand des Verlöschens geraten. Der Flachbildschirm, der in der wohlhabenden Konsumavantgarde ein »Fortschritt« war (eine Herrschaft über die Bilder), verwandelt sich beim Übergang in die Mittelschicht in ein regressives und restauratives Instrument, nicht allein durch das Programm, diese Mischung aus Droge und Propaganda, sondern durch seinen Aspekt der Kontrolle, Spionage und Überwachung. Den Preisnachlass bezahlt man, wie bei den anderen elektronischen Gadgets zur »Optimierung« von Leben und Person, durch Öffnung der »Privatsphäre« für Markt und Macht.

Die Information, die zu einem bestimmten Anteil nun als Bezahlung für den Downgrade-Erwerb des Gutes oder der Dienstleistung dient, nutzt allerdings nur so lange wie sie als Vorgriff auf die kommende Marktentwicklung, das heißt auf weiteres Wachstum ausgerichtet ist. Meine Daten sind ökonomisch nur so lange interessant, wie ich zukünftig als Kunde infrage komme, was wiederum heißt, dass ich weiter arbeite oder andere für mich arbeiten lasse, während diese Daten umgekehrt für die politische Macht umso interessanter werden, wenn ich aus eben jenen Kreisläufen heraustrete und mich damit schon verdächtig genug machen muss. Wachstum, wie gesagt, ist zu begreifen als die Zunahme von Tausch-Transaktionen. Da nun Information für die Mittelschicht (und aus der Mittelschicht) zu einer Art Währung geworden ist, ein Tauschmittel, ist auch die Information selber diesem Prozess unterworfen. Sie gilt nur, insofern sie wächst. Wer keine Informationen zu bieten hat, ist beinahe so arm dran wie jemand, der kein Geld zur Verfügung hat.

Die Spitze solcher Tauschprozesse wird gebildet von Produkten und Dienstleistungen, die zu keinem anderen Zweck mehr hergestellt werden als zu dem, Informationen zu generieren. Informationen, die so viel wert sind, wie man dem Markt Wachstum zutraut (oder sich selbst Methoden, es zu erzeugen), werden wiederum zu einem eigenen Gut, mit dem man Handel und Tausch, Anlage und sogar wiederum die Anwendung des »Varian-Gesetzes« betreiben kann. Der Wert von solchen Informationen bemisst sich einerseits an ihrer Quantität und andrerseits an ihrer Exklusivität. Man gewinnt auf diese Weise einerseits »panoramatische« Informationen (die Beobachtung von Menschen, die gegen diese Beobachtung machtlos sind) und andrerseits »laplacesche«

Information (solche Unmengen von Informationen, dass sie sich gleichsam selbst statistisch ordnen). Der Wert des Subjekts, dem wir in diesem Buch schon in seiner Atomisierung und Zersetzung begegnet sind, errechnet sich aus den drei Parametern: Produktivität (zunehmend in Form von »Kreativität« abgebildet), Kontostand (Potenz an Konsum und Kapitalisierung) und Informationsattraktion (je mehr Konsum in ein solches Subjekt gepumpt wird, desto mehr wert ist sein Informationsoutput). Auf einen Wert als Mensch oder wenigstens als Staatsbürger hat der Insasse des Neoliberalismus keinen realisierbaren Anspruch. Zugleich arbeiten die Informationen auch an der Herstellung von Netzwerken und »Architekturen«; sie bringen schließlich neue Monopole wie YouTube, Google oder Facebook hervor, indem den Menschen ganzer Kontinente nur über sie »freier« Zugang zum Internet geliefert wird.

Der Austausch von Gütern und Dienstleistungen über Geld (Arbeit/Schulden) und Information (Marktbindung/Manipulation) erzeugt auf einer dritten Ebene einen Zusatznutzen (wie eine Zusatzgefahr), nämlich die performative Selbst-Identifizierung. Auf Facebook, zum Beispiel, zeigt man sich nicht nur (oder versucht sich zu verbergen), sondern erkennt man sich auch selbst. Es entsteht mithin nicht nur eine neue Form von Kommunikation und eine neue Form von Beziehungen, sondern auch eine neue Form von Subjekt. Das Problem liegt nun nicht darin, ob analoge und »körperliche«, literarische und anschauliche Kommunikation »besser« sei als digitale. Das Problem liegt vielmehr einerseits in der Macht der Vermittler und der »Verwalter«, andererseits aber auch darin, dass wiederum neue Unterschiede entstehen, paradoxerweise auf der Basis derselben Medien. Wie alles, was sich in Biografie und Alltag einschreibt, ist auch der Gebrauch von Smartphone, Internet und Social Media ganz offensichtlich für den einen Menschen ein Segen, kann Befreiung und Inklusion bedeuten, für den anderen aber ein Fluch, Bedrohung, Ausbeutung, Ausschluss. Wer oder was nun aber entscheidet, in welche Richtung sich das Pendel bewegt?

Vielleicht nutzt auch hier das Nachfrage-Gesetz. Wenn der Gebrauch von sozialen Medien nicht überall in der Welt »dasselbe« bedeutet – was in einem Land der Renner ist, wäre im anderen ausgesprochen degoutant, was man hier lustig findet, ist dort offensiv etc. –, so ändert er auch seine Bedeutung beim Übergang von oben in die Mittelschicht und weiter. Es geht um eine Transformation von (Markt-)Macht. Der Facebook-Gebrauch, den wir uns vorstellen und der in den wissenschaftlichen oder journalistischen Diskursen verhandelt wird – apokalyptisch, ironisch oder empathisch –, ist im Großen und Ganzen der einer weißen Mittelschicht in den USA und in Europa. Weitet sich der Blick, so sieht man, dass es mehr Freiheit im Umgang mit der neuen Technologie gibt als in den projizierten Bildern der Facebook-User in den urbanen Zentren der (Post-)Industriegesellschaften, aber auch, dass die Information, die als zweite Währung im elektronischen Tausch generiert wird, nur durch den Marktzugang der anderen gedeckt werden kann. Was wir also vor uns haben, ist das Modell einer elektronischen Landnahme durch die neuen, globalen Indifferenzzonen von Politik und Ökonomie.

Der neue Mensch des Neoliberalismus

Schon in unserem ersten Band zum kapitalistischen (Sur)realismus war uns die Vorstellung begegnet, Neoliberalismus sei gar nicht so sehr ein ökonomisches Modell, das sich das Politische untertan gemacht habe, als vielmehr das konkrete Handeln, die Wahrnehmung und Denkweise einzelner, aber bestimmender Menschen (in Form einer besitzenden Elite und ihrer Entourage der »Entscheidungsarchitekten«) nebst einer medialen Wolke zu ihrer Legitimation und ihrer Verwandlung in Unterhaltung, Werbung und Ware. Nach Abschluss unserer Reise durch Luxus und Elend müssen wir wohl zu dem niederschmetternden Ergebnis kommen, dass es beides ist. Keineswegs verhält es sich so, wie etwa in der Tradition von Noam Chomsky noch vermutet, dass sich die Interessen einer kleinen, aber mächtigen Elite mithilfe einer großen Manipulations- und Geschmacksmaschine gegen eine Mehrheit – »das Volk« – durchsetzen und es ausbeuten. Etwas Aufklärung und eine entsprechende Ermächtigung würden dann genügen, die Menschen dazu zu bringen, gegen das elende und ungerechte System aufzustehen. Aber Neoliberalismus herrscht nicht nur im Außen, sondern auch im Innen. Es geht stets zugleich um die neoliberale Welt und das neoliberale Ich. Unsere Reise durch die Ästhetik des Neoliberalismus wird wohl immerhin diese Empfindung gesichert haben, dass niemand sich einfach »außerhalb« bewegen kann.

Daher ist es selbst für den kritisch eingestellten Zeitgenossen, selbst für jenen Menschen, der sich als dissident und oppositionell empfindet, unumgänglich, auch den Neoliberalismus in sich selbst zu überwinden. Wer glaubt, dies sei eine einfache, schmerz- und angstfreie Sache, hat die Zeichen dieser Zeit wohl doch nicht recht erkannt. Und diese Zeit, die nicht mehr produziert, sondern nur noch kreiert, die Geschichte als einen endlosen Verteilungskampf bewahrt, die den humanistischen Kern verloren hat, sie besteht fast nur noch aus ihren Zeichen.

Der Neoliberalismus hat nicht viel weniger versprochen, als einen neuen Menschen zu erzeugen. Mit Margaret Thatchers Deklamation, es gebe keine Gesellschaft, sondern nur noch Subjekte und Familien, wurde das Programm. Gibt es eine Konstante von Friedrich Hayek über Thatcher und Reagan und über die Totengräber der Sozialdemokratie (ein Ausdruck des Kabarettisten Georg Schramm) wie Schröder oder Blair bis hin zu den Berlusconis und Trumps und von diesen zu den weniger aufregenden Exemplaren neoliberaler Bannerträger wie Lindner oder Merz, die das Geschäft der Privatisierung und Kapitalisierung der Welt mit Zähigkeit und streberhaftem Machtsinn verfolgen, und, ja, bis hin zu einer selbsterklärten Opposition – die Linke als Partei, die Linke als Bewegung –, die sich in den Sog des Neoliberalismus und seines Menschenbildes begibt, sobald es um eine Praxis von Macht, Regierung und Verwaltung geht?

Da der Neoliberalismus eine fast grenzenlose Freiheit für das Subjekt und seine Entfaltung auf dem Markt, aber keine Absicht zu einer politisch-demokratischen Freiheit entwickelt – Neoliberalismus ist ein Konzept zur Abschaffung nicht nur der Gesellschaft, sondern auch der Demokratie, und nichts ist gefährlicher, als dies zu leugnen –, verteilt er auf neue Art das, was man einst Verantwortung genannt hat: Der neoliberale Mensch ist in einer fast manischen Weise für sich selbst verantwortlich, und er ist zugleich für so gut wie nichts anderes mehr verantwortlich, weder für seine Gesellschaft noch für »die Welt«. Margaret Thatcher hat in ihrer Attacke auf das Konzept der Gesellschaft nicht umsonst noch die Familie als Instanz gelten lassen: Der neoliberale Mensch investiert alle Empathie, alle Solidarität, ja möglicherweise überhaupt alle Emotion in Familie, Familienersatz, Familienfiktion und familiale Simulationen. Solidarität, Mitgefühl und sogar Neugier gehen über das familiar konstruierte »Wir« nicht hinaus. Sentimentalität und Brutalität sind im neoliberalen Menschen unverbunden nebeneinander im Werk. Eine tiefe, schmerzhafte Sehnsucht nach Familie ist das, was dem neoliberalen Menschen von seinen Gefühlen vor allem geblieben ist. Und ein ebenso zäher wie durchdringender Antrieb, »jemand zu werden«. Denn der neoliberale Mensch ist sich selbst ja nicht nur Ziel, sondern in aller Regel auch Hemmnis.

Es ist diesem Menschen selbstverständlich, dass er bei einem Unfall weder Hilfe leistet noch ihr die Bahn frei gibt, sondern mit seinem Smartphone Fotos möglichst drastischer und sensationeller Art schießt, um etwa als »*Bild*-Leser-Reporter« Aufmerksamkeit und Geld zu bekommen. Kopfschüttelnd und doch nicht wirklich überrascht nehmen wir die Nachricht auf, dass ein Mann in einer Bankfiliale vor den Geldautomaten kollabierte und seine Mitmenschen einfach über den Sterbenden hinwegstiegen, um ihre Geldgeschäfte zu tätigen, und dabei offensichtlich so wenig fanden, dass ihnen auch der Umstand gleichgültig war, von den allfälligen Überwachungskameras aufgenommen zu werden. Natürlich verachtet man ein solches Verhalten noch, bekommt in den Medien auch hier und dort einmal empörte Berichte zu lesen, und doch ist es unter unseren Bedingungen »normal«. Und das Erschrecken über das Alltagsverhalten des neoliberalen Subjekts nimmt immer weiter ab, in Form der Selbstverstärkung: Das Wissen darum, dass von den anderen keine Hilfe zu erwarten ist, legitimiert die Bereitschaft, den anderen keine Hilfe zu gewähren.

Neben dieser, wie es scheint, vollkommenen Abstumpfung gibt es auch eine Hyper-Erregtheit gegenüber Störungen. Was im Alltag zu einer gegen null tendierenden Frustrationstoleranz im Straßenverkehr führt, zeigt sich im größeren Maßstab als Anfälligkeit noch für die krudesten Verschwörungsfantasien. Dass ausgerechnet ein Milliardär wie George Soros zu einer der beliebtesten Figuren in diesem Spiel werden konnte, hängt zum einen mit seiner Dissidenz in der eigenen Klasse zusammen. Im Jahr 2009 rief er eine Denkfabrik unter dem Titel Institute for New Economic Thinking ins Leben, die sich dadurch unbeliebt machte, dass sie den Dogmen des Neoliberalismus entschieden widersprach. Die Feindschaft der *little brothers* des globalen Finanzkapitalismus war ihm und seinen Mitstreitern wie Joseph E. Stiglitz damit gewiss, aber sehr rasch griff das Feindbild auch in die Reihen des Rechtspopulismus und erfreut sich bei autokratischen Herrschern wie Viktor Orbán in Ungarn großer Beliebtheit. Soros, so lautet der Kern der Verschwörungsfantasie, leite gezielt Flüchtlingsströme in die europäischen Staaten, um sie zu destabilisieren. Natürlich sind solche Verschwörungstheorien ein Symptom der militanten Komplexitätsreduzierung, die ein Kernangebot der Rechten ist, aber es geht auch um die Hysterisierung eines gemeinschaftlichen, stets auch antisemitisch unterfütterten Feindbildes: Als Negation kommt die anders ausgeschlossene Emotion zurück. In der Verschwörungsfantasie bekommt das Gespenst eine Form. Soros ist das Gespenst eines »Gewissens« oder wenigstens eines »Bewusstseins« des Kapitals, das um jeden Preis gebannt werden muss. Das Geflecht von Interessen, Entscheidungen, Manipulationen und Beziehungen wird in einem Dämon oder einem dämonischen Menschen oder einer geheimen Gruppe symbolisiert und zugleich (für) »wahr« genommen. Offenbar braucht jeder Rechtspopulist ein solches Gespenst, in dem unter dem Deckmantel der Verschwörung gehasst wird, was an eine andere Wirklichkeit erinnert. In den Feindbildern also verschmelzen Neoliberalismus und Rechtspopulismus so sehr wie in einer gemeinsamen Triebstruktur und nehmen die Überwindung ihrer Widersprüche vorweg.

Soziale Gleichgültigkeit und Leichtgläubigkeit gegenüber irrationalen Verschwörungsfantasien sind gepaart mit einer dritten typischen Eigenschaft des *homo neoliberalis*, der Unfähigkeit zur Erhaltung. Er ist einerseits lange daran gewöhnt worden, dass sich »Reparaturen nicht lohnen« und immer mehr auch gar nicht möglich sind, dass eine Neuanschaffung bei jedem Problem also die beste Lösung ist. Was eine »Inszenierungsware« anbelangt, so ist der Entwertungsvorgang ohnehin aus dem technischen in den ästhetischen Bereich verlagert. Aber das gleiche Prinzip hat sich auch im sozialen Bereich entfaltet: Die gegenwärtige Generation der Mittelschicht ist bereits eine, die ihr Erbe nicht mehr weitergeben kann, sondern verbrauchen müssen wird. Am eindringlichsten und gefährlichsten indes erweist sich die Unfähigkeit der Staaten, die Infrastruktur ihrer Gesellschaften aufrechtzuerhalten, worüber spektakuläre Neubauten höchst unvollkommen hinwegtäuschen. Der neoliberale, postdemokratische Fürst baut sich lieber seine eigene Pyramide (»seinen« Flughafen, »sein« Museum, »seinen« Regierungspalast), als Geld in Straßen, Brücken, Krankenhäuser, Schulen und deren Erhalt zu investieren, wobei kein Inszenierungswert für ihn abfällt. Die Veräußerung und Medialisierung der Macht in der Postdemokratie hat also nicht nur Folgen für die politische Kultur, sie bedroht ganz buchstäblich das Leben oder wenigstens die Lebensbedingungen vieler Menschen. (In Bayern, zum Beispiel, hört man angesichts gut gepflegter oder erneuerter Straßen oft den Kommentar: Da muss ein hohes CSU-Tier in der Nähe wohnen … Ach, was »das Volk« so denkt.) In nur leicht variierendem Maß übersteigt der Bedarf der Erhaltungskosten für Autobahnen, Brücken, Eisenbahnen die Summen, die dafür bereitgestellt werden, sodass, durchaus bereits sichtbar, ein struktureller Verfall eingesetzt hat (wenngleich nicht immer mit solch tragischen Folgen wie beim Brückeneinsturz von Genua im August 2018), der Folge sowohl der Austeritätspolitik von europäischen Schlüsselnationen wie auch der Privatisierungen ist. Ein privater Betreiber ist notwendig am Profit heute mehr interessiert als an der Erhaltung für morgen. Vom Familienhaushalt über die gesellschaftlichen Gruppierungen bis zur politischen Ökonomie der Nationen reicht die Kette einer Ad-hoc-Kapitalisierung: Das Ding (einschließlich des Bauwerks, der Straße, der Universität und des Krankenhauses) ist als solches nichts mehr wert und schon gar nicht der langen Erhaltung würdig, da es als Inszenierungsware nur eine augenblickliche Bedeutung des Kapitalflusses ist, der sich rasch wieder neuen Bedeutungen zuwendet, als Simulation von Dynamik und Wachstum. Nur eine neue Straße ist eine gute Straße. Ein Bahnhofsneubau (wie, sagen wir, der in Berlin) dient vor allem der Erzeugung einer Inszenierungsbühne (fast scheint es lästig, dass an einem solchen Bahnhofseinkaufsparadies auch noch Züge verkehren müssen, aber natürlich treibt erst die Reisesituation die Kundschaft in Konsumlaune und Konsumzwang). Auch hier kann man sich des Eindrucks der Vergespensterung kaum entziehen. So wie die Duty-Free-Zonen an den Flughäfen ihren Sinn, Teil einer Luxusinszenierung im Zeitalter des Billigfliegens zu sein, verlieren, müssen Inszenierungsarchitekturen zu Gespensterzonen der Teilhabe werden: als wären sie nur zur Aufführung des Stücks »schöne Welt der Luxuswaren für alle« gedacht. Oder aber, auch das gilt: Ramsch gibt es nun auch an den Orten, die einst dem Luxus vorbehalten waren.

Der neoliberale Mensch muss also sowohl seine Umwelt als auch sich selbst kapitalisieren. Das heißt, dass er weder sich selbst noch seine Dinge, noch seine Lebenswelt als solche erhalten, sondern immer nur in Gewinn und Verlust umsetzen kann. Er muss sich selbst als eigentliche Projektionsfläche betrachten; er ist sich selbst das begehrteste Schauspiel, wie in den »Reaktionsvideos« zu betrachten ist: Ins Netz gestellte Aufnahmen von Menschen, die ihrerseits auf Filme reagieren, zum Beispiel auf besonders drastische Horror-Sequenzen oder reale Katastrophenbilder. Der Affekt selber wird zur Botschaft, und die wird, wie die Klick- und Likezahlen zeigen, gerne angenommen. Wie in der Verschwörungsfantasie (und natürlich auch ganz anders) wird auch hier die Emotion in einer äußeren Gestalt gesucht, das Subjekt wird objektiviert und zu einer visuellen Physiognomik, einem Katalog der Gefühle: Zuneigung, Angst, Ekel, Verachtung, Gier, Freude, Mitleid, Hass. Mittlerweile gibt es auch Reaktionsvideos auf Reaktionsvideos, in denen wir sehen, wie jemand Freude darüber empfindet, wie jemand anderer sich entsetzt. Es ist wie eine Welle, deren Amplituden immer kleiner werden. Und wie ein Wellenschlag ist das Reaktionsvideo auch eine Art, Energie zu absorbieren, von der Erregung zum Stillstand zu kommen. Im letzten Reaktions-Reaktionsvideo gibt es nur noch eine Empfindung: Gleichgültigkeit. Man verarbeitet die viralen Erschütterungen in dem medialen Raum, durch den sie entstanden sind. Aber zugleich gibt es eine Transformation des Subjekts. Das neoliberale Subjekt kann nicht »innen« empfinden, es muss jede Emotion veräußern, ins Bild setzen, medialisieren und schließlich auf den Markt bringen. Denn Reaktionsvideos sind nicht zuletzt ein Geschäftsmodell, noch näher am feuchten Traum der Post-Industrie: aus nichts als aus der Bereitschaft der Menschen zur Inszenierung und Selbst-Inszenierung Profit zu schlagen. Oder, um es noch universaler zu sagen: In der Welt der knapp werdenden Rohstoffe muss der Mensch selber zum Rohstoff werden. So oder so. Der kulturelle geht dem emotionalen und der emotionale geht dem fleischlichen Kannibalismus voraus.

Der neoliberale Mensch als Projektionsfläche: Reaktionsvideos

Arbeit bedeutet für den neoliberalen Menschen also, sich seines Rohstoff-Wertes gewiss zu werden und sich gleichzeitig von ihm zu distanzieren. Er arbeitet an sich selbst, um sich zu verbessern und zu maschinisieren. Der Körper wird dabei nicht nur durch das mechanisch-digitale Außenskelett geleitet, das Smartphone, den Pulszähler, das Fitnessarmband, sondern auch auf der emotionalen Ebene (die Kopfhörer bringen ihn mit ihrer Stimmungsmanipulation über den toten Punkt, die Balance von sozialer Gleichgültigkeit und subjektiver Sentimentalität wird von audiovisuellen Stimulationen unterstützt, und vieles mehr[3]).

Der neoliberale Mensch freilich kann mit größter Wahrscheinlichkeit die Ziele von Selbstoptimierung, Gewinnen und Genießen, die er übernommen hat, nicht erfüllen. Wer kann das sein, der ihm im Weg steht, wenn nicht er selbst? Als Ideologie hat er es übernommen: Es sind der Staat und seine Gesetze, die Bürokratie, die Moral, die Rücksicht, die »Gutmenschen«, die ihn alle auf ihre Weise durch einen Appell an etwas Verschüttetes daran hindern wollen, sich zu entfalten. In seiner Verzweiflung aber gibt er seiner Sterblichkeit noch die Schuld und verlangt nach der eigenen Post-Humanisierung! So geht wie dem fleischlichen der emotionale Kannibalismus dem Posthumanismus der Anti-Humanismus voraus. Damit man selbst unsterblich werde, muss anderes (auch in sich selbst, das Mitgefühl zum Beispiel) absterben: Der Todestrieb, den Sigmund Freud einst so eindrücklich als inneres Geschehen skizzierte, ist in den Status der äußeren Machbarkeit gerückt.

Wenn es das Wesen des kapitalistischen Realismus war, sich auf die Verhältnisse auf Teufel komm raus einen Reim zu machen, so besteht das des kapitalistischen Surrealismus darin, sich mit den Ungereimtheiten zu arrangieren. Denn so wie jede Freiheit neue Kontrollzwänge erzeugt und umgekehrt, so erzeugt auch jeder Sozialabbau neue Chancen. Nur zum Beispiel ist ein paradoxer Effekt der Arbeitslosigkeit zu verzeichnen, die nicht nur die Aktien und Produktivität in die Höhe treiben soll, sondern auch buchstäblich wieder Arbeitsplätze schafft: Die Angst vor Arbeitslosigkeit bringt die Coaching- und Consulting-Industrie in die Höhe, Weiterbildungs- und Eingliederungsförderung wird von größeren und mittleren Firmen betrieben, die Finanzsektoren haben eigene Abteilungen für die Schuldenbehandlung von Arbeitslosen eingerichtet, Leiharbeitsfirmen boomen, sogar wissenschaftliche Institute errichten sich rund um das Thema Arbeitslosigkeit.

> »Zählt man die indirekten Arbeitsplatzeffekte, die durch die Auswirkungen der Arbeitslosigkeit induziert wurden, etwa im Bereich der Sozialarbeit, der Polizei usw. hinzu, dürften inzwischen – konservativ geschätzt – an die 50.000 Arbeitsplätze durch die Arbeitslosigkeit gesichert werden. Etwas überspitzt lässt sich formulieren: Mehrere Zehntausend BundesbürgerInnen leben von der Arbeitslosigkeit. Wenn es wieder einen hohen Beschäftigungsgrad gibt, wird dies zusätzliche Arbeitslose schaffen! An das Weiterbestehen von Arbeitslosigkeit haben sich in einem objektiven Sinne Arbeitsplatzinteressen angelagert« (Harald Mattfeldt / Jürgen Wolf).[4]

Über ein Vierteljahrhundert nach diesem Befund von 1989 ist die Arbeitslosigkeit weiter institutionalisiert; sie ist nicht nur statistisch eingehegt und in den ökonomischen Kreislauf einer ständigen Abwertung der Arbeit und des Lohnes einbezogen, sondern auch zur Kultur geworden. Von der Arbeitslosigkeit und ihrem Gespenst lebt heute bereits ein guter Teil des Handels; Verwaltungseinheiten und besagte Coaching- und Betreuungsindustrien sind weiter gewachsen, und nicht zuletzt haben wir ein auf Arbeitslosigkeit zentriertes Entertainment. Unnütz zu sagen, was im Sektor der Bürokratie geschieht: Die Verwandlung des »Untertanen« in einen »Kunden« ist ja nur scheinhaft eine Aufwertung, in Wahrheit indes eine weitere Abwertung. Ein schlechter Kunde wird von der Bürokratie des Neoliberalismus mit einer Härte behandelt, den sich die schlimmsten Staatsbürokratien gegenüber ihren Untertanen nicht leisten konnten, denn der Untertan sollte zwar gehorchen, aber er war doch trotz allem immer noch Teil von Staat oder Imperium. Der schlechte Kunde dagegen soll einfach nur: draußen bleiben. Eine wirkliche Wende auf dem Arbeitsmarkt würde »das System« längst nicht mehr verkraften, und das meint nicht nur, dass der Wettbewerb zusammenbrechen würde, der nur noch mithilfe des Lohndumpings zu führen ist, sondern auch den paradoxen Umstand, dass ein durch Arbeitslosigkeit entstandener Arbeitssektor wegfallen würde oder eine durch Arbeitslosigkeit oder die Angst vor Arbeitslosigkeit erzeugte »Kultur« zusammenbräche. Nur einen kleinen Schritt in die Science-Fiction-Spekulation ist diese Vorstellung entfernt: Die Grundlage des neoliberalen und postdemokratischen Staates ist die Arbeitslosigkeit. Oder: Arbeitslosigkeit ist das semantische und existenzielle Zentrum der Kultur des 21. Jahrhunderts. (Und diese Entwicklung wächst ins Unheimliche – ins Gespenstische –, wenn wir »Arbeit haben« nicht übersetzen als »einen Job und ein noch so geringes Einkommen haben«, sondern mit Sinnstiftung und Produktivität, oder, anders gesagt: mit einem Wert für sich selbst und für die anderen.)

Die Kultur des Neoliberalismus hat das Scheitern des Einzelnen in ihr integriert. Darum geht es den postdemokratischen Regierungen auch gar nicht darum, die Arbeitslosigkeit zu bekämpfen, sondern vielmehr darum, sie möglichst lukrativ zu verwalten. Arbeitslosigkeit schafft auch, nächste Paradoxie, dadurch Arbeit, dass sie die verbliebenen Arbeitsplätze billig macht und den Staat in den Stand setzt, die Menschen notfalls mit Erpressung und Gewalt in Stellungen zu bringen, die ihnen weder behagen noch angemessen erscheinen können. Doch die Brutalität, mit der Staat und Wirtschaft gegen Arbeitslose und gegen jene vorgehen, die von ihr bedroht sind, wäre ohne eine solche Kultur, ohne die allgemeine parasitäre Teilhabe an der Entarbeitung der Gesellschaft und der Entgesellschaftung von Arbeit, nicht vorstellbar.

Die paradoxe Trennung zwischen Rhetorik und Handlung, die man in Bezug auf den Weltfrieden, die Ökologie und die Gerechtigkeit beobachtet und zunächst einmal schlicht als Heuchelei abtut, ist also in der Post Truth Policy, die wir in *Beute & Gespenst* analysierten, auch auf die eigene Situation rückprojiziert. Die Menschen freuen sich nicht nur aus Gründen des Wettbewerbs über die Arbeitslosigkeit der anderen, sie sind Teil einer Kultur, die die Arbeitslosigkeit zu einer »heiligen« Leerstelle gemacht hat. Es ist der Dämon, der jederzeit zuschlagen und jeden treffen kann (am allerwenigsten allerdings die Priester der Arbeitslosigkeit, alle jene mithin, die auf irgendeine Weise über Arbeit oder Arbeitslosigkeit entscheiden können). Materialistisch ausgedrückt freilich ist die Sache einfacher: Das Interesse an der Arbeitslosigkeit ist größer (mächtiger) als das an ihrer Überwindung. Postdemokratisches Regieren besteht darin, jeder Schicht eine Möglichkeit zu bieten, sich zu retten oder gar zu bereichern, wenn es nur auf Kosten der Schwächeren geschieht. Dass also von einer Schicht, nämlich der Mittelschicht am Rand des Abstiegs oder wenigstens der Stagnation, »der Flüchtling«, der »Sozialschmarotzer« oder »der faule Grieche« zum Opfer erkoren wird, ist nicht nur ein überraschendes Hochkommen nationalistischer und »völkischer« Impulse, sondern auch die direkte Fortsetzung dieser Struktur des »Davonkommens«. Was dazu nur noch benötigt wird, ist eine Legitimation, eine »Erzählung« (in Bildern). Auch die Werbung erzählt unentwegt von einer Gemeinschaft der Habenden und der Konsumierenden. Die Nicht-Habenden, die Arbeitslosen, sind es allein und bildlos. Daher geht von ihnen keine direkte politische Gefahr für das System aus, und die indirekten, die »Verwahrlosung« von Territorien und Milieus, Kriminalitätsdruck, Verfall der Infrastrukturen und schließlich auch die Anfälligkeit für Ideologien des politischen oder religiösen Fundamentalismus scheinen sich dagegen managen zu lassen. (Den Terrorismus, sagt man, müssten die postdemokratischen Regierungen erfinden, wenn es ihn nicht gäbe.)

Der entscheidende Kern der Arbeitslosen-Erzählung im Neoliberalismus ist eine Dopplung von Schuldzuweisung und Verharmlosung. Vereinfacht lautete eine solche Erzählung: Die sind selber schuld, und außerdem geht es ihnen doch noch blendend. Dieser Kern der Erzählung wird beständig aktualisiert und erweitert. Er sorgt dafür, dass es keine Solidarität mit den Arbeitslosen, nicht einmal einen Impuls des Verstehens geben kann, nicht obwohl, sondern gerade weil es »jeden treffen« kann. Das geht weit über den Vorgang einer schlichten »Verdrängung« hinaus. Der »Verlierer« im Neoliberalismus hat eine ähnliche Funktion wie das Teuflische im Christentum, eine Bestätigung durch die Negation.

Der Verdacht liegt nahe: Was mit den Arbeitslosen gelingt, das kann jederzeit mit anderen Gruppen geschehen, die man zu marginalisieren versteht. Wie wäre es mit den »Kritikern« und »Gutmenschen«, mit den Undeutschen, Volksverrätern und Linken? Keine dieser Erzählungen funktioniert ohne die Produktion von Bildern am laufenden Band. Ein jüngeres Bild dieser Art: Bei einer Anti-Merkel-Demonstration beschwert sich ein Pegida-Anhänger darüber, dass ihn ein Team des ZDF bei seinen Äußerungen gefilmt habe (das immerhin bei einer öffentlichen Kundgebung!), und was tut die Polizei vor Ort? Nein, sie erzwingt nicht das Recht auf Berichterstattung, sondern sie sorgt mit reichlich rabiaten Mitteln dafür, dass das Team des öffentlich-rechtlichen Fernsehens ausgeschlossen wird und der normale Bürger, die normale Bürgerin daher nicht erfährt, was bei einer solchen Kundgebung gesagt, gezeigt und getan wird. Das Recht auf das Bild geht von einer demokratischen Zivilgesellschaft auf die Populisten über, und der Ministerpräsident des Landes beeilt sich am gleichen Tag noch zu verkünden, dass er dieses Verhalten vollkommen in Ordnung finde. Dann stellt sich heraus, dass dieser Mann ein Mitarbeiter des LKA ist, der auf Urlaub mal so eben bei einer Demonstration gegen seinen Staat und seine Verfassung seine wahren Gefühle zeigen darf. Fast müßig zu erwähnen, dass dieser Mann, wie weiter herauskommt, beruflich Umgang mit »sensiblen Daten« pflegen darf. Es gibt eben viele Punkte, an denen die Demokratie angegriffen und dysfunktionalisiert werden kann.

Der kapitalistische Surrealismus als Nachspiel und Farce

Die Kultur des Neoliberalismus, die einem Zerfall der Kultur entspricht, die einmal die Aufgabe hatte, die Widersprüche zwischen Demokratie und Kapitalismus zu überbrücken, durch ein Angebot von Kritik, Traum, Versprechen, Nostalgie und Kompensation, ist nun vollständig in den Dienst des Wachstums gestellt, genauer gesagt, sie muss den Widerspruch zwischen dem Zwang zum Wachstum und der Unmöglichkeit von Wachstum überbrücken. Wachstum muss nun gleichsam mit allen zur Verfügung stehenden und auch einigen neuen Mitteln erzwungen werden. Steuer- und Zinspolitik, zum Beispiel, treiben den Menschen das Sparen aus. Das Geld soll entweder in den Konsum gehen oder in die Investition (aber ein gewisser Teil bleibt einfach liegen), beides soll wiederum Wachstum generieren. Doch das gebildete Kapital sucht immer gieriger nach Verwertung und findet immer weniger, was sich wirklich noch mit einem Allgemeinwohl verbinden ließe, während umgekehrt dieses Allgemeinwohl immer weiter von der staatlichen Fürsorge vernachlässigt wird. Die Abschaffung der Gesellschaft durch den Neoliberalismus ist eine sich selbst erfüllende Drohung, sie ist längst von der Ideologie zu Regierungshandeln und von diesem zu Alltagspraxis geworden.

Sehen wir uns einen Zeitschriftenladen im Jahr 2021 an. Was dort angeboten wird, hat kaum noch mit Politik und nur wenig mit Kultur zu tun, also mit der Selbstidentifikation der Adressaten mit der Demokratie. Dafür geht es neben Promiklatsch, Sex & Crime und Regressionswelten vor allem um eins: um die Generierung von Wachstum, entweder als Spekulation oder als Konsum. Zu behaupten, das alles sei »unpolitisch«, wäre nur die halbe Wahrheit. Während die Politik mit aller Macht »Wachstum« generieren muss, um ihr eigenes System zu erhalten, und damit die Bevölkerung gleichsam als Geisel an Konsum und Kapital ausliefert, muss sie mit aller Macht verhindern, dass es zu einem Aufstand oder auch nur zur Verweigerung kommt. Wirtschaft wird beinahe schon »legal« mit krimineller Energie verbunden; was Wachstum generiert, kann nicht verfolgt werden:

> »Das FBI sagte schon 2004, dass wir die größte Welle von Anlagebetrug in der US-Geschichte erleben. Doch Alan Greenspan, der damalige FED-Chef, und die Neoliberalen meinten, dass Betrug Teil der Wirtschaft sei und dieser Anlagebetrug nicht verfolgt werden müsse, denn Betrug führe zu Reichtum und Wachstum. Sie entschieden sich, keinen Banker zur Verantwortung zu ziehen. Niemand musste etwas zurückzahlen, keiner ging etwa ins Gefängnis, alle blieben auf freiem Fuß.« (Michael Hudson)[5]

Diese Unbelangbarkeit hat die Kultur der »Elite« noch weiter von der Realität von Menschen wie dir und mir entfernt. Und treibt uns weiter in die von den entsprechenden Industrien erzeugte Parallelwelt.

Für uns, im verzweifelten Kampf darum, uns weder mit den »Eliten« gemein zu machen noch im Sumpf des neuen »Volk«-Seins unterzugehen, bleibt die Erfahrung, dass sich in der Epoche des Neoliberalismus die Liberalität selber in ihr Gegenteil verkehrt hat. Versprach sie einst Ausgleich und Abwehr des Bürgerkriegs, so scheint sie nun gerade geschaffen, den Widerspruch zwischen Besitz und Besitzlosen, aber auch zwischen demokratischer Zivilgesellschaft und »Volk« zu verschärfen; versprach sie einst, die Dogmen von Ideologie und Religion zu überwinden, so scheint sie nun Produzentin neuer Ideologien und neuer religiöser Fundamentalismen; war Liberalität einst das Versprechen, auf die leidige Produktion des »neuen Menschen« zu verzichten und stattdessen den alten mit mehr Möglichkeiten und mehr Reflexion auszustatten, so ist es nun gerade der Neoliberalismus, der einen »neuen Menschen« zu formen trachtet; versprach Liberalismus einst ein tolerantes Nebeneinander und eine Offenheit gegenüber neuen Ideen und Fantasien, so ist Neoliberalismus nun zum »alternativlosen« Text der Welt geworden; und versprach der Liberalismus einst eine vernünftige Einstellung zur Balance von Ich und Umwelt, so verlangt der Neoliberalismus eine monomanische Indienststellung für Wachstum, Produktivität und »Kreativität«. Aus einer bewusst unvollkommenen Form von Lebensgestaltung ist ein Zwang aus Todesängsten geworden. Und aus dem Versprechen einer Befreiung die neue Struktur von Unterwerfung und Versklavung.

Dass der Kapitalismus in seiner jetzigen Form auch die augenfälligsten Widersprüche und die damit verbundenen Krisen überleben konnte, ist so unübersehbar wie der Preis, den die Menschen dafür bezahlen werden.

Wachstum ist in dieser Phase aber nur noch in der Organisation der imaginären und virtuellen Waren zu generieren, in der Überfüllung des Lebens mit Dingen und Zeichen, in der Generierung von Parallel- und Regressionswelten, in der Verdichtung und Beschleunigung der Kommunikation. Zur gleichen Zeit verabschiedet sich aber ein Teil des Kapitalismus in eine eigene

Welt, in die des Finanzkapitalismus, in dem das Geld wirklich »gemacht« wird, und im globalen Wettbewerb können die Konzerne Vorteile nur noch durch immer weiteren »Krieg« gegen die Arbeit erzielen. Die drei Ziele dieses späten Kapitalismus aber widersprechen einander so sehr, dass sie kollabieren müssen. Der »ästhetische Kapitalismus« und der kapitalistische Surrealismus als ein besonderes Kapitel darin sind ein Nachspiel, eine Farce. Vor dem Ende. Oder vor einem Neuen, das nur aus dem Widerstand geschaffen werden kann.

Der ästhetische Kapitalismus, das ist nicht nur ein »Marktgeschehen« um das Kreative und die ästhetische Produktion, sondern es ist auch eine Mythologie, die Erzählungen und Bilder generiert, die mit der (ökonomischen) Wirklichkeit nicht mehr viel gemein haben. Gegen Ende der siebziger Jahre wurde eine mehrheitlich keynesianisch orientierte Wirtschaftswissenschaft abgelöst durch »Real-Business-Cycle«-Modelle und ähnliche Konstruktionen, in denen Mikro- und Makroökonomie, Volks- und Betriebswirtschaft in einem Brei aufgelöst wurden, in dem von der »Optimierungssucht« jedes einzelnen Haushalts bis hin zum Staat alles aus den gleichen mathematischen Formeln errechnet werden sollte. In Wiederaufnahme der großen Erzählung des Ökonomen Léon Walras aus der Mitte des 19. Jahrhunderts und natürlich in Referenz auf die Vordenker des Neoliberalismus erschienen neue Apologetiken des Marktes (und wurden prompt mit dem Nobelpreis belohnt), die im Prinzip das Tauschverhältnis als natürliche Balancekraft sahen, ohne die Geldflüsse und ihre Beeinflussungen zu betrachten. Diese »DSGE-Modelle« (*dynamic stochastic general equilibrium*; im Deutschen »Dynamische stochastische allgemeine Gleichgewichtsmodelle«) haben einen enormen »Vorteil«, nämlich mittlerweile einen Abstraktionsgrad angenommen zu haben, der nur noch mithilfe spezieller Rechenprogramme zu bewältigen ist. Dieses auf immer kompliziertere (oder sagen wir: absurdere) Weise errechnete »allgemeine Gleichgewicht« hat einen winzigen Nachteil: In der ökonomischen Wirklichkeit kommt es nicht vor. Mit ihr kann man ungeheure Effekte erzielen, aber weder analytische noch gar planungstaugliche Elemente entwickeln. Daher erscheint es, wie Mathias Binswanger, immerhin Professor für Volkswirtschaftslehre in der Schweiz, meint, »geradezu widersinnig [...], dass auch Zentralbanken wie die Deutsche Bundesbank in großem Stil mit DSGE-Modellen arbeiten, obwohl Geldpolitik in ihnen weitgehend wirkungslos ist. Damit Geldpolitik doch Wirkung entfaltet, muss man die Modelle mit Fiktionen und Marktunvollkommenheiten anreichern.«[6] Wir leben, so ließe sich am Ende schlussfolgern, nicht so sehr »im Neoliberalismus« als vielmehr in den Fiktionen und den Phantasmen der Marktunvollkommenheiten, die er seit nunmehr einem Jahrhundert, die Hälfte davon in zähem Ringen mit dem keynesianischen Rivalen als Reserve-Potenzial eines Kapitalismus, der nie nur einer war, entfaltete und durch die er schließlich zur Ideologie aller Ideologie wurde.

Anmerkungen

1 Vgl. etwa die damals von Peter Sichrovsky dokumentierten Erfahrungen: Linke Ideen zu rechten Preisen. Über Management-Training. In: Kursbuch 82, 11/1985, S. 105–113.

2 Hal R. Varian: Grundzüge der Mikroökonomik. München 2013.

3 Wir haben das in unserem Buch *Schnittstelle Körper* (Berlin 2018) näher untersucht.

4 Harald Mattfeldt / Jürgen Wolf: Regionale Arbeitslosigkeit und Politik. Oder: Warum gibt es keine »Soziale Bewegung« gegen die Massenarbeitslosigkeit? In: Vorgänge Nr. 102, 6/1989, S. 93.

5 Michael Hudson: Kein Linker spricht doch heute über den Finanzsektor. Interview mit Lukas Latz. In: Freitag, 27.10.2016.

6 Mathias Binswander: Kümmert euch wieder um die Wirklichkeit! In: Die Zeit, 10.11.2016.

Gesellschaftszerfall und Tribalismus: Wer vom Rechtspopulismus spricht, darf vom Neoliberalismus nicht schweigen

Sammlungsbewegungen der Verluste

Bei Wahlen fällt es auf, bei Fahrten übers Land nicht minder, bei demographischen Untersuchungen ohnehin, und im soziologischen Modell ist es niedergelegt: Den liberalen, wachsenden und profitierenden Städten nebst ihren Umländern aus Suburbia und Freizeitparadies stehen ebenfalls wachsende Regionen der ökonomischen und kulturellen Depression, der Abwanderung und der Durchsetzung mit rechtsextremen und neofaschistischen Organisationen (die »Besetzung« strukturschwacher Regionen gilt als Erfolgsmodell der Bewegung), der Überalterung und des Pessimismus entgegen: Lichterstadt und Geisterland. Mag es in den Provinzen noch so schön sein, hier finden gut ausgebildete, hoffnungsfrohe und entwicklungsfähige junge Menschen keinen Halt und keine Zukunft mehr. Ein Teufelskreis ist entstanden: Aufgrund der Ungleichheit der Entwicklung konnte sich »auf dem Land« eine politische Stimmung von Trotz und Missgunst entfalten, die es wiederum schwer bis unmöglich macht, an einer Veränderung zum Positiven mitzuwirken. So bleibt Abwanderung als einzige Möglichkeit, Abwanderung in die Städte oder gleich Abwanderung aus provinzialisierten und entdemokratisierten Ländern, wie sie vor allem in Osteuropa entstanden sind. Dort liegen die Länder mit den am schnellsten schrumpfenden Einwohnerzahlen: Bulgarien, Lettland, die Republik Moldau, die Ukraine, Kroatien, Litauen, Rumänien, Serbien, Polen, Ungarn. Gleichzeitig gehören diese Länder zu jenen, die am rigidesten gegen Migration und Mobilität vorgehen; für alle Art von Qualifikation und Engagement sinkt die Rate rasch, während durch autokratische Regimes, Korruption und Xenophobie selbst noch die touristische Attraktivität sinkt, ganz abgesehen vom Anreiz qualifizierter Kräfte zur Zuwanderung. Bis zur Mitte dieses Jahrhunderts werden dort die Bevölkerungen um durchschnittlich 15 Prozent zurückgegangen sein – so ein Bericht der Vereinten Nationen[1], der aber noch nichts darüber aussagt, welche Teile der Bevölkerung fehlen werden. Immer mehr Akademiker und gut Ausgebildete verlassen die Länder, in denen, wie in Italien, die politischen Zustände Rechtspopulisten und Kleptokraten in die Hände spielen, allerdings wirft die globale Entwicklung zunehmend auch die Frage auf: Wohin? Oder werden, zum Beispiel aus der Türkei, zum Beispiel aus dem Nahen Osten, auch die gut ausgebildeten, urbanen jungen Menschen noch auf eine Willkommenskultur stoßen, die auch außerhalb der »hungrigen« Firmen und Institutionen Lebensqualität bietet? Die großen Städte entwickeln sich zu demokratisch-liberalen (aber hoffnungslos kapitalisierten) Inseln in öden Meeren von Rückständigkeit, Alltagsrassismus und Verfall, Stadt und Land entwickeln sich auch dort, wo es weniger drastisch zugeht, immer stärker auseinander. In beiden Bereichen entfalten sich die Kräfte der Selbstverstärkung dieser Trends; die Provinz wird für eine liberale und weltoffene Mittelschicht mehr und mehr unbewohnbar, und von dort flieht alles, was sich nach Fortschritt und Zukunft sehnt. Aufgrund der ständigen Beleidigungen vonseiten der Städte (des »Establishments«) will man dann in der Provinz wirklich so schlimm werden, wie sie von »denen« gemacht wird. Besser: Noch schlimmer.

Verloren gegangen ist eine Kultur des Trostes, die es im Konsumkapitalismus der Nachkriegszeit für die Verlierer noch ebenso gab wie ein Auffangnetz des Sozialstaates (der stolze Anspruch: »Bei uns muss niemand verhungern!«). Besonders die angelsächsische (Pop-)Kultur entwickelte ein großes Herz für Außenseiter und Verlierer. Der »große amerikanische Roman«, der »große amerikanische Film«, der »große amerikanische Song« handeln von nichts anderem. Mit dem Anbruch des Neoliberalismus änderte sich auch hier so ziemlich alles. Die sozialen Sicherungen wurden abgebaut, und in der populären Kultur wanderte das Interesse vom schönen Verlierer zum hässlichen Gewinner.

Verlieren wurde unerträglich, und zugleich wandelte sich die Konstruktion von »Reinheit«. Aus dieser Dialektik erwuchsen die bizarrsten (und gefährlichsten) Gruppierungen. Die sexuellen Verlierer etwa (oder diejenigen, die sich dazu machten) sammelten sich unter dem Begriff der »Incels« (aus *involuntary* und *celibate*, also aus dem Paradoxon des »unfreiwilligen Zölibats«). Der Begriff entwickelte sich von einer allgemeinen Zuschreibung zu einer Bewegung junger Männer, die sich als Opfer gesellschaftlicher Normen und Ideale verstehen, die für ihre Eigenart mit sexuellem Verlust bestraft werden. Nach und nach entwickelte sich in der Bewegung eine höchst eigene Mischung aus Selbsthass, Kränkung, Nihilismus, Frauenfeindschaft und Verschwörungstheorie. Das Incel-Forum im Internet driftete immer weiter nach rechts und in eine zerstörerische und selbstzerstörerische Soziophobie.

> »Das Weltbild der Incels in Kurzfassung; Es gibt einige wenige attraktive Männer auf der Welt, so genannte Chads oder, rassistisch gewendet, Tyrones. Um diese Chads reißen sich die Frauen, die ihre Zeit damit verbringen, ›das Schwanzkarussell zu reiten‹, bis sie alt und ›verbraucht‹ sind. ›Frauen haben Sex mit einem kleinen Prozentsatz von Upperclass-Männern‹, lamentiert ein User auf der Plattform ›Braincels‹. ›Bist du etwa ignorant genug, um zu leugnen, dass Frauen viel Sex haben können, während die meisten Männer sexuell benachteiligt sind?‹ Anschließend, so die larmoyante Incel-Erzählung weiter, setzen sich Frauen mit einem bis dato erfolglosen ›Betamännchen‹ zur Ruhe, das sie finanziell zu versorgen hat. Betrügen wird die Frau ihren Versorgerehemann aber selbstverständlich weiterhin mit einem Chad, weil es Frauen eben in den Genen steckt, sich Alphamännchen sexuell zu unterwerfen.« (Veronica Kracher / Arved Clute-Simon)[2]

Das Ideal der Incels ist die unterwürfige, jungfräuliche, reine und auch durch Tätowierung und Piercing nicht »verletzte« Frau, die einem anderen Mann nie in die Augen schauen würde. Man könnte wohl von einem Kurzschluss zwischen »islamistischen« und »christlichen« Frauenbild sprechen, geeint in der Angst vor weiblicher Sexualität und einem Phantasma der »Reinheit«, die sich auch als äußerer Fetisch zeigen soll.

Dieses Phantasma der »Reinheit«, das in der lustbetonten Hybridität des Konsumkapitalismus schon beinahe überwunden geglaubt war (sieht man von der Versprechungen der Kosmetik- und

Waschmittelwerbung ab), kehrt nun zurück als Übersprung von Markenfetischismus, sexueller Neurose und Rassismus. Auf der einen Seite steht die Idee der Reinigung, die auf sehr pragmatische Weise (Schwitzen in der Sauna und beim Jogging, Kosmetik und Ernährung), auf kulturelle Art (Reinhaltung von Sprache und Tradition), auf politisch-rassistische Weise (»Ethnopluralismus«), auf diskursive Weise (die reine Lehre, reine Wissenschaft), auf kulinarische Weise (reine Natur, reine Milch, reiner Wein) oder auf spirituelle Weise (Reinigung von Sünden, von unnützen oder gefährlichen Gedanken) angestrebt wird und mal auf rituelle und kol-

HEY YOU!

TROUBLE
FINDING DATES?

ARE YOU A LONELY
VIRGIN?

DO YOU FEEL DEPRESSED
AND FRUSTRATED?

DOES TINDER GIVE YOU
THE MIDDLE FINGER?

COME
JOIN
INCELS.ME
TODAY!

LEARN:

- All about being Involuntary Celibate
- The Truth about Feminism
- Female Nature
- Hypergamy
- The Blackpill
- The importance of Looks
- The importance of Looks (Really)
- How to LDAR in style
- How to cope knowing it's over

TAKE THE BLACKPILL TODAY!

INCELS.ME

Werbung für eine Incels-Seite

lektive, mal auf subjektive Weise vorgenommen wird. Reinheit ist bei näherem Hinsehen immer zugleich körperlich und ideologisch zu verstehen, im nationalsozialistischen Mem der »Rassehygiene« hatte sich beides vereint. Die sexuelle Reinheit, die Reinheit des Geistes, die Reinheit des Blutes, all das lässt sich auch als Deck-Mythos für eine besonders schmutzig empfundene Wirklichkeit ansehen. Noch in dem bösartigen, grotesken Glauben, Sex mit einer Jungfrau könne Aids heilen, spukt diese »erlösende« Wirkung der Reinheit, aber auch die ursprüngliche Idee der Bettelorden im späten Mittelalter, deren einzelne Mitglieder sich von der Berührung durch Geld »rein« hielten, während der Orden als Ganzes enorme Reichtümer anhäufte. Umgekehrt wird dem Bösen das Prinzip der Vermischung zugeordnet, es verunreinigt die Substanzen (wie Hexen in ihrer Brühe), verunreinigt das Blut (wie die »Rassenschänder«), verunreinigt die Diskurse (wie die »schwurbelnden Intellektuellen«).

Wie der militante Maskulinismus der Incels (der schließlich nur terroristische Taten hervorbringen kann), so ist der Glaube an die Reinheit stets mehr oder weniger direkt auf den weiblichen Körper bezogen: Im positiven Fall kann die Frau zur Hüterin der Reinheit werden (und sei's, indem sie die Wäsche »porentief rein« bekommt), im negativen geht alles Unreine von ihr aus. Im dritten Fall ist die Reinheit (der Frau) das Unterpfand so sehr der männlichen wie der nationalistischen, rassistischen »Identität«. Wieder kommt eines zum anderen in der Verbindung von »weiß« und »rein«. So scheint das Weiß-Werden und Rein-Werden auch als rituelle, symbolische Waschung, mit der sowohl vergangene wie gegenwärtige Verfehlungen verschwinden. Ein Verbrechen gegenüber Mitmenschen zählt nicht, wenn es aus »Weißheit« und »Reinheit« geschieht.

Das alles entzieht sich weitgehend der Aufklärung: »Reinheit darf«, wie Valentin Groebner schreibt, »nie nur als Abwesenheit des Verunreinigenden und Hässlichen dargestellt werden, sondern als möglichst perfekte schöne Form; nicht als Mangel, sondern als Fülle. Reinheit sagt von sich selbst, dass sie kein Konzept ist, sondern dass es einfach so ist, dass das alle wissen und vor allem, dass es schon immer so war. Reinheit ist deswegen Reinheit, weil sie ihre Vorgeschichte und jede Erinnerung an ihre Herstellung erfolgreich gelöscht hat.«[3]

Kontrollierte Dekultivierung

Mensch sein, so sagt man, wenn man in einer rechten Erzählung steckt, bedeutet vor allem, andere Menschen zu bekämpfen, entweder im Verbund gegen andere Gemeinschaften oder innerhalb einer Gemeinschaft in Konkurrenz um Beute und Rang. Der Fortschritt liege vor allem darin, die Gemeinschaft über den Einzelnen zu stellen, um dadurch mit Effizienz andere Gemeinschaften zu unterwerfen oder zu vernichten. Das sei, so ist zu hören, zugleich Natur und Kultur (wobei Letztere nicht etwa darin bestünde, eben diese Disposition zu überwinden, sondern sie möglichst umfassend sowohl zu technisieren als auch zu ästhetisieren). Die Ökonomie wird mehr und mehr zur vorherrschenden Legitimierung dieser Kämpfe, was nicht zuletzt daran abzulesen ist, wie sehr auch die Sprache der Wirtschaft mit aggressiven und militärischen Metaphern durchsetzt ist. Märkte können nur »erobert« werden, in den Statistiken werden »Mauern durchbrochen« oder »Widerstandslinien«; Marketing-Instrumente sind Waffen, und gegen die Konkurrenz ist man »gewappnet« oder »gerüstet«, Werbeschlachten werden geschlagen, wobei gern einmal »publizistische Streubomben« eingesetzt werden, feindliche Übernahmen werden abgewehrt … Der »Handelskrieg«, der mit der Wahl von Donald Trump zum Präsidenten der Vereinigten Staaten in eine neue Phase trat, ist nicht nur eine absehbare Katastrophe für den »kultivierten« Welthandel, sondern im Innersten auch die Erfüllung eines feuchten Traumes der »Player« und all derer, die sich ihnen verbunden fühlen. »Wirtschaft« ist stets in diese zwei Erzählungen geteilt, eine Erzählung von Einheit, Kooperative und Balance und eine Erzählung von Konkurrenz, »kreativer« Vernichtung und Krieg. Die von der vereinenden und pazifizierenden Wirkung der Ökonomie ist bei näherem Hinsehen ebenso falsch wie die von der trennenden und kriegerischen Wirkung. Noch weniger aber, als eine dieser beiden Erzählungen »erfolgreich« zu beenden, ist es je gelungen, eine nachhaltige Balance zwischen beiden herzustellen, sodass auch hier, noch ganz unabhängig von den »Gesetzen« und »Zyklen« der Wirtschaft, nur ein krisenhaftes Geschehen, ein verstecktes Ineinander sowie ein Wechsel zwischen den Extremen vorstellbar ist.

Die Kulturgeschichte des Menschen entwickelt sich viel weniger in seinem »Kampf gegen die Natur« als im Kampf gegen seinesgleichen. »Gewinner« (oder wenigstens Überlebende) sind stets jene, die sich sowohl auf die Kooperation als auch auf den Angriff, auf den Gebrauch von Waffen wie auf den der Produktionsmittel, auf Aggression und Kommunikation verstehen. Die durch jede Form der Sesshaftigkeit bedingte Arbeitsteilung führt mit einiger Wahrscheinlichkeit auch zu sozialer und kultureller Differenzierung, sodass jeder Mensch einen »Zweifrontenkrieg« führt, einen Krieg *mit* seiner Gemeinschaft und einen Krieg *in* seiner Gemeinschaft. Die beiden Kriege entfalten den Menschen dialektisch weiter, der eine ist Fortsetzung und Kompensation des anderen. Aber schon in vergleichsweise früher Zeit entwickelt sich, zunächst in der Welt der Mythen, auch das Wissen davon, dass diese Entwicklung auch den Untergang der Spezies bedeuten kann.

Ist also der Mythos, die Trägersubstanz für Ideologie und Impuls, tatsächlich eine Art der kollektiven Erinnerung, die auf fundamentale Konfliktstellen der Zivilisationsgeschichte zurückgeht? Dann wäre »Fremdenfeindlichkeit« mithin eine archaische Wiederbelebung der Erfahrung der sesshaften Städtegründer gegen die »marodierenden Horden« der Nomaden, zum Beispiel. Aber der Konflikt geht noch um einiges tiefer, nämlich zurück zu zwei fundamentalen Gegensatzpaaren, die das (Selbst-)Bildnis des Menschen betreffen. Der eine dieser Gegensätze, der die Gedanken der Menschen seit jeher umtreibt, ist der zwischen Natur und Kultur. Auf der einen Seite gibt es die große Erzählung vom Menschen, der sich, um Kultur zu entfalten (also Fortschritt wie Reflexion), stets weiter von der Natur entfernen muss, dies zum Teil freudig – wir wollen keine Tiere, keine Kannibalen, keine Barbaren, keine Abergläubischen mehr sein –, zum Teil aber auch wehmütig und schuldbewusst über den Verlust der Natur, zu der man, von Zeit zu Zeit, »zurück« muss. Die zweite große Erzählung betrifft die Balance zwischen Emotion und Rationalität, und auch hier scheint eine »Rationalisierung« des Menschen nicht ohne Verluste und ohne Schuldgefühle zu haben. Immer wieder, und nicht zuletzt auch in der Kunst, werden die verlorene Emotionalität und die verlorene Natur beschworen, zugleich aber wird aus beidem eine Form von Ideologie gewonnen, die am Ende auch Terror, Unwissenheit und Inhumanität als Ausdruck von Emotion und Natur gutheißen muss. Einerseits hat der Neoliberalismus beides als Produktivkräfte und Konsumanreiz radikaler als seine

Vorgänger wieder in Anspruch genommen: Der Kapitalismus, so lautet das Credo, ist gut, weil er der Natur des Menschen entspricht, und ausbeutbare Arbeitskraft und Konsumfreude sind gut, weil sie aus Gefühlen entstehen. In den neunziger Jahren begann das Management, durch Unterstützung der ökonomisch motivierten Life Sciences befeuert, die Emotion bei den Mitarbeitern wieder zu schätzen, der Arbeitsplatz sollte Schau- (und Kampf-)platz der Gefühle werden, tribalistische Gemeinschaft und Jagdinstinkt zu mehr Kreativität führen, während umgekehrt das Gebrauchswertversprechen der Waren weit hinter ihrem Gefühlswert zurücktrat. So viele Bilder und Erzählungen auch im Umlauf waren und sind, ein Projekt der Kultivierung entsteht in dieser Situation nicht mehr, eher könnte man in Neoliberalismus und Postdemokratie von einer kontrollierten Dekultivierung der Gesellschaften und ihrer Zerfallsprodukte sprechen.

Die beiden Tendenzen, Emotionalisierung und Rückbezug auf die Natur bei gleichzeitiger Ablehnung von »dekadenter« und »liberaler« Kultivierung (des Diskurses und überhaupt), verbinden den Neoliberalismus mit dem Rechtspopulismus. Hier wird ein »Naturrecht« auf Grausamkeit und bedingungslosen Kampf bei gleichzeitiger Emotionalisierung familiärer und tribalistischer (»völkischer«) Bindungen postuliert, das dem beim »autoritären Charakter« diagnostizierten Mischverhältnis von Brutalität und Sentimentalität weitgehend entspricht (wenngleich verbunden mit einer Wendung zu »Ironie« oder Sophistication in der Legitimation: Während man die eigenen Verstöße gegen Menschen- und Bürgerrechte als Ironie deklariert, werden »rechtliche« Volten geschlagen, um sie zu relativieren).

Dieser Übergang ließe sich in etlichen Etappen beschreiben: der Impuls des »modernen« Menschen, Gesellschaft zu bilden, als ein mehr oder weniger freies Feld für die Interaktion zwischen Individuen und Gemeinschaften. Der Impuls, sich ob des eigenen Vorteils und der eigenen Lust von dieser Gesellschaft weitgehend zu befreien, um sich Gemeinschaften frei wählen zu können (oder ganz auf sie zu verzichten). Darauf folgend der Impuls, die Gemeinschaft gegenüber der Gesellschaft zu stärken (den »Gruppen-Egoismus« als natürliches und emotionales Verhalten gegenüber dem »Gesellschaftsgeist« als kultiviertem und rationalem Verhalten zu empfinden, zum Beispiel). Und schließlich die Sehnsucht, als »gescheitertes« Individuum ganz in einer Super-Gemeinschaft aufzugehen. In dieser Erzählung ist auch das Schicksal des Menschen enthalten, der sich von vielem befreit hat, ohne zu erkennen, wozu er diese Freiheit nutzen sollte. Man hatte sich von Mächten entfernt, ohne die ursprüngliche Ohnmacht zu überwinden, so auch von einer Gesellschaft, die sich als kultivierende und regelnde Instanz gegenüber Politik, Ökonomie und Alltag gebildet hatte, ohne dass man an die Stelle dieser Kultivierung und »Fürsorge« eine andere Instanz hätte setzen können als einen erbarmungslosen Markt und einen gleichgültigen Staat. Erbarmungslosigkeit und Gleichgültigkeit werden daher dem post-gesellschaftlichen, tribalistischen Menschen zu Leitwerten, das »Selber schuld«, das einem Ökonomie und Politik als Verlierer entgegenhalten, hat man auch gegenüber seinen Mitmenschen parat, den nahen wie den fernen (sofern sie nicht Mitglieder des neuen Stamms sind). Reichlich fassungslos reagierte die »alte« demokratische Zivilgesellschaft auf die von den Rechtspopulisten und ihrer Anhängerschaft öffentlich gemachte Unbarmherzigkeit und menschliche Gleichgültigkeit gegenüber Flüchtlingen in höchster Not, aber selbst noch die Rettung der thailändischen Jugendlichen, die im Juli 2018 unter dramatischen Umständen aus einer überfluteten Höhle gerettet wurden, rief nicht nur kollektive Anteilnahme hervor, sondern auch hämische Kommentare im Internet, Menschen, die sich aus eigener Schuld in Gefahr begeben hätten, sei die Rettung prinzipiell zu verweigern.

Den Grundwiderspruch der Moderne, jenen Menschen in sich und außer sich zu befrieden, der von dem Impuls getrieben wird, ein freies, selbstbestimmtes Individuum zu werden, und zugleich von der Sehnsucht, zu irgendeinem größeren Verbund, einer Gemeinschaft zu gehören, diesen Grundwiderspruch sollte die demokratische Zivilgesellschaft lösen, unter anderem, indem sie den Gemeinschaften das Zwingende nahm und sich selbst dem Individuum weitgehend öffnete. Statt einer Gesellschaft, die nur aus der Organisation von Gemeinschaften hervorginge, sollte eine entstehen, die aus freien Individuen mit dem Recht auf kultivierte Gemeinschaftsbildung bestünde. Aber die demokratische Zivilgesellschaft (im Westen) konnte ihrer selbst so wenig sicher sein, wie die demokratische Verfassung eines Staates sich von Akzeptanz zu innerer Überzeugung bewegen konnte. Der demokratische Staat kann nicht wissen, wie sehr er sich auf eine demokratische Zivilgesellschaft verlassen kann, und umgekehrt. Das eine ist nicht ohne das andere zu haben, aber zugleich ist das eine nie vollständig durch das andere gedeckt. Das eine kann (und darf) das andere nicht vollständig kontrollieren, das eine kann (und darf) sich nicht vollständig vom anderen fortentwickeln. Aber was geschieht an den Bruchstellen zwischen demokratischer Zivilgesellschaft und demokratischem Staat?

Vielleicht beginnt alles damit, dass die beiden nicht mehr ernsthaft aufeinander hören. In der Technik der Macht wendet sich der demokratische Staat an sehr viel mehr Menschen, als die demokratische Zivilgesellschaft umfasst, in der Weite ihrer Diskurse verlangt die demokratische Zivilgesellschaft mehr, als ein demokratischer Staat in seiner Machttechnik zu geben bereit ist. Wo und wann aus einem spannungsvollen Miteinander ein antidiskursives Gegeneinander zu werden beginnt, ist schwer auszumachen. Weder die Gemeinschaften noch die »Öffentlichkeiten« in einem demokratischen Staat müssen mehrheitlich der demokratischen Zivilgesellschaft zugeordnet sein, und ein »effizientes« Regieren (einschließlich Techno- und Bürokratie, Expertentum und »Alternativlosigkeit«) kann kritische Äußerungen der demokratischen Zivilgesellschaft nicht anders denn als lästige Störfaktoren sehen.

Das Auseinanderdriften von demokratischem Staat und demokratischer Zivilgesellschaft ist das eine: ein Phänomen, das in nahezu allen Ländern des Westens seit den neunziger Jahren zu beobachten ist und für das man wahlweise der einen Seite – dem postdemokratischen Staat, der sich nur noch der Form von Parlamentarismus, Wahl und Gewaltenteilung, nicht aber dem Geist der Demokratisierung verpflichtet fühlt – oder der anderen – der faulen, kritiklosen und egoistisch-hedonistischen Gesellschaft – die Schuld zuschieben konnte. Das andere indes ist der innere Zerfall des einen wie des anderen, und der Punkt ist vermutlich, zum Beispiel in Deutschland, überschritten, an dem jeweils das eine sich nur retten zu können glaubt, indem es die Bindung an das andere löst. Eine demokratische Zivilgesellschaft, die diesen Namen verdient, kann sich nicht auf die Praxis der Politik und des Staates berufen, und der Staat, der sich einer doppelten Aggression durch Marktradikalität und Rechtspopulismus ausgesetzt sieht (beide verlangen zum Beispiel den »Tod« dieses Staates, wenn auch nicht mit den genau gleichen Argumenten), kann – vermutlich zu Recht – nicht darauf hoffen, von der demokratischen Zivilgesellschaft allein verteidigt zu werden. Da also die Verbindung von beidem bis zur Unverbindlichkeit gelockert sind, schwächen sich beide eher gegenseitig, als sich zu verstärken. Die demokratische Zivilgesellschaft hat, so ist für die nahe Zukunft zu befürchten, keinen Staat mehr und der demokratische Staat keine Gesellschaft mehr.

Die Entwirklichung der Arbeit

Diese Erzählung ist natürlich eine vereinfachte Darstellung eines sehr viel komplizierteren Geschehens und umfasst längst nicht alle Interaktionen. Aber klar und offensichtlich scheint doch: Staat, Ökonomie, Gemeinschaft, Politik, Medien, Kultur und Individuen sind gerade dabei, ihre Verhältnisse zueinander gründlich zu verändern. Die Ökonomie hat den mobilen, kreativen, (auch sich selbst gegenüber) rücksichtslosen, vereinzelten und entgesellschaftlichten, ebenso freien wie ohnmächtigen Menschen gefordert und mehr oder weniger erhalten. Doch diese neue Variante des *homo oeconomicus* ist für sich genommen nicht lebens- und am Ende nicht einmal überlebensfähig, nicht nur, weil jeder persönliche Vorteil, den er errungen hat, nur ein Aufschieben seines endgültigen Scheiterns (allerspätestens im Tod) ist, sondern auch, weil seine Kreativität (der Fetisch der neuen Wirtschaft) am ehesten einem Strohfeuer gleicht und sich viel zu rasch in »kreative Zerstörung« fortsetzt, bis nur noch Zerstörung (und Selbstzerstörung) übrig bleibt. Wenn der Arbeitnehmer von heute ganz bewusst dazu angehalten wird, gerade seine Individualität zu verkaufen, treibt er, zumeist ohne seinen Willen, die Entgesellschaftlichung voran. Was ein, zwei Generationen zuvor noch eben das war, was man einem idealen Arbeiter austreiben musste: individuelle, nicht-maschinelle, nicht-routinierte Entscheidungen, das Verlangen nach »Entfaltung« und »Freiraum«, wird nun gerade zum Qualitätsmaßstab. Im Zweifelsfall werden an den entsprechenden Stellen der Kreativität nicht nur gleitende Arbeitszeit, exzentrisches Verhalten oder die Vermischung von Freizeit und Arbeit gefördert, sondern auch der Gebrauch der

»nützlichen« Drogen und das Einsetzen »isolierter« krimineller Energie. Die Menschen in solchen Lebens- und Arbeitswelten müssen (unsere populäre Kultur versorgt uns dazu mit den individualisierten Dramen) früher oder später »verbrennen«, und die meisten von ihnen wissen das durchaus.

Ein Widerspruch, den Max Weber in der Frühzeit des Kapitalismus festgestellt hat, nämlich zwischen der Auffassung, Arbeit sei an sich Strafe und Schicksal, eine äußere Kraft, der fatalistisch zu gehorchen und der sich zu entziehen jedes Mittel recht sei, und der Auffassung, in der Arbeit stecke eine Menge an Möglichkeiten, Zukunft und Sinn für die eigene Biografie, bricht mit besonderer Drastik wieder auf. Die negative wie die positive Besetzung von Arbeit zieht sich durch die unterschiedlichsten Berufe, Klassen und Kulturen, und sie verwirbelt zweifellos im Prekariat, wo das Notwendige und das Sinnvolle in der Arbeit immer weiter auseinanderfallen. Die Kehrseite des Kreativitätsfetischs in der zeitgenössischen Arbeitswelt ist eine Verlagerung des Sinnstiftenden. Eben jener Mensch, der im Sinne von Max Weber in seiner Arbeit Sinn sieht, soll genau dafür auch bezahlen; Sinnstiftung in der Arbeit wird zu einem Privileg, sodass eine doppelte »Elite« entsteht, jene, die sich durch »notwendige« Arbeit Reichtum und Macht erwirbt, und jene, die sich durch »sinnstiftende« Arbeit Autorität und, ja, durchaus »Glück« erwirbt. Der »traditionelle Arbeiter« (nach Weber), der Arbeit nur als Übel und Pflicht ansieht und sich, wie es so heißt, darin nicht »verwirklichen« kann, entwickelt einen gewissen Zorn auf die Arbeit, die ihm weniger als Chance denn vielmehr als etwas erscheint, was ihm zusteht. Dieser »Arbeitnehmer« sieht seine Arbeit noch in der Form der Disziplinargesellschaft: Er glaubt, die richtige Art von Arbeit sei jene, bei der man »seine Pflicht erfüllt«, nicht mehr und nicht weniger. Die postindustrielle Arbeitswelt aber kann mit den Arbeitskräften, die ihre »Pflicht erfüllen«, höchstens im niedrigsten Sektor etwas anfangen, und so wenig, wie ein traditioneller Mensch verstehen kann, wie und warum der Staat sich von seinen Fürsorgepflichten trennt, so wenig kann er diese Wesensänderung der Arbeit verstehen. Wer seine Pflicht erfüllt, dient doch schließlich auch der Stabilität des Ganzen! Erzeugt Verlässlichkeit, Berechenbarkeit – und trägt so gut wie nichts zur Dynamik des Systems bei. (So lassen wir uns, nur zum Beispiel, von der negativen Kreativität von Bürokraten faszinieren, die ihre Arbeit der Destruktion nicht ohne performative Lust ausüben.)

Die Negation der »Selber schuld«-Ideologie und der Selbstsorge als des obersten Gebots im neoliberalen Kapitalismus ist der Mensch, der vollkommen unfähig ist, mit eigenen Defiziten und Irrtümern umzugehen. Die Trotzreaktion lautet dann »Die anderen sind schuld«, denn ich und die Arbeit sind nicht eines geworden. Das Negativ des Menschen, der sich ein Leben lang von Schuld und Schulden verfolgt sehen muss, ist der Mensch, der weder das eine noch das andere überhaupt versteht. Er lebt, vielleicht, in der Blase der Glücksversprechen der Werbung, er glaubt, die Waren, die überall auf den Kunden warten, seien sein Eigentum, an dem er durch irgendetwas gehindert sei: Der Schuld- und Schulden-unfähige Mensch ist der Kollateralschaden des Neoliberalismus.

Die Idee von »Arbeit« jedenfalls hat sich fundamental geändert, nicht nur, was die Ökonomie und die Gesellschaft anbelangt, eine »Kultur« der Arbeit sowieso, sondern auch ganz direkt das, was Arbeit mit einem menschlichen Subjekt anstellt, welche Rolle Arbeit in einer Biografie spielt. Zwei Zugriffe sind es ganz speziell, die der Arbeit in den letzten Jahrzehnten etwas zunehmend Gespenstisches verleihen. Das ist zum einen ein bürokratischer Zugriff: Der Preis für eine auch nur spärliche Absicherung bei Krankheit, Alter oder sonstiger Berufsunfähigkeit ist eine lückenlose Dokumentation, ein quantifizierter Schatten der Arbeit, der stets damit droht, um einiges bedeutender zu werden als die Arbeit selbst. Der andere Zugriff ist das absurde Auseinanderdriften von mindestens drei Arbeitswelten: der unteren der Dienstleistungen, der mittleren der »Realwirtschaft« und einer mehr oder weniger unkontrollierten oberen Arbeitswelt des Finanzkapitalismus, die ihre Codes und Parameter nur noch unter sich aushandelt. Diese drei Arbeitswelten, eine prekäre, in der es, zum Beispiel bei Lebensmittellieferanten wie »Gorillas«, immer mehr auch zu sklavereiähnlichen Bedingungen kommt, eine bürgerlich-postproletarische, die immer weiter unter Druck gerät, und eine irreale in der Sphäre von Kapitalbewegungen, sind zwar immer weiter gegeneinander abgeschottet, treten aber natürlich dennoch in Beziehung zueinander: der Chef einer ärztlichen »Kontrollorganisation« mit absurd hohem Jahreseinkommen etwa, der öffentlich Klage über kleinste Lohnerhöhungen der real arbeitenden Menschen im medizinischen Sektor führt, der Manager, der seine Millionen vom Fiskus bedroht fühlt, die Superreichen, die sich nicht einmal ordentlich bezahlte Dienstboten leisten wollen. So löst sich die Empfindung auf, ein und derselben (wenngleich ungerecht und oligarchisch organisierten) Gesellschaft anzugehören. Zunehmend irreal wird auch die Empfindung in einer vierten Sphäre, in der Arbeitslosigkeit, Kurzzeitbeschäftigung und Schattenwirtschaft vorherrschend sind. Es gibt keine gemeinsame Ermittlung für den Wert der Arbeit. Je realer die Arbeit ist, desto geringfügiger, so scheint es, fällt die Entlohnung aus, je gespenstischer sie indes wird, desto höher ist das Einkommen. In der Sphäre des Finanzkapitalismus und seiner Steuerungen oder Chaotisierungen ist das Einkommen so hoch, dass es gar nicht mehr anders kann, als zu Kapital zu werden. (Dass es sich dadurch, bei allen für die anderen Sektoren unvorstellbaren Summen, auch zugleich wieder verknappt und dabei das verstärken muss, was man gemeinhin »Gier« nennt, sei nur am Rande erwähnt.)

Dass jede Art von Spiel auch in Arbeit verwandelt werden kann, jede Arbeit in Wettbewerb, jeder Wettbewerb in die Produktion weniger Gewinner und vieler Verlierer, jedes Gewinnspiel in ein Medienereignis und jedes Medienereignis in ein Merchandising, das alles ist uns durch die Entwicklung des Leistungs- und Profisports mehr als deutlich geworden. Mittlerweile werden auch jene Freizeitvergnügen, vor denen Eltern und Pädagogen gerade noch gewarnt hatten, blitzrasch in Job und Karriere verwandelt: das hemmungslose Einkaufen, die Bespitzelung der Nachbarn oder das Computerspiel. Mittlerweile gehen auch hier die Preisgelder bei Turnieren in den Bereich höherer sechsstelliger Summen, und statt es ihnen zu verbieten, halten moderne Eltern ihre Sprösslinge dazu an, ihre Fähigkeiten beim »E-Sport« durch hartes Training von, sagen wir, *Counter-Strike*, zu vervollkommnen, um endlich an Turnieren teilnehmen zu können. Es bilden sich Firmen, die die hoffnungsvollen Spieler unter Vertrag haben, und die fachgerechte Vermarktung von Profi-E-Sportlern wird an Hochschulen wie dem »Center for Sports and Management« gelehrt. Jene E-Spieler, die, in Sportsprache ausgedrückt, eher in die zweite Liga gehören, werden in einem »Dual Gaming«

genannten Projekt beschäftigt: Der halbe Tag gilt dem E-Sport, die andere Hälfte der Arbeit an neuen Spielprojekten und -gestaltungen aus der Erfahrung mit anderen Spielern heraus. Eigene Agenturen widmen sich der Vermarktung des E-Sports und seiner Protagonisten, die wiederum den Professionalisierungsdruck nach unten weitergeben. In der Electronic Sports League (ESL) sind Sponsoren (wie, bis Dezember 2020, Mercedes-Benz) unterwegs, die beides gleichzeitig zu finden hoffen: eine Werbeplattform und ein Reservoir von potenziellen Mitarbeitern. Gerade durch diese Verbindung (Spieler, Entwickler, Manager und Vermarkter sind durch die gleichen Institutionen und Agenturen vertreten) unterscheidet sich der E-Sport massiv vom Vorläufer des körperlichen Leistungssports. Dort werden vor allem Testimonials unter den Gewinnern und Stars gesucht, die allerdings nicht aktiv in den operativen Bereich ihrer Sponsorfirmen eingreifen (nicht einmal, wenn eine Produktlinie ihren Namen trägt). Nun aber werden mit den E-Sportlern eben jene dualen Strategien verfolgt, die nicht zuletzt auch Rüstungsindustrie und Militär interessieren: Großartige Computerspieler können auch großartiges Marktverständnis für die Szene entwickeln, und sie können zu Entwicklern und Piloten von Entfernungswaffen wie Drohnen werden. Es entstehen dabei nebenbei auch neue Kreisläufe zwischen Sport, Unterhaltung und Arbeit: Als speziellen Bonus vergab Mercedes-Benz zum Beispiel Freikarten für von der Firma gesponserte E-Sport-Turniere. E-Sport-Fähigkeiten werden darüber hinaus zu einem Bestandteil der Arbeitsbiografie: »So kann man durchaus erwarten, dass das Hobby *Counter-Strike* oder *League of Legends* künftig als Angabe im Bewerbungsprozess auch außerhalb der Spielebranche interessant wird«, heißt es etwa in der Beilage »Beruf und Chance« der FAZ.[4] Noch vor kurzer Zeit war das Bild des Jugendlichen verbreitet, der sich in sein Computerspiel versenkt und sich dabei den Anforderungen der Erwachsenen- und Berufswelt entzieht. Dieser Rückzug wird nun zum Geschäftsmodell gewendet.

Die gespenstische Arbeit (unten wie oben) übertritt beständig die Grenze zum Spiel. Wenn unten die Hoffnungen auf einen Lotteriegewinn oder einen lukrativen Fernseh- oder Medienauftritt das Leben bestimmen, zweifellos auch eine Grauzone zwischen prekären Beschäftigungen und Schattenwirtschaft, sind oben

Neue Kreisläufe zwischen Sport, Unterhaltung und Arbeit: Spielfigur mit einem von Mercedes Benz gestifteten Pokal

Spekulation und Konkurrenz nur erfolgreich einzusetzen, wenn man die Irrealität des Systems akzeptiert. (Allerdings gelingt es nur oben, die Leidenschaft und Sucht für das Spiel auch noch als »Fleiß« und »Leistung« zu inszenieren.) Um in sein nächstes Stadium einzutreten, muss der Finanzkapitalismus die Arbeit nicht nur entwerten (denn Arbeit ist einer der wenigen noch variablen Kostenfaktoren, man kann die Konkurrenz durch billige Arbeit – jedenfalls für eine Zeit – in Schach halten), sondern, wie sein Zentrum, das Kapital, entwirklichen. Nur entwirklichte Arbeit kann noch in eine »reale« Beziehung zu einem entwirklichten Kapital gesetzt werden. Die Schere zwischen Arm und Reich, die bekanntlich immer weiter aufgeht, ist also nicht allein einem neuen Klassenkampf von oben geschuldet, sie ist nicht nur dem Globalisierungsgeschehen immanent, sondern sie entspricht auch dem Phänomen der Entwirklichung. Eine Beziehung zwischen Arbeit und Lohn stellt sich selber nur noch auf Grund der Spannung zwischen Beute und Gespenst her: Man erbeutet einen Gegenwert (ganz direkt in einem beständigen Kampf um eine Entlohnung zum Beispiel, wie sie die Gegenseite höchst selten freiwillig zu leisten bereit ist) und wird von den Gespenstern seines Tuns dafür verfolgt, was man im Auftrag der neuen Herrn zu tun oder zu unterlassen bereit war. Arbeit ist für den Neoliberalismus nur nützlich, wo sie jegliche Würde, jegliche Moral und jeglichen Wert verloren hat.

Und so schließt sich der Kreis: So wie sich der entwertete Mensch in seinen entwerteten Waren findet, so erzeugen die entwerteten Waren wiederum entwertete Menschlichkeit. Die Arbeit entspricht nun nicht mehr dem großen Projekt einer Verwandlung von Natur in Kultur, sondern vor allem dem Abbau der Kultur. Wir stellen uns den neuen Sklaven als einen vor, der gezwungen wird, die Pyramiden zu zerstören, damit Platz für Immobilienspekulationen entstehen. Die »kreative Zerstörung«, schon lange Zeit Motor des »Fortschritts«, lässt in der Entwirklichung nur noch die pure Zerstörung übrig; die Pyramiden müssen zerstört werden, damit an ihrer Stelle die »Luftschlösser« der virtuellen Geldvermehrung entstehen können. Die virtuelle Arbeit im Bereich der Finanzwirtschaft wie im Bereich der »Kreativwirtschaft«, die im Kern nur der Beschleunigung der Zirkulationen und ihrer »Unberechenbarkeit« dient (der Broker unserer Träume arbeitet an Berechnungen in seinem System und zugleich an der Chaotisierung seines Systems; der »Kreative« arbeitet zugleich an der Ästhetisierung und an der Virtualisierung von Produktion und Konsum), wird zum Schlüssel, so wie einst die Schwerindustrie und darauf folgend die Konsumindustrie zu Schlüsseln der ökonomischen Entwicklung geworden waren. Immer änderten sich dabei nicht nur die ökonomisch-politischen Bedingungen von Arbeit, sondern auch die ästhetisch-moralischen. Zum Wesen des Neoliberalismus gehört es, dass er zwar einen extrem verschärften Arbeitsmarkt hervorbringt, aber keine verbindliche Idee und kein verbindliches Bild von Arbeit. Arbeit ist weder an die eigene Leistung noch an das Produkt gekoppelt, sondern ausschließlich an den Erfolg auf diesem Markt. Daher ist produktive, aber erfolglose (das heißt: schlecht bezahlte, nicht akkumulierbare) Arbeit das Schlimmste, was einem passieren kann, es sei denn, sie wechselt die Seiten und wird in Wahrheit Teil des Konsums. Das Ideal des Neoliberalismus ist daher ein Mensch, der in seiner Arbeitszeit unsinnige, aber erfolgreiche Arbeit leistet, in der Freizeit dagegen Sinnvolles tut, ohne auf die Bezahlung zu achten (möglicherweise sogar noch das in der ersten Sphäre erarbeitete Geld wieder einzahlt).

In einer Kultur der »kreativen Zerstörung« ist »Kreativität« ein zerstörerisches Handeln.

Kapitalvernichtung: Das vorletzte Kapitel

Der Neoliberalismus ist wie jede Form des Kapitalismus auch auf eine Form von Kapitalvernichtung angewiesen. Sie ist das einzig probate Mittel zur Beseitigung von Überinvestition und den Blasen des Finanzkapitalismus. Die Kapitalvernichtung muss greifen, wenn der Investitionsumfang so groß ist, dass er den Zins unter den Punkt drückt, wo das Kapital zurückgehalten oder ausgeführt wird. Man versucht dann, wie die europäische Politik der letzten Jahre zeigt, den deflationären Tendenzen gegenzusteuern, während durch das billige Geld die Staaten entschuldet werden. Wozu es dann kommen muss, sind eine Anzahl von mehr oder weniger strukturellen Bankrotten (nicht zuletzt in der Form von »Privatinsolvenzen«) und durch eine Ramschproduktion unnütz und rasch verdorbene Ware. Dieser »Reinigung« entspricht, wenn es genügend drastisch abläuft, eine neue Knappheit, durch die wieder ein Zinsertrag möglich wird.

Im Normalfall werden solche Reinigungskrisen auch durch »marktferne Investitionen« wie Infrastrukturprogramme, Raumfahrt, Aufrüstung der Polizei oder, vor allem, Rüstungsgüter[5] überwunden, doch immer wieder kommt es auch zu »großen Reinigungskrisen«, die nicht mehr anders als durch eine große Kapitalvernichtung infolge eines Krieges zu lösen sind. Dabei sollen nicht nur neue Investitionsfelder geschaffen werden, sondern gewaltige Institutionen und ganze Staaten werden in den Bankrott getrieben, während andere als Überlebende der Kapitalvernichtung unverhältnismäßige Reichtümer anhäufen. Eine Umverteilung des Reichtums wird auch in den »kleinen« Reinigungskrisen vorgenommen, und natürlich gibt es stets die Hoffnung bei »besonneneren« Vertretern dieser Zyklen, den Prozess kontrollieren zu können.

Der Neoliberalismus als Konsum- und Arbeitsalltag macht Kapitalvernichtung sozusagen zum Dauerzustand, die Wellen von Überinvestition und »Reinigung« durch kreative Vernichtung nehmen immer weiter vom Mittelstand Besitz. Die Immobilienkrise zum Beispiel erwies sich als große Kapitalvernichtung. Den Konzernumbau von Daimler-Benz durch Käufe, Betriebsverluste bei den neuen Gesellschaften und Wertberichtigungen unter Edzard Reuter summierte sich im Jahr 1992 auf einen Verlust von rund 36 Milliarden DM, was der Wirtschaftswissenschaftler Ekkehard Wenger als »größte Kapitalvernichtung, die es jemals in Deutschland zu Friedenszeiten gegeben hat« bezeichnete.[6] Im Jargon nennt man so etwas auch »Geld verbrennen«. Und das hat einen durchaus ambivalenten Klang, der auch an Luxus denken lässt (an einen Gangster, der sich eine Zigarre mit einem 100-Dollar-Schein anzündet).

Die Kapitalvernichtung wird im Neoliberalismus gleichsam nach unten verlagert: Mit dieser Aufgabe verrichtet die Mittelschicht der Erfolgsgesellschaften auch gleich die Aufgabe der Umweltzerstörung. Man muss die Welt hier gleichsam zu Tode konsumieren – der neue Tourismus, der »Masse« mit »Luxus« verbindet, ist nur der sichtbarste Teil davon. Für diese Mittelschicht, der eine nachhaltige Kapitalbildung auch in bescheidenem Rahmen nicht möglich ist, bleibt als letztes Distinktionsmerkmal, ihren Teil zur Weltvernichtung lustvoll zu zelebrieren, in verschiedenen Formen der Parodie auf die Kultur der Superreichen.

So wird, nur zum Beispiel, der eigene Swimmingpool, und sei er noch so klein, zum bald unverzichtbaren Statussymbol der leicht gehobenen Mittelschicht, während die öffentlichen Badeanstalten der Reihe nach schließen, um wenigen, dafür gigantomanischen Erlebnis- und Eventbädern Platz zu machen. Auch auf dem Automobilmarkt spiegelt sich diese Projektion kapitalistischen Vernichtungswillens nach unten: Der spritfressende, umweltzerstörende und in jeder Hinsicht unsinnige SUV wird zum Mobilitäts- und Coolness-Ausweis einer zwar immer noch überproportional alimentierten, aber nicht weiter aufstiegsfähigen Klasse. Erfolgreiche Menschen nehmen niemals Urlaub, aber sie brauchen, sehr aufwendig in aller Regel, eine »Auszeit«. Die »Auszeit« wird das kapitalvernichtende Pendant zu einer Mischung aus Ferien und luxurierendem Nichtstun. Eine Auszeit bezeichnet die erfolgreiche Karriere, eine Auszeit muss man sich wahrlich leisten können, und eine Auszeit ist der Beweis dafür, wie gefüllt die andere Zeit war mit Pflicht, Leistung und Streben. Die Auszeit bekommt ein spirituelles Element, sie ist nicht nur Nachfolge von Urlaub, sondern auch vom religiösen Gebot des Wechsels von Tätigsein und Ruhe. Der »Verdichtung« der Arbeit entspricht dann freilich auch eine Verdichtung der »Freizeit«; es kann da nicht mehr um eine Entspannung allein gehen, sondern um ein Nachholen, das Füllen einer entstandenen Leere, eine eigentliche Biografie und schließlich eine »wirkliche« Arbeit. Und natürlich ist die »Auszeit« auch ein modischer performativer Akt. Das »Loslassen« wird in aller Regel als heroischer Schritt inszeniert, so vernünftig wie moralisch. So gut wie niemand nimmt eine Auszeit, ohne ausführlich darüber zu sprechen. Die Auszeit schließlich führt immer wieder zurück in die Arbeits- und Erfolgszyklen. Die Auszeit vernichtet zugleich ökonomisches wie »Humankapital«.

Die Frage ist indessen: Wie lange konnte oder kann die schrumpfende Mittelschicht den Job der Kapitalvernichtung erledigen, ohne sich selbst aufzulösen oder ohne die eigenen Lebensgrundlagen zu vernichten?

Der einzige Ausweg scheint auch hier die Gemeinschaft. Aber diese Gemeinschaft gibt es nicht. Sie muss gebildet werden, wie jede Gemeinschaft, aus einer Praxis und einer symbolischen Kreation. Die »Auszeit« ist in vielen Fällen nichts anderes als die Organisation einer Suche nach dieser Gemeinschaft, die nicht eine ist. Praxis und Symbole lassen sich nur durch Gewalt, und zwar in der wörtlichen Bedeutung, zu einer Einheit bringen.

Das Ende der westlichen Zivilisation (ein »zivilisiertes« Verhältnis von Kapitalismus, Barbarei und Demokratie) ist wohl eines im Sinne von Jean Baudrillard:

> »Die Dinge haben keinen Ursprung mehr und kein Ende, sie können sich nicht mehr logisch oder dialektisch entwickeln, sondern nur noch chaotisch oder aleatorisch. Sie werden ›extrem‹ im litteralen Sinne – ex terminis: Sie sind außerhalb der Grenzen. Vielleicht gibt es dort keine Naturgesetze. Vielleicht gibt es eine neue Spielregel, aber wir kennen sie nicht. […] Da also wird das Ende endgültig kein Termin mehr; wir sind exterminated – Exterministen. Wir können nurmehr vom Ende träumen«.[7]

Die Simulationswelt des Neoliberalismus und der Tribalismus der neu erstarkten Rechten bedingen einander. Denn dem Zerfall in die Stämme und Subkulturen (jede davon immer auch ein Markt) folgt der Neonationalismus gleichsam als Meta-Tribe. Doch dieser symbolische Staat, eine Nation voller Härte und mit »streng bewachten« Grenzen, womöglich »ethnisch rein« und voller Stolz auf die Vergangenheit, hat nichts mit jenem Staat zu tun, der, indem er sich abwendete, die tribalistische Reaktion erst in Gang setzte. Der Super-Tribe der Rechten versammelt sich einerseits um fetischisierte Begriffe, um Rituale und Meme, andererseits aber auch um einen gemeinsamen »Besitz«, der sich in der neurechten Zeitschrift *Compact* wie folgt definiert: »Es geht um unsere Handys, unsere Brieftaschen, unsere Frauen, im Extremfall um unser Leben«[8], Frauen sind also Teil des tribalistischen Besitzes, weniger indes Teil des Tribes selbst.

Nach Dietmar Dath[9] gibt es drei Eskalationsstufen im Verhältnis zwischen dem vom Stamm zum Mob mutierten »Volk«: die niedrigste, »wo der Staat gegen die Stämme noch handlungsfähig ist«, die zweite, »auf der er sie ihren Zank unter sich ausmachen lässt«, und die schlimmste, »auf der er Partei ergreift und das Bündnis von Mob und Elite baut, das die Geschichtsschreibung ›Faschismus‹ nennt«. Damit ist die ursprüngliche Form der Kapitalvernichtung, die durch die Entwirklichung und Entwertung der Arbeit und durch den Massenluxus allein nicht bewerkstelligt werden konnte, wieder greifbar nahe: Bürgerkrieg, Terror und Krieg.

Anmerkungen

1 Vgl. Henrik Müller: Landluft macht unfrei. In: Spiegel Online, 5.8.2018, www.spiegel.de/wirtschaft/soziales/landflucht-die-abwanderung-schadet-der-demokratie-a-1221687.html [13.10.2021].

2 Veronika Kracher / Arved Clute-Simon: Einsame Incel. In: konkret, 6/2018, S. 36.

3 Valentin Groebner: Nicht nur sauber. Von der unbefleckten Empfängnis bis zur kapitalistischen Schönheitsmilch. In: Süddeutsche Zeitung, 3.7.2018.

4 Tim Farin: Spielen fürs täglich Brot. Elektronischer Sport ist längst mehr als ein Hobby. In: Frankfurter Allgemeine Zeitung, 5./6.5.2018.

5 Vgl. Helmut Creutz: Wirtschaftliche Triebkräfte von Rüstung und Krieg. In: Humane Wirtschaft, 5/2016, S. 9–16, https://humane-wirtschaft.de/2016_05/HW_2016_05_S09-16.pdf [13.10.2021].

6 o.A.: Schock für Aktionäre. In: Der Spiegel, 30.7.1995.

7 Jean Baudrillard im Gespräch mit Boris Groys (1995), https://zkm.de/de/jean-baudrillard-im-gespraech-mit-boris-groys [13.10.2021].

8 Zitiert nach Dietmar Dath: Tribalismus wird Alltag, wo Politik sich abwendet, 23.2.2016, www.faz.net/aktuell/feuilleton/debatten/clausnitz-zeigt-dass-tribalismus-alltag-wird-14084630.html [13.10.2021].

9 Ebenda.

Epilog: Über das richtige Leben im falschen

Es gibt kein richtiges Leben im falschen. Ein Satz, der sich längst von seinem Kontext und sogar von seinem Autor, Theodor W. Adorno, losgelöst und ein sonderbares Eigenleben begonnen hat (von endlosen Exegesen zu schweigen).

Wir leben nur sehr bedingt in einer »Herrschaft«; so wie »das Kapital«, »die Ökonomie«, »die Kultur« und »die Gesellschaft« sind auch »das Netz« und »der Diskurs« nicht an die Existenz einer zentralen Macht, an einen »Big Brother« oder an eine verschworene Elite gebunden, sondern entwickeln sich in Emergenz zu einer eigenen Logik, was zweifellos eine Analogie zu natürlichen Prozessen nahelegt. Statt des großen haben wir indes *little brothers*, Unternehmer und Stars des Systems, die diese Logik besonders gut für sich benutzen können, und wir haben durchaus eine »Elite«, in Form von Cliquen und Milieus, die alles daran setzen, die erworbene Macht und den erworbenen Reichtum zu verteidigen. Trotzdem hat keine Revolte ein Ziel, wie man es bei einem Umsturz benennen würde: Die Entmachtung der Kapitalisten schadet der Logik des Kapitals nur wenig; der Sturz des Diktators erzeugt noch keine Demokratie; die Konzerne regenerieren sich, auch wenn der eine oder andere »zerschlagen« wird. Die *little brothers* verstehen daher, sich dynamisch zu machen, sie müssen nicht »herrschen«, sie müssen nur der Logik ihrer Systeme, des Geldes, der Medien, des Netzes gehorchen und dabei skrupellos genug sein, »alte« Bindungen von Wert und Moral zu vergessen.

Das also ist das Wesen des neoliberalen, postdemokratischen Kapitalismus, dass er in der Form der Logiken, der Mythen und der Ästhetiken seine »anderen Enden«, den politischen, diskursiven, wissenschaftlichen und sogar praktischen Tod überlebt. Die gängige Aussage vom Kapitalismus, der der Natur des Menschen entspreche, hat sich auf den Kopf gestellt: Eben weil er dieser Natur entspräche, müsste er über alle Kultivierungen und Zivilisierungen triumphieren.

Aber wie sich die Grammatik der Macht verflüssigt hat, so auch die der Ökonomie: keine klaren Verhältnisse mehr zwischen Arbeit und Konsum, Mensch und Maschine, Sklaven und Herren. Die Ware ist größtenteils vom äußeren Wunschbild zum inneren Organ geworden, ihre Subjektivierung hat den Punkt überschritten, an dem sie noch von ihrem Nutzer, ihrem Besitzer, ihrem Hersteller oder ihrem Verkäufer rationalisiert und kontrolliert werden könnte. Die Ware muss keine feste Form mehr haben, sie mag ebenso in einem Anrecht, in einem Bild, in einer Erinnerung, in einer Beziehung bestehen. Leicht sagt es sich: Die Beziehungen sind warenförmig geworden. Wie aber umgehen mit der Konsequenz: Nur noch Waren erzeugen Beziehungen? Jenseits von Gebrauchs- und Tauschwert bleibt nur noch die Inszenierung. Die Ware repräsentiert somit nicht allein eine falsche Welt, sondern sie hat aktiven Anteil an ihrer Fälschung. Im kapitalistischen Surrealismus ist klar, dass nur in der Warenwelt Überleben möglich ist. Das heißt: in der Gespensterwelt.

Dass die Welt, in der wir leben, »das Falsche« ist, lässt sich nicht leugnen; falsch im Sinne von gefälscht, falsch im Sinne von nicht richtig, nicht wahr, nicht wirklich, und falsch im Sinne von nicht moralisch, nicht menschlich, nicht demokratisch, nicht aufgeklärt. Das Falsche ist als derzeitige Natur zur Weltherrschaft gelangt, alternativlos, zukunftslos. Lohnt es sich also gar nicht mehr, über ein richtiges Leben nachzudenken?

Der Pessimismus der Analyse und der Optimismus des Geistes, die Antonio Gramsci einst gefordert hat, lassen sich nur vereinen, indem »Zukunft« und »Person« neu gedacht werden. Der Kapitalismus ist nicht die Welt, die Ware ist nicht das Ding, das Medium ist nicht die Wirklichkeit, und Geld verdienen/ausgeben ist nicht das Leben. Das ist einfach gedacht, und es ist zugleich schwer zu realisieren. Man probiere es nur aus: Was an der Welt ist nicht kapitalistisch? Was an den Dingen ist nicht Ware? Was an der Wirklichkeit ist nicht Medium? Was am Leben ist nicht Geld verdienen/ausgeben? Man kann sich einen persönlichen Einsatz um ein richtiges Leben auch als einen Entgiftungsvorgang vorstellen.

Natürlich enthält die Zukunft unsere Gegenwart; sie geschieht nicht einfach, sie wird auch gemacht. Aber sie wird eben immer auch nicht nur gemacht, sondern auch gedacht. Im kapitalistischen Realismus hatten wir gelernt, das Machbare mit dem Denkbaren zu synchronisieren und bei jeder dissidenten Handlung danach zu fragen, ob und wie sich die Sache verwirklichen lässt. Gedanken ohne das Potenzial von Machbarkeit – utopische Gedanken mithin – galten und gelten als unnütz und sinnlos. Das aber ist der größte Sieg des Systems, nämlich die Unterwerfung aller Ideen, aller Fantasien, aller Poesie unter das selbstgesetzte Ziel der Effizienz. Im kapitalistischen Surrealismus haben wir uns an das Leben in einem Chaos, in einer paradoxen Zukunftslosigkeit einzurichten gelernt.

Das richtige Leben beginnt jenseits des falschen und jenseits des Falschen. Auch aus diesem Jenseits kommen Gespenster. Es sind die Gespenster des Gedachten und die Gespenster des Erträumten, die Gespenster der Freiheit. Sie suchen nach den richtigen Personen. Denn es gilt nicht nur »antikapitalistisch« zu denken – was zu einer paradoxen dialektischen Einheit der Kritik mit ihrem Gegenstand führen kann –, sondern auch nichtkapitalistisch, jenseits des Kapitalismus und un-kapitalisiert. Es mangelt nicht an Ideen dafür, Ideen für ein anderes Leben, Ideen für ein anderes Wirtschaften, Ideen für eine Welt, in der es nicht, um Gramsci zu zitieren, ums Wachsen, sondern ums Werden geht. Aber dazu muss auch eine Atomisierung der Widerstandsformen überwunden werden.

Zum Neoliberalismus gehört auch ein Segment des »Guten« und »Engagierten«, das auf spezielle Felder von Emanzipation fokussiert ist und dabei andere fundamental ausblendet. Wenn das soziale Elend nur gesehen wird, wenn es aufgrund von Rassismus, Sexismus oder ökologischer Verderbnis entstand, wird es formvollendet zum Verschwinden gebracht. Ein Antirassismus, der den Antikapitalismus vollständig verdrängt, führt zu einer Konsolidierung der Klassengesellschaft. Drastischer noch verhält es sich mit den biologischen Nahrungsmitteln und der Fair-Trade-Markierung, die von den Konzernen längst als neue Vermarktungszweige entdeckt wurden und letztlich der Kapitalvernichtung im Mittelstand zuarbeiten sollen. Die Logik des Kapitals lässt nichts anderes »Gutes« zu als das, womit Profit zu erzielen ist. Ein Supermarkt des Jahres 2021 veranschaulicht durchaus drastisch, dass es auf diese Weise kein richtiges Leben im falschen geben kann.

Manche Partial-Bewegungen, von der Netztransparenz zum militanten Tierschutz, sind dabei so irreführend wie monokausale Erklärungen oder Verschwörungstheorien. Nicht viel anders verhält es sich mit gewissen bigotten Anwandlungen in Kunst, Kultur und Alltag: »Dem Kulturprotestantismus unter dem falschen Kleid der Toleranz«, schreibt Jürgen Roth, »eignet ein inquisitorischer Wahn, der nichts anderes artikuliert als die narzisstisch präsentierte Unlust an der Welt, als die Weigerung, sich mit der Verworrenheit und der Widersprüchlichkeit des Lebens zu beschäftigen, oder überhaupt mit etwas, das in die Nähe von Erfahrung gelangte.«[1] Im verbissenen Fetischismus mancher Partialbewegungen geht der demokratischen Zivilgesellschaft eine dringend benötigte Energie verloren (und nein, der Einspruch dagegen bedeutet keineswegs, dass verbal und ikonographisch »alles erlaubt sein soll«, noch dass für die Rechte von Minderheiten nicht jederzeit gekämpft werden müsste). Zum einen scheint es, als würde der Veränderungswille durch Erlösungsbedürfnis ersetzt und die Ohnmacht gegenüber der komplexen Wirklichkeit in eine Macht gegenüber streng fixierten Zeichen-Ordnungen. Dringend gefordert ist daher ein diskursiver und ästhetischer Reichtum als Gegenüber zum kapitalistischen Surrealismus, das genaue Gegenteil von dissidenter Parzellierung und Fetischismus in Begriff und Rhetorik.

Der kritische Geist muss das Ganze in den Blick nehmen. Dazu gehört nicht zuletzt eine zunehmende Verschmelzung von politischer, medialer und ökonomischer Macht. Nicht nur in Lateinamerika hat sich in der Welle der neuen Neoliberalisierungen in den neunziger Jahren ein extremer Überhang der ökonomischen Elite in Regierungen und Parlamenten gezeigt: In El Salvador waren im Jahr 2018 40 Prozent, in Kolumbien 26 Prozent, in Chile 24 Prozent und in Brasilien ebenfalls 24 Prozent der Abgeordneten Unternehmer, in Peru, zum Beispiel, kam es zu enger Zusammenarbeit von Rechtspopulisten und Unternehmerverbänden. Die Zahlen erhalten ihr Gewicht, wenn man bedenkt, dass durchschnittlich 3,4 Prozent in Südamerika Unternehmer als Beruf angeben.[2] Das große Narrativ: Bevor das System Kapitalismus durch das System Demokratie eingehegt oder gar verändert wird, schickt es sich, da Korruption und Abhängigkeit allein nicht mehr zu genügen scheinen, an, dieses System – wenn es sein muss, mithilfe der Rechtspopulist*innen und Neofaschist*innen – selbst zu übernehmen. Es ist damit in der Lage, sein Versagen wie seine Verbrechen zu kaschieren und zu prolongieren. Dazu ist weder eine Verschwörung noch ein Masterplan vonnöten, die Sache entwickelt sich vielmehr aus der Logik der Systeme selbst (nur dass die *little brothers* oft selbst erstaunt sind, auf wie wenig Gegenwehr sie stoßen).

Aus der offensichtlichen Ohnmacht der traditionellen Linken gegen die neuen Indifferenzzonen (ohne Zentren), gegen die populistischen Regierungen und die autokratischen Führer erwächst ein neuer Typus des Oppositionellen, der konsequenterweise die Elemente von Kunst und Medien einsetzt. In einem Brief an Slavoj Žižek schrieb Nadja Tolokonnikowa von Pussy Riot: »Nicht mit den Fäusten, wie die alten Linken, werden wir den Kapitalismus pauschal zurückweisen. Produktiver wäre es, mit ihm zu spielen und ihn – in dem Maße, wie wir uns im Spiel hervortun – zu pervertieren.«[3]

Aber dieses Spiel ergibt nur dann einen Sinn, wenn zugleich etwas gedacht wird, was als Alternative zum Kapitalismus wirken kann. Eine Utopie. Aus der kreativen, dissidenten Unruhe muss immer etwas Neues entstehen, wenn sie nicht vom Marketing und den Medien aufgefressen werden will. Den kapitalistischen Surrealismus allein noch um eine Spirale weiter zu drehen, das bringt nicht mehr als die berühmten zehn Minuten Medienaufmerksamkeit, selbst dann nicht, wenn man es durchaus unter Einsatz des eigenen Lebens betreibt. Kritik und Subversion sind nur die Voraussetzungen dafür, eine Welt nach dem Kapitalismus denkbar zu machen.

Der Wandel vom kapitalistischen Realismus zum kapitalistischen Surrealismus ist gewiss nicht der letzte, er scheint viel eher, wie der Surrealismus in der Kunst, einen weiteren Sprung vorzubereiten, in Wahrnehmung, Diskurs und Reaktion. »Dieser Wandel, so erkennt man bei näherem Hinsehen«, meint Slavoj Žižek[4], »ist in vollem Gange, und er geschieht am helllichten Tag: Längst befindet sich der in Auflösung begriffene Kapitalismus in einem Übergangsstadium zu etwas anderem; und nur weil uns die Ideologie so fest im Griff hat, sind wir nicht in der Lage, diese schleichende Transformation wahrzunehmen.«

Wir haben in den drei Bänden zum kapitalistischen Surrealismus versucht, diese Transformation in einer bestimmten Phase, nämlich unserer Gegenwart, zu beschreiben, und uns dabei vom Gift der Ideologie so weit wie möglich zu befreien. Unter anderem von jener, die in der Linken Raum gegriffen hat, nach der die Orientierung an der urban-liberalen Mittelschicht anstatt am post-proletarischen und prekären Milieu der populistischen Rechten in die Hände spielte. Das ist, als ginge in der Linken das Gespenst der rechten Ideologie um. In der Kultur des kapitalistischen Surrealismus ist dieser Widerspruch so irreal und willkürlich wie viele andere. Der Widerspruch zwischen linksliberalem Bürgertum und Proletariat/Post-Proletariat/Prekariat hat weder eine materielle noch eine kulturelle Begründung, er ist ideologisch, mythisch und ästhetisch erzeugt. (Was übrigens nicht heißen muss, dass die Beziehung dieser beiden von Neoliberalismus und Postdemokratie besonders unter Druck gesetzten Gruppen immer reibungslos und konfliktfrei sein muss.) Auf die Dauer können Menschen weder als atomisierte Subjekte auf einem Markt, der die Welt bedeuten soll, überleben, noch als Mitglieder eines barbarischen Kommunitarismus wie Volk, Nation und »Kultur« (wie sie die Thea Dorns und Martin Walsers dieser Welt so geflissentlich beschwören), sie brauchen Gesellschaft. Jenen Sektor des Lebens, in dem Konflikte und Widersprüche, Organisation und Interesse, Individuum und Staat, Arbeit und Konsum sich in Diskursen und Praxen moderieren und kommunizieren und in dem die Dinge immer wieder neu überdacht, neu gesehen, neu bewertet werden auf der Basis von Menschenrechten und den Rechten von Bürgerinnen und Bürgern. Das Konzept einer modernen, offenen und demokratischen Gesellschaft gegen neoliberale Marktradikalität und barbarischen Kommunitarismus zu verteidigen ist eine Voraussetzung für ein »richtiges Leben im falschen«. Das richtige Leben ist das Benennen des Falschen zum Zwecke seiner Überwindung. Das einzige Dogma, das dabei Gültigkeit verlangt: Falsch ist alles, was Menschen- und Bürger*innenrechten widerspricht, falsch ist alles, was Mitmenschen und Natur Zerstörung und Leid zufügt, falsch ist alles, was Freiheit, Gerechtigkeit und Solidarität zerstört. Die Basis des richtigen Lebens ist einfach, die Praxis allerdings so kompliziert, dass man oft in Versuchung gerät, die Basis zu vergessen.

Dabei ging es darum, eine Dialektik zwischen den Systemen und den Subjekten aufzuzeigen: Der Mensch und seine Verhältnisse sind untrennbar, und immer wieder auf neue Weisen, miteinander verbunden, das eine ändert sich nicht ohne das andere. Weder kann man einfach »bei sich selbst anfangen«, noch kann man sich allein auf die Verhältnisse herausreden, wenn es darum geht, die nächste Transformation nicht einfach geschehen zu lassen, sondern ihr ein menschliches, demokratisches, gerechtes und glückliches Gesicht zu geben. Es ist ein richtiges Leben, das beides miteinander verbindet. Die Philosophie des Subjekts und die Kritik der Diskurse. Die Freude am Leben und die Notwendigkeit der Veränderung. Erinnern wir uns an das Zitat von Antonio Gramsci (der, ganz nebenbei, hiermit entschieden vom taktischen Gebrauch durch die Rechte befreit werden soll): »Es sind Menschen, das Bewusstsein, es ist der Geist, der die äußere Gestalt formt und schließlich immer triumphiert.«

Anmerkungen

1 Jürgen Roth: Inquisitorischer Wahn. In: Freitag, 27.6.2018.

2 Vgl. die Untersuchungen des Soziologen Miguel Serna von der Universität der Republik Uruguay, kurz zusammengefasst etwa in: ders.: Bosse in den Parlamenten. In: Le Monde diplomatique, 9.5.2018.

3 Zit. nach Daniel Herbstreit: Sie wollen nicht nur spielen. In: Spex, 1/2/2014, S. 68.

4 Slavoj Žižek: Wie ein Dieb am helllichten Tag. In: Die Zeit, 9.5.2018.